国学怪杰刘文典

周孜仁 著

Liu Wendian A Special Master of Chinese Culture

Zhou Ziren

美国华忆出版社

Remembering Publishing, LLC. USA

Copyright © 2025 by Remembering Publishing, LLC. USA

Liu Wendian A Special Master of Chinese Culture

Zhou Ziren

ISBN： 978-1-68560-171-3（Print）
978-1-68560-172-0（Ebook）

Published by Remembering Publishing, LLC
9600 S IH-35, C600
Austin, TX 78748
RememPub@gmail.com

国学怪杰刘文典

周孜仁 著
出版： 美国华忆出版社 奥斯汀·得克萨斯州
版次： 2025 年 6 月第一版，第一次印刷
字数： 115 千字

All rights reserved.
No part of this book may be reproduced in any form or by any electronic or mechanical means including information storage and retrieval systems, without permission in writing from the publisher. The only exception is by a reviewer, who may quote short excerpts in review.

作品内容受国际知识产权公约保护，版权所有，侵权必究

目录

导言

第一章 少年叛逆者

第二章 正是热血青春时

第三章 北大春秋

第四章 仓促的华章

第五章 外患内忧意何如

第六章 孤旅天涯

第七章 铁血战火下的文化坚守

第八章 无奈的谢幕

第九章 天亮前后

第十章 春之变奏

第十一章 云上的日子

第十二章 火浴

聊作尾声

导言

在中国现代知识分子群星灿烂的天空里,他不似鲁迅,偶像一样高踞神坛,让人顶礼膜拜;不似妙相庄严的胡适,为群伦所宗,言论所向,知识精英便随他呼啦啦前行;他亦不似闻一多,面对死神,怒作狮子之吼;不似梁漱溟,傲然儒者风骨,可杀而不可辱;不似傅斯年,奋声一呼,知识界便雷霆万钧;不似徘徊月光荷塘的朱自清,拒食外国面粉,宁可病饿而逝,被胜利者著文赞美……他甚至不似他的挚友,同被誉为国学大师的陈寅恪和吴宓,超然世外,隐修人生……

民国岁月,是一个纲纪崩摧、军阀争雄、外敌入侵的政治乱世,同时,却是以"科学、民主"为符号的西学昂然东进,国学奋起与之拥抱,从而思想解放、百家争鸣的大转折、大辉煌时代。仅从文化学术的繁荣而言,短暂的民国岁月超越了中国历史上任何一个朝代的"乱世"与"盛世",唯有春秋战国能够与之相匹。无论是思想、文化、教育、科技等所有领域,都诞生了一批特立独行的大师级人物,这批人物的家庭背景、气质、爱好、学行、处世方式各各不同,一时巨星云集,星光灿烂,造就了中国文化史上一道壮丽的景观。

他只是运行在自己的轨道上一颗孤寂的星宿。岁月暗晦,他和自己的同道们一起在天空熠熠放明,而当风云沉寂,天下一统,红太阳光焰无际之时,他们的星光便一齐悄然消隐了。虽然,他们的亮光在暗夜如磐的黑暗中确曾让人惊讶过,关注过,赞美过,尤其先生这类喜欢在另类轨道之上运行的星座,在阳光耀眼之中被人们悄然忘却,便很自然了。

他和这些曾经耀眼的大师们一道,梦想兼济天下,拯救故国;在儒家为主流的中国文化界,他独释道家;当五四的狂飙还没有逝去,对现实的迷茫彷徨、在暴力、愚昧与权势面前的无力感,正是这一时代知识分子的精神写照,大家为国家命运奔走,他只做学问,当八年抗战戎休,曙光初露,他却被西南联大解聘;当许多知识精英惶惶流亡海峡对岸的小岛,他的恩师兼挚友胡适,为他买好了去美国的机票,他却依然选择留在了大陆。他并不知道,1949年这一次政权易手与往常的任何改朝换代不一样，这不仅仅是一次简单的印玺更迭，而是政治体制、经济制度、社会结构、意识形态等全部领域的一次"彻底革命"。所有文化人都猝不及防。于是，在新政权没完没了的政治运动劫数中，他只能无奈地接受命运的摇撼与安排，并最后悄然远去。

　　他就是刘文典。

　　如今岁月老去，在被社会嬗变涂抹得白茫茫的近代中国文化史上，他似乎只留下一堆零零碎碎、影影倬倬的逸闻趣事，于是，人们津津乐道于他与蒋介石对仗干架，喋喋不休于他嘲笑沈从文跑警报，乐此不疲地传言他沉迷"二云"……于是称他"狂人"，称他"怪杰"，称他孤傲，恶炒些真真假假的花边八卦。对于一个学贯中西，著作等身，曾以一个民族民主革命者的身份奔走呼呼，以启蒙者的名义启迪民智，最终走向学问家的人，一个"狂"字、"怪"字就概括得了吗？甚至为博眼球，有人干脆将他包装成与娱乐明星等效的滑稽人物，这显然是不严肃，不准确，也是有失公允的。

　　自鸦片战争以降，100年多年来，中国知识分子作为整个社会的良知，背负崇高的道德使命和家国情怀，和国家、民族一起在苦难中彷徨、挣扎、寻找和抗争。中国有一句古话：国家不幸诗家幸。广义地说，在人类历史发生重大变故、离乱、灾难之时，总是有许多桀骜不逊的灵魂生出来，燃烧自己的肋骨作为火把，为社会照亮前进方向，而一旦四海归一，以社会利益当然代表的威权者往往就不再需要这些有碍秩序的自由思想了，甚至干脆强令全员噤声。后希腊的罗马帝国如此，后春秋战国的汉帝国亦是如此。清末民初，外有列强环视，内则政治腐败，民变蜂起，狂飙骤降，惨剧频仍，于是有严复、章太炎、蔡元培、陈独秀、胡适、鲁迅、吴宓、陈寅恪、梁漱溟、傅斯年……一大串伟大的名字，傲然出焉。

　　刘文典，正是不幸而又有幸生活在这样一个时代。他和大师们个人的命运与国家、民族的命运相始终，用各各不同的思想、著作、构成了宏伟的文化长卷。刘文典，用自己并不长久的生命，为中华民族完成了属于他自己的馈赠，他的一生，折射了中国现代知识分子的历史命运与百年求索。

第一章 少年叛逆者

1、时代

刘文典1891年出生于安徽合肥，和他同年出生并先后走进响亮人生的，还有胡适、刘半农。他的挚友吴宓则小他一岁，陈寅恪大他一岁。刘文典出生两年后，湘江边一个普通农家出生的孩子：毛泽东，则最终用他耀眼的射线改写了整个中国的历史光谱。

这真是一个英雄辈出的时代。

平庸社会需要的，顶多是精明的操作者和技术官僚，只有动乱岁月，一切都被打碎或行将打碎，随时都有灾难待降临，有希望等待寻找，有挑战等待回应……所有这些，都在呼唤强者、智者和勇士——1891，正是这样的乱世。

刘文典出生前的51年，公元1840，天朝大门终于被西方蛮夷的坚船利炮轰开。接下来，1856年第二次鸦片战争，来自英格兰和法兰西的强盗一把大火将圆明园烧成灰烬。几乎同时举乱南方的太平天国，兵燹所向，横扫了大半个中国。一贯以世界中央自居的老大帝国，面临空前的危机。以曾国藩为代表的改良主义者，羞答答地提出了"中学为体，西学为用"二分法，既体面地维护对中国传统文化（"体"）的信奉，又得以心安理得地"师夷长技"，照搬西方器物（"用"），以图保持国家强盛，于是，以李鸿章、张之洞为代表的北洋派出现了，在清廷允肯之下，他们买机器、造工厂，建立自己的现代武库。一时间，北洋海军的船舰吨位甚至足以和日本抗衡……中国俨然中兴了。

可惜，1894，甲午年，日寇踏浪东来，黄海一战，北洋水师全军覆没，家底丢个精光。历史无情地证明，仅仅在技术层面向西方学习行不通了，必须从政治制度层面找出路，于是，这又有了"公车上书"，有了"戊戌变法"——这次由民间知识精英推动、宫廷首肯的政治改革很快被保守势力绞杀，喋血菜市口的高贵头颅向人们证明：企图依靠爱新觉罗王朝来推动改革，此路断不可通！于是孙中山站出来了。辛亥暴力革命爆发。武昌首义的枪声终于宣告了一个新国家呱呱坠地

——可惜，"中华民国"成立后的现实实在令人沮丧：接下来联袂登场的，偏偏是袁世凯83天皇帝梦、"府院之争"、"辫子兵"进京，12天复辟……接下来更是没完没了的军阀大混战，城头变幻大王旗……顽疾深重、社会结构超稳定的天朝上国，几千年刘皇帝换李皇帝，赵皇帝换朱皇帝……相同的，不过周期循环，不同的，仅仅周期长短而已。人民已经习惯了天命纲常、和谐而麻木的人间秩序，要靠一次对西方政治典章的简单模仿来解决问题，依旧此路不通。

纵观世界历史，所有里程碑意义的革命，几乎都是以改造国民文化心理为先导：颠覆统治欧洲整整一千年的宗教黑暗时代，是以但丁、彼特拉克、薄伽丘为代表的先知们借用古希腊亡灵，发动文艺复兴运动而肇端；推动整个十八世纪欧洲历史前进的法国政治革命，它的先声，是百科全书派的大师：伏尔泰、狄德罗、卢梭发动的启蒙运动。20世纪初的中国，正被列强瓜分，被军阀撕裂，她的涅槃重生，已经不可能按照西方曾经的路线图一蹴而就。于是，一场旨在改造中国人"国民性"的文化启蒙运动，便在民族救亡的抗争中应时发轫。对"德先生""赛先生"（即"科学"与"民主"）的呼唤，最终点燃了以批判传统、破坏偶像、重建民族文化心理的"五四运动"冲天大火。一场伟大的新文化运动和民族救亡高潮开始了。

刘文典的少年时代，正是中国波澜壮阔的社会大变革、中国文化嬗变从第二阶段（即政治体制）向第三阶段（即价值体系）转变的时代。这是一个需要巨人而产生巨人的时代。刘文典很幸运，他躬逢其盛，许多新知识等待他去认识，许多故事等待他去经历，许多奇迹等待他去创造。他，没有辜负这个时代。没有故事的人生是苍白的。当你年已迟暮，白发苍苍，孩子们问起你的人生故事，你只能耸耸肩头，说没有，说你经历的岁月一律平静如水，说你遇逢的生活一律鸦雀无声，那该多尴尬！刘文典的青春很精彩。从一开始，他就走进了所有应该属于他的故事。

2、家庭

遍查同辈的国学大师，几乎都有显赫的、学养深厚的家庭：梁漱溟的祖父梁承光曾为清廷内阁、杰出的学者和诗人、父亲梁济24岁中举；陈寅恪之父陈三立是"清末四公子"之一、著名诗人，祖父陈宝箴，曾任湖南巡抚；傅斯年生于山东聊城举人之家，先祖傅以渐，是清代顺治年间的首任状元……相比之下，刘文典之家毫无官声文脉可言，安徽一个普通的商人家庭罢了。刘文典先生哲嗣、现已年过八旬的刘平章如是介绍，祖父（就是刘文典的父亲）刘南田，安徽怀宁人，开了一家不小的布号，算是当地经营得法的小小名商了，育有六子二女，文典是填房夫人所生，兄弟排行第三，上面有两个哥哥和两个姐姐，下面有三个弟弟，按男丁排行，算得老三。

在安庆这个长江下游的膏腴之城，刘氏已然殷实之家。1853年，太平军如飞蝗扑城，将安庆雉堞参差的城墙团团围困，刘南田只能用布匹撕成索条，带上碎钱银票一类财产，捆在身上，縋城夜逃。后来，定都南京、横行大半个中国那个病态的农民政权终于被笃信儒术的军事家曾国藩剿灭，安庆城又遭清军兵燹，三街六巷血流成河……刘家的财产损失之大可想而知，刘家思想所受的打击也可想而知。

中国是一个重农主义的社会，掌握绝对权力的天子高居社会金字塔顶端，整个社会分层："士、农、工、商"，商人是处于底层的。土豪巨富可以深宅阔院，可以挥金如土，却从来不受人尊敬，尤其没有安全感，只要统治者愿意，纵然富可敌国，亦可被权力的铁扫帚一夜之间便扫个精光。以"革命家中马前卒"自诩的民族主义革命家邹容，在著名的反满檄文《革命军》中，如此尖刻地表述了中国商人卑微的社会处境：

> 外国之富商大贾，皆为议员执政权，而中国则贬之曰末务，卑之曰市井，贱之曰市侩，不得与士大夫伍，乃一旦偿兵费，殪教案，甚至供玩好、养国蠹者，皆莫不取之于商人。若者有捐，若者有税，若者加以洋关而又抽以厘金，若抽以厘金而又加以洋关。震之以报效国家之名，诱之以虚衔封典之荣，公其词则曰派，美其名则曰劝，实则敲吾同胞之肤，吸吾同胞之髓，以供其养家奴之费，修颐和园之用而已。[1]

---

[1] 邹容《革命军》参见内蒙古人民出版社《近代名家名人文库》《章太炎、邹容》169页

中国人历来"不患寡而患不均",被仇富心理刺激得"无产者"们两眼充血,只要风吹草动,他们第一时间想要做的,就是"杀富济贫"就是"打土豪分田地"。已是晚晴,朝廷本已风雨飘摇,民间的仇恨正如地火燃烧,被鲜血侵润过的安徽大地注定更不平静。刘文典之父痛感社会变乱,要根本上改变家族的命运,必须让孩子寻找新的出路。

千百年来,"学而优则仕""朝为田舍郎,暮登天子堂"成了所有中国人改变命运的最佳出路。商人最讲实际,按照老祖宗传下来的程序,刘文典一旦长成懵懂稚子,理所当然就被送去了私塾,循规蹈矩,在老夫子不苟言笑的面孔和戒尺的威胁之下,调声吆吆地背诵"子曰""诗云"之类"经书",等待"十年寒窗"之后的"金榜题名"。这样,刘文典被送去了私塾。拿他自己的话说,就是这样"昏天黑地的活到十二三岁,胡乱读了些'经书'和'古文',会做些'今夫天下,且夫人'……的文章"[1]。刘南田没有预测到的是,等小文典才读到十二三岁,苟延残喘的清廷已经开始模仿西方政体,尝试以政治改良缓解社会压力,1905年,正式宣布取消了科举考试——刘南田为儿子设计的人生之路失败了。

商人的社会嗅觉总是很灵敏的,父亲很快瞅准了另一条路径。

打开中国的社会人文地图,人们会发现安徽自古便因地窄人稠,民众只能向外部世界寻求生机,商业最是发达。徽商作为一支重要商帮,与晋商、闽商一起,并称为中国最早的三大商帮。晚清风雨飘摇,偏偏为他们提供了发展的大好机会,出现了红顶商人胡雪岩这样叱咤风云的商界豪杰,他们利用社会危机,游走于政商之间、华洋之间,迅速扩展商业版图,创造富可敌国的奇迹。升官无路,刘南田断然决定让儿子去跟洋人学洋话,将来好做"洋买卖"。既然朝廷都开始学西方了,既然办洋务已经催生了许多一夜暴富的神话,传统起早贪黑、勤爬苦做的发财旧法也应该过时。还有,中国的社会生态链是百姓怕官,官怕洋人,学洋务实在是儿子最佳的人生设计。

安徽民谚云:"前世不修,生在徽州;十三四岁,往外一丢。"刘文典被丢得更早一点:十一岁。父亲让他去了本地一所基督教会办

---

[1] 刘文典《我的思想变迁史》(黄山书社《刘文典诗文存稿》2008年版

的医院兼学校。

新鲜事物对孩子总是充满诱惑的。刘文典走进洋人医院,环境通体洁白,到处弥漫着消毒药水陌生的气味,他肯定是惊奇而兴奋的。1920年,刘文典在《我的思想变迁史》一文中这样写:

这是我第一遭和西洋的文化接触,看见他用的器物无一件不十分精美,而且件件都有神妙莫测的作用,心里十分惊异。我这时候的心情,竟和那荒岛里野蛮人初见白人探险家一般。读者诸君想必也都读过欧美探险家的笔记的,那上面所叙的土人初见白人的情形,就是我当年的写照了。我心里细细想着,西洋人真有本事,他的东西件件比中国人的强,难怪我们中国打他不过。又看见他替人治病,真正是"着手成春",那种"剖腹湔肠"的手段,就连书上说的扁鹊、仓公都赶他不上。他又教我用显微镜看微生物,看白血轮,用极简单的器具试验化学给我看,这是我有生以来第一次受近世科学的恩惠,就是我现在对于生物学的兴味也还是在那个时候引起来的。我这时候虽然是大海里尝了一滴水,但是总算识得了咸味了。

让12岁的刘文典"初尝海水咸味"的,是西洋精美的物体,而中华上国的"圣经贤传"亦固执地攻占着他稚嫩的心。"句皆《韶》《夏》,言尽琳琅,秩秩德音,洋洋盈耳,譬夫游沧海者徒惊其浩旷,登泰山者但嗟其峻极"——刘文典在《我的思想变迁史》中如是说。流恋于古雅迷人的中华文化此岸,刘文典彼岸的西洋文化尚迷离莫辨。

中国人历来崇尚经典。而经典的语言必得优美高深、甚至玄妙难懂,即如《论语》这样专论伦理的经典,辞章句读均那么典雅,连孔夫子对学生颜回的赞美亦一咏三叹,雅韵叠出,如"贤哉回也,一箪食,一瓢饮,人也不堪其苦,回也不改其乐。贤哉回也!"即便谈及游戏人生,也别致十分,诗意盎然,如"莫春者,春服既成,冠者五六人,童子七八人,浴乎沂,风乎舞雩,咏而归"庄子的《南华经》就更别说了。在中国,没有文字玄美的经典肯定算不得经典,正如中国餐饮,必须五味纷呈,调和鼎鼐,而粗放的西餐只需将食材拼在一个盘子里便完事,中国人肯定难以下咽。难怪严复将赫胥黎的《进化论与伦理学》翻译成《天演论》,开篇就是赫胥黎独处一室之中，在英伦之南，背山而面野，眼前诸物，历历如在几下，于是遥想罗马大将凯撒未到之时……

瞧！多铿锵古雅的文言体，直教人肃然起敬。相比之下，少年刘文典从传教士那儿读到的书，英文版本的，都是些羊和狼如何说话、鹦哥与小孩子如何对答；翻成汉文的，只有《创世纪》、《大卫诗篇》一类，无非"亚当生塞特之后，又在世八百年……塞特活到一百零五岁，生了以挪士……以挪士活到九十岁，生了该南……该南活到七十岁，生了玛勒列"之类。和中国经典一比，文字叙事何其平庸！

一个偶然得机会，少年刘文典看到了私塾先生桌子上得一大堆新派读物：《洋务汇编》《时务丛编》《皇朝经世文新编》……这类读物连篇累牍，全是些"中学为体，西学为用"的高论。既见识过西洋人器物精美，也领略了中华文化精妙的少年刘文典，很快灵犀相通，深以为然了："师夷长技"以挽救国力衰微，免遭列强外侮，又坚守中华道德文章的体面，这实在是一个完美的两全之策。

事情没有到此为止。少年人的心是挂满风帆的船，一旦被好奇心的风儿吹动，激情随时都会向整个世界驶去！毕竟一切才在开始，等待他追问和探求的秘密太多太多：于是他决定到当时中西文化碰撞最为激烈的上海，去开始寻找。

父亲刘南田为何痛快答应了儿子求学远行？现在已无从稽考。按照常例，首要原因自然是"望子成龙"，其心甚切；其次，我们有理由认为，在刘南田这样经济相对宽裕的商人家庭，一般来说，对儿子注定是娇惯放纵的；再说，少年刘文典确实聪明过人，学习勤奋，懂事，有什么理由不让这样的好苗苗到更广阔的天地吸收养分，尽快长成参天大树？儿子从洋人医院回家谈到的新知识、新物事，包括显微镜底下奇妙的细菌，已经让全家人都充满惊异；聪明的儿子带回家庭的新词汇、新知识、新学问，已足够让大家肃然起敬。对于刘文典正在膨胀的好奇心，合肥那个洋人医院确实已显得过于仄逼。对于儿子的选择，父亲还有什么理由拒绝？

3、社会

  风云变幻的晚清岁月，上海十里洋场，所有帝国主义势力都在此角力，所有域外的信息都在此交流，中西各种思想都在此碰撞。上海以独有的地理位置和社会环境，已然成了中外经济交流的大都市，也成为了西方文化进入中国、从而最先觉悟的中国知识分子向国人传播革命思想、酝酿社会新思潮的重要中心。

  作为旧民主主义革命的里程碑事件：辛亥革命，不管是在中国政权更迭史还是世界政权更迭史上，都显得有些另类，它的成功，并非由一个统一的、组织严密的政治军事集团，通过铁血征战毕其功于一役，恰恰相反，他仅仅是由以孙中山为代表的一批先进知识分子长期的、百折不回的思想鼓动，唤醒民众，使之大兴奋，"怨愤所积，如怒涛排壑，不可遏抑"[1]于是，当某一意外事件爆发，星星之火就在政治上造成燎原之势。下面的故事就不奇怪了：当标志辛亥革命成功爆发的武昌首义已经发动，而这场革命的领导者孙中山竟然一无所知，他还乘坐海轮在西太平洋奔波，鼓动革命并筹募资金呢。1911年19月19日，孙中山从科罗拉多州前往丹佛港，第二天才从美国报纸上得知，中国革命已经星火骤起，火势勃勃燎原了。

  这样的结论毫无疑义：辛亥革命的成功在很大程度上依赖于革命思想宣传的成功（当然不排除其间孙氏直接组织的8次并不成功的武装起义）。在这些革命思想的宣传活动中，上海无疑充当了重要的角色。海内外革命思想的交互影响更以上海为枢纽，清末革命思潮风起云涌的许多事件，都与上海紧密相关，尤其现代报纸，作为高效率的大众传播媒介，其作用不可小觑。除了交通便捷、商业发达等因素外，上海外国租界林立，为革命者的生存和报纸的滋长提供了特殊的自由环境。晚清上海，成为了中国报业中心和信息集散地。

  没有资料说明刘文典在上海的具体经历：有些什么故事？读些什么书？为何游学时间如此短暂，仅就1903年和1904年间短短几个月？能够帮助研究者分析刘文典上海生活的资料，还是那一篇《我的思想变迁史》，我们从中发现了几句关键词：一句是："上海是当时新文

---

[1] 孙中山：《黄花岗烈士事略序》

化的中心。我到了那里,自然是耳目一新了";还有一句:"我进的某校就是爱国学社的后身";还有一句"不料我的第二步,厄运不久也就降临了。"

已经齐全了。

所谓爱国学社,乃缘起于晚清洋务派代表人物盛宣怀创建于上海的南洋公学,这个学校经费充足、校舍宽敞、设备齐全、师资较好且出路优越,一时声名遐迩。只是学校实施奴隶式教育,钳制学生思想,禁读新书新报,更不得私自集会,妄议时政。学生对此深恶痛绝。1902年11月,终因一偶发事件:学生伍正钧被开除,于是群情大哗,全班学生决定退学。以著名教育家蔡元培为首的中国教育会遂与退学学生集议,决定在上海设立爱国学社,以作为爱国青年的庇护。该社同时还收容因清府勾结日本当局、被驱逐归国的留日学生。此外,张之洞举办的专以培养将才为目的的南京江南陆师学堂,当时亦是爱国活动最为活跃之地,著名辛亥将领赵声(百先)、吴旸谷,均出于此,该校被开除和主动退学的学生,亦纷纷投奔于爱国学社帐下。刘文典进的"某校",正是爱国学社的"后身"。所谓"后身"不知何意?想必是直接或间接与爱国学社有关连的学校。执掌于蔡元培、章太炎、吴稚晖、黄炎培一干民主革命斗士手中的这些学校,它培养的注定都是腐朽王朝的掘墓人。

据刘文典自己的回忆,他离了乡里到上海去读书,所学到的,正是"以为中国贫弱到这样……全怪那些满洲人作祟,若是把满洲人杀尽了,国家自然而然就好起来了,政治自然也清明了,生计自然也充裕了,内忧外患自然都没有了"。那时候,他当然还"全不晓得国家社会形成的原理,改造社会的方法。"那一年,刘文典还只是一个12岁的孩子。对影响一个12岁孩子的人生,这些已经足够。他把国恨家仇和全部罪愆,统统推在五百万满人身上,于是天天说排满,夜夜梦杀贼。而"这个学校后来散了"。

除了刘文典自己的叙述说"这个学校后来散了",目前暂时还没有进一步的资料说明学校为什么散?是被迫解散?还是自动解散?因为政治压力?还是经费困难?但有一点确信无疑:1903年发生在上海的一桩轰动全国的《苏报》案,定然是导致学校毁灭的重要原因。少年刘文典倔强的心,在这次文化灾难中被迫接受了第一次残酷的社会洗礼。

4、《苏报》案

1903年，中国政治史上发生了一个十分重要的事件：上海"苏报"案。

近代历史的政治改良和革命鼓动，无一不是是以报刊宣传为先导的。最著名的，有维新派领袖康有为等人创办于1896年的《强学报》、梁启超等人同年创办的《时务报》、谭嗣同等人创办于1898年的《湘报》、以康、梁为首担纲、创办于1897年的《知新报》；而以孙中山为首的革命派创办的《中国旬报》《译书汇编》，译载西方政治名著：卢梭《民约论》、孟德斯鸠《万法精理》、穆勒《自由原论》等……影响更是巨大。在如此众多的报媒中，《苏报》本是一张极其平庸的报纸，1896年创刊于上海，老板胡璋是一日侨，报纸以其日籍妻子生驹悦的名义注册，内容多载街头轶闻、市井琐事。在报刊蜂起，竞争激烈的环境之中籍籍无名。直到1898年戊戌变法失败，落职知县、湖南人陈范接手该报，情况方为之一变。国家危亡，国人对时政变迁得尤为敏感，陈范于是瞄准众人兴奋点之所在，专门派人著文跟进，此举大获成效。上面谈到1902年上海南洋公学发生的退学风潮，正好成为了《苏报》头条，还专设"学界风潮"专栏，做后续深度报道，很快引起社会各界关注，于是声价大起，名噪一时。

翌年，章太炎、蔡元培、吴稚辉等著名民主人士在上海设立中国教育社，旋又成立爱国学社，专收参加爱国活动而被南京陆师学堂、南洋公学开除的学生，及被被清廷勾结日本当局驱逐归国的留日学生，大获民心推拥，《苏报》即刻礼聘名士章士钊为主笔，同时聘章太炎、蔡元培等七人为该报特约撰稿人，专事各地学生爱国运动的报道宣传。《苏报》以学运消息开篇，革命煽动愈演愈烈。正是风云际会时，游学日本的著名青年革命家邹容自东瀛返国，赶来上海参加爱国学社，且与章太炎同寓。

邹容，重庆巴县人，1885年生，时年19，典型一巴渝刚烈少年。当伟大的梦想在这样的灵魂里燃烧，必将为民族和国家爆发出亿万能量。年轻将不是他们的弱点，偏偏成了一往无前的伟力。才华横溢的邹容奋笔写就的雄文《革命军》，成了摧毁晚清王朝最响亮的雷鸣："革命者，天演之公例也；革命者，世界之公理也；革命者，争存争亡过渡时代之要义也；革命者，顺乎天而应乎人者也；革命者，去腐败而存良善者也；革命者，由野蛮而进文明者也；革命者，除奴隶而为主人者也"——字字排山倒海，读来何等痛快！章太炎看后，在《苏报》上慨然作序推介，称："吾持排满主义数岁，世少和者，以文不谐俗故，欲谐俗者，正当如君书，因为之序而刻行之。"推介文稿还以苛峻鞭笞之词诅咒，道："如近日之崇楼峻阁、巍巍高大之颐和园，问其一瓦一砾，何莫非刻刮吾汉恩之膏脂，以供一卖淫妇那拉氏之笑傲"。

除了推介邹容的《革命军》，同样让读者额手称快的，还有章太炎自己撰写的《驳康有为政见书》及《客命篇》诸文，驳斥主张立宪保皇的康有为，同样满纸苛严讥讽之语，称康"反对革命，袒护满人"，诅咒光绪"载湉小丑，未辨菽麦，铤而走险，固不为满洲令部计"实乃"汉族之公仇也。况满洲全部之蠢如鹿豕者，而可以不革者哉？"其语恣肆激烈，显然早越出新闻用语客观公允之限。其实，这些文本本已不是新闻，而是对向腐朽朝廷宣战的檄文。檄文是不可能温文尔雅的。唐代名篇《为徐敬业讨武曌檄》，青年骆宾王不是用最狠毒的词语咒骂过千古女皇武则天吗："秽乱春宫""掩袖工谗""狐媚惑主""豺狼成性""残害忠良""杀姊鸩母"……用语过激，对煽动革命仇恨最有效果。

如此"大逆不道，煽惑人心，谋为不轨"，朝廷终于无法容忍，于是决定镇压。镇压行动由主张"中学为体西学为用"的洋务派官员张之洞、湖广总督端方及两江总督魏光焘主持。1903年6月，清当局与租界当局勾结，以《苏报》"悍谬横肆，为患不小"之罪查封，逮捕章太炎、邹容等7人。需要说明的是，事发之初，邹容并未被拘，只是这个巴渝血性汉子不愿意独善事外，他必须和自己的同志和师长一道承受苦难，一道抗争，于是主动投案入狱。

清府曾欲将章、邹二人"引渡"至南京处以极刑。只是由于帝国主义在华利益矛盾，对"引渡"态度各异，领事团相持不决，直到次年，章太炎方才被判监禁3年，邹容被判处监禁2年。"罚作苦工，限满释放，驱逐出境"。其余二人（钱允生、陈吉甫）"开释"；一人

第一章 少年叛逆者

（陈仲彝）"姑准交保寻父到案"；一人（龙积之）"亦应省释。"作为妥协，租界外人从此后禁止中国人利用租界办报印书，鼓吹革命。

1905年，备受折磨的邹容死于狱中，年仅21岁。次年章太炎刑满释放。"苏报案"如一夜春雨，催生了更多的革命报刊：《苏报》被封，章士钊、陈去疾等即续办了《国民日报》，"放肆蜚言，昌言无忌"，不久，蔡元培等又创《俄事警闻》，后扩展为《警钟日报》，愤斥帝国主义，抨击清朝政府；在日本发刊的《江苏》《浙江潮》，其反满言论，在"苏报案"后亦愈趋激烈，而《革命军》和《驳康有为政见书》不断秘密印刷，更为广泛流传……面对浩浩汤汤的时代洪流，反动势力越想修补的权力堤坝，千疮百孔的堤坝总是崩塌得越快：历史的辩证法就是这样。[1]

章太炎《赠大将军邹君墓表》云：

> 君既卒，所著《革命军》因大行，凡摹印二十有余反，远道不能致者，或以白金十两购之，置笥中，杂衣履糍饼以入，清关邮不能禁，卒赖其言为光复道原。

笔者用众多文字记述《苏报》案，绝非闲笔。既然没有具体史料说明刘文典上海一年的生活，那么，这个让全国人民都为之震动的事件，就发生在刘文典生活的城市，而且发生在与他就读学校，而且这学校正是与章太炎诸先生有密切关系的爱国学社，刘文典幼小的灵魂本已被飘渺的野火点燃，他的命运必然就是和这些事件紧密相连的。也许清廷的政治镇压让他有过恐惧，但章太炎邹容等人为创造历史，视死如归的革命气魄和英雄气节，用鲜血对历史荣誉的追求，注定让年轻的心震动，尤其是，这出壮烈悲剧的主角之一：邹容，仅仅只比他大6岁！刚烈血性的重庆小伙子，以一篇《革命军》让整个朝廷发抖；慷慨赴难，其死，又如飞蛾扑火，何等壮烈！叛逆种子已经播下，注定很快便要发芽了。

在刘文典的回忆文字里，这段刻骨铭心的经历虽然只有短短30个

---

[1] 参看徐铸成《从"苏报案"看清末的报界》上海人民出版社《报海旧闻》1981年版

字,但背后,我们能够读出的故事,已足够惊心动魄:

后来这个学校散了,1906年我又回到本省,进了一个中学校。[1]

5、偶像

刘文典进的这所中学校叫"安徽公学"。所谓公学,是相对于私塾而言一种新的教育样式。中国传统的社会属于乡土礼俗社会。在这样的社会里,人的社会关系是不需要选择也无法选择的。千百年间,生活环境和家族宗法将一切都维系的密不透风,人们只能靠痴滞的、缺乏变化的亲情与惯性生活。新事物很难有存活空间。对应于这种社会秩序的教育场所曰"私塾",是由家庭、宗族或者教师个人私设、建立于乡土关系基础之上的教学场所。其活动状态,《红楼梦》第九回"嗔顽童茗烟闹书房"做过生动的描写。相反,现代社会是一个由陌生人组成的社会,他的组合必须靠理性、契约和秩序来加以维系,这是一种流动的、变化的社会。

作为新式教育的公学,正是现代社会的产物。

刘文典从上海回到安徽的前一年,从隋代开始延续千年的科考被废除,类似上海一样的新式学堂已在家乡大量涌现。这种学堂不仅采用西方的组织形式、考核方式,课程设置上也与私塾大为不同,数学、自然科学和外语等都成了必修课,更重要的是,这种学习组织将彼此陌生、身份不同、籍贯各异的年轻人聚集在一起,通过共同学习和彼此交流,建立起一种新的身份认同,思想认同和立场认同。这种认同一旦变为行动,将是十分巨大甚至可怕的力量。小的,人际、班际、校际间的融合与纠纷,大的,直到震动世界的广场集会和热血示威,都会由此而起。近现代中国政治历史上反复出现的的专用名词:"学潮",正是这种认同的衍生物。成立于晚晴的安徽公学,正是这样一种新型学校。

安徽公学原来是皖人创办于湖南长沙的"旅湘公学",1904年秋迁回安徽芜湖,更名"安徽公学"。据沈寂先生著《陈独秀传论》载:

---

[1] 刘文典《我的思想变迁史》

第一章 少年叛逆者

"1905年2月,安徽公学于芜湖正式开学,初时分中学、师范两部,首批招生五十余名,都是皖南皖北各地有志革命的青年,"注意:这儿特别提到学生都是"有志革命的青年"。其次,创办人李光炯和主持教务的卢仲农先生本倾向革命,除了学生,所聘教员自然都是革命志士和留日学生(还有个别日本的"理科名家"),一时壮怀激烈之士,纷纷聚集麾下,最有名的,当数中国共产党创建人陈独秀;其次,有单骑千里,两次赴京行刺慈禧太后的陶成章;还有传奇诗僧苏曼殊、令朝野震动的四川保路运动中崭露头角的谢无量……都来此加盟。正当热血青春时,他们一个个壮志干云,真一英雄际会,腾蛟起凤之地!教师和学生共倡反清革命,整个学校一片轰轰烈烈。1905年,上海《警钟日报》被查封,该报编辑兼著名撰稿人刘师培因公开辱骂德国人而遭通缉,化名逃亡,后来也被聘来安徽公学任教。[1]

少年人都是需要偶像的。尤其对旧世界充满了叛逆的少年,对代表新思潮的偶像崇拜更显强烈:正如一枚硬币的正面和反面。安徽公学这批教席,全是晚晴中国新文化的标志性人物,任挑一个都足够让年轻人臣服膜拜。他们中间最为叛逆的刘师培和陈独秀,很快成为了刘文典的偶像。

先说刘师培。

刘师培,江苏仪征人,字申叔,晚晴经学大师,1884年出生于书香门第。8岁时便在母亲李汝谖教授下始学《周易》辨卦;12岁读完四书五经,习试帖诗,作《水仙花赋》、《凤仙花诗一百首》;13岁开始研究《晏子春秋》;18岁中举,次年在沪上结识反满名人、经学大师章太炎,遂改名光汉,取光复大汉之义,撰写《攘书》,参加反清宣传;20岁赴开封参加会试,行前,作《留别扬州人士书》,呼吁创办新式学堂、鼓励出洋留学。会试落第,慨然返乡,在扬州创办师范学会,协助扬州乡人出洋留学社,发表《论留学生之非叛逆》,支持学生运动;又作《黄帝纪年论》,提出以黄帝纪年取代清帝王纪年。同年秋,刘师培再赴上海,与章太炎、蔡元培、谢无量等一道反清,参与《俄事警闻》、《警钟日报》和《国粹学报》的编辑工作,积极为《中国白话报》撰稿,用通俗语言向民众普及革命主张。作《中国

---

[1] 参看章玉政《刘文典年谱》第7-8页,安徽大学出版社2011年版

民族志》。他言辞激烈，狂猛夺人，一派民粹呼躁，很快便取得了一似太炎先生的巨大名声，他字申叔，太炎字枚叔，晚晴社会遂有了"二叔"齐辉之誉。

后来的事实说明，这位不安分的天才，总会让人想起英国伟大的哲学家弗朗西斯·培根：才华横溢，满腹经纶，著作等身，可个人品德却极其糟糕：朝秦暮楚，落井下石，卖友求荣……什么缺德事都干得出来。命运是不是总喜欢在人格基因的配伍上故意错乱？于是，世界上的事情便往往出现这样的遗憾：雄才大略、本领超群的人，却道德低下，让后世史家哭笑不得；而道德高尚的人，又往往会落败于才大于德的英雄之手。此类例子，历史上不是很多吗？

刘文典进入安徽公学的时候，刘师培的陋德恶行尚蛰伏在才华的表层之下。他特立独行、傲视俗世的个性，博览群书的学养，加上那条足以呼风唤雨的舌头，征服少年刘文典的崇拜之情，已绰有余裕。许多年后，刘文典写《我的思想变迁史》，全文共7000多字，几乎用了1000字记录刘师培的教导和他崇敬之情——只是偏偏没有直接点名，总是用"这位老师"代之。想必刘师培此后在中国政治舞台并不光彩的表演：向朝廷告密、做清宫幕僚、拥袁世凯称帝，甚至充当了筹安会的"六君子"之一……所有这些，很让学生刘文典汗颜。

进入安徽公学，出现在14岁刘文典面前的"这位老师"，是"现代数一数二的鸿儒"，"经学、小学、文学都到了登峰造极的地位"，还有，就是面对朝廷，刘师培胆大妄为的口诛笔伐——两种因素交替推动，征服少年人刚刚苏醒的好奇心，足够了。

刘文典的另一位偶像，就是赫赫有名的陈独秀。关于中国共产党这位先驱人物，经过大陆几十年教育灌输的中国人都不陌生。能够成为中共创始人和最初的领袖，他的激进，他的前卫，他为信念而不屈不挠，视生死于度外……这些都毋需多费笔墨。需要补充的仅仅是，他也是刘文典的老乡，比刘文典早出生12年，籍贯安徽安庆，聘入安徽公学任教，时年25岁，已是中过晚晴秀才、已是因反满倾向被杭州书院开除、又因鼓吹造反遭政府通缉，于是逃亡日本，历练两年，再返上海，协助章士钊主办《国民日报》，继续著文反满；再一年，回安徽芜湖创办《安徽俗话报》，鼓动造反。此时，他亦被安徽公学礼聘。

第一章 少年叛逆者

几十年后，刘文典的研究者们常常喜欢用一"狂"字、一"怪"字来形容刘文典，那么，用这两个字来形容刘文典的偶像老师：陈独秀、刘师培，定然更为贴切。中国是一个超稳定的社会。其所以超稳定，首先就在于她的超强的文化韧性，这种文化韧性的核心是儒家文化，儒家文化的最大特色就在于他如宗教一般历久不变、固步自封、视野狭隘、坐井观天。而且，这种文化经过汉代的董仲舒、班固、宋代的理学大师程氏兄弟、朱熹、明代大儒王阳明的不断完善，再加上统治者的强力灌输，不仅已经具有完整的理论体系，而且深入到民间所有的生活方式、习俗、礼仪。宗教的三个要件：神学理论、神迹和仪式。儒学除独缺神迹，宗教的所有要件都齐全了。要打碎和改造旧文化，旧风俗，旧习惯，创建全新的社会，没有一批具有执着信念，有丰厚学养，又有火一样的激情的狂徒怪杰，能办得到吗？要从根本上冲决几千年的束缚，不仅需要科学巨人们在实验室埋头努力，还需要有思想巨人在精神领域大闹天宫。

正是有了这般狂生的引领，满校师生的思想都活跃异常，尤其是反清革命思想，在这里得到广泛传播。安徽公学成了年轻学子民族主义的摇篮，用刘文典的话说：这所学校实际上"竟是一个排满主义的传习所。"。14岁的的刘文典，比别的学生，更多了上海岁月的洗礼，如今浸淫于充满民主革命气氛的新环境，又有如此榜样，思想和学问自然获得了超长进益，参加反清革命活动也尤其积极。恩师们特别关照他、培养他，就顺理成章了。1906年，从安徽公学毕业，正是桃飞李散时，这一年，刘文典参加了同盟会。

同盟会是前一年八月，一直从事于政治操作的孙中山与黄兴等人，以兴中会、华兴会等革命团体为基础，在日本东京创建全国性的资产阶级革命党，所提出的"驱除鞑虏，恢复中华，创立民国，平均地权"的革命宗旨被采纳为同盟会纲领。在同盟会机关报《民报》发刊词中，孙中山首次提出民族、民权、民生三大主义，同盟会成立是中国民主主义革命的里程碑。此前，陈独秀和柏文蔚等人已在安徽芜湖成立了一个民族复兴组织：岳王会。同盟会成立后，岳王会整体转入——刘文典躬逢其时，作为岳王会活动的积极参加者，也作为安徽同盟会第一批早期会员，正式成为了一个民族革命和民主革命战士。这一年，他十六岁。

除了接受政治上的历练，作为学者的刘文典，他的业务历练、性格形成，安徽公学时期的生活也是极为重要的。现摘录刘文典自己的如下一段话加以说明：

我自幼受到刘申叔、陈独秀过分的夸奖，助长了我的骄傲，刘先生说我的文章很像龚定庵，陈独秀说我是三百年中第一个人，1916年，他做北大文科学长，就把我拉进北大，我那时候27岁，就在北大教起书来，那真是目空一切，把什么人都不放在眼里，我的权威思想，自高自大，发展到现在这个程度，真是根深蒂固，很不容易拔掉了。

这段话摘自1958年《刘文典第二次检查》整理稿[1]。虽为面对巨大政治压力写下的"思想检查"，但我们至少可以从中读出：其一、他一定受老师特别的赞赏；其二，刘文典在安徽公学学习期间，学业一定十分优秀。晚晴岁月，学生的成绩考核绝无统一命题、统一认证一说，甚至一个城市，一个学校也没有统颁标准，所谓优秀，完全由任课老师说了算。最赏识刘文典的老师，偏偏是些行为上和学问上都极度偏激、怪诞的人，尤其如刘师培、陈独秀者流，这些都一股脑儿，遗传到了学生身上。

安徽公学办学伊始，功课极不完备。关于此，刘文典有如是介绍："教英文的是个洋行小鬼，教数学的也不大高明，至于物理、化学、生理、博物、音乐等类的功课，竟是时有时无。于是博学的刘师培就代理了。刘师培不管上什么课程，地理、历史、伦理的课卷上总硬要扯上几句排满革命的话，做国文那就不用说了，凡是说了排满，加分，不说排满，扣分。刘文典满脑子本已塞满"饥餐胡虏肉，渴饮匈奴血"的仇恨之思，在学校谈排满自然谈得最为狠劲，"所以这位先生也就最得意我，叫我到他家里去读书。"[2]

还需要说明的是，曾留学东洋，最先接受西方新思潮的刘师培，对国学偏偏独有情钟，简直就是一偏执狂。一则，刘师培对于西方近世的科学方法、系统、价值，本来一知半解，而又喜欢自作聪明，自

---

[1] 《云南文史》2009年第二期，第46页
[2] 参看刘文典《我的思想变迁史》

以为是，随心所欲。讲历史，他只顾搜罗异说奇趣，全无系统，讲到学生毕业了，中国史才讲到秦，讲地理也是以"XX考""XX说"居多，懵懂学子，实难得益；二则，该师始终沉迷本已渐行渐远的"体用二分法"，谈及精神、文化，必然中国高明，外邦蛮夷粗陋，言必称"寝馈许书，钻研萧选"。刘文典凡请教西洋各种科学，他都断然称说中国"古已有之"，比如，刘文典问起轮船，刘师培马上宣称，该船中国古已有之，不信，只需查阅《宋史·岳飞传》便知，刘文典回去一翻《宋史》，果然，杨幺的船"以轮激水，其行如飞"。又问几何学，刘师培又断然宣布，中国古圣墨子的几何学最好，刘文典找来《墨子》一翻，"圆的定义""四边形的定义"……书上果然有载。再问，马尔萨斯的人口论讲的很有道理啊！刘师培依旧不屑，说此话韩非子《五蠹》篇早有论说，翻开《五蠹》一看，果然，"今人有五子不为多，子又有五子，大父未死而有二十五孙，是以人民众而货财寡，事力营而供养薄"。

总而言之，"新学"书上读到的零碎知识，刘文典但问"本师"，他总能在中国的"故书雅记"上寻出一两条似是而非的话头来。这样，少年刘文典就轻松地相信了杨幺的轮船、墨子的几何、韩非子的人口论……诸如此类，一鳞半爪，不成系统的学问完全征服了少年刘文典，他确信西洋的科学、哲学，中国古书早已有之，实在没什么了不起。甚至儿时家乡教会医院里曾经让刘文典惊异过的、精美无比的西洋器物、神妙莫测的化学试验、显微镜下美妙变化的微生物和白血球……在中国文化的精深博大面前，都变得微不足道，遑论中学程度的平面几何，机械学、经济学？刘师培说的就是一切。刘文典终于认定了，值得他认真学习的，唯有中国国文。

"这位先生"越发赏识他，刘文典也就越发和近世科学脱离关系，一门心思去"抗志慕古"。既然"抗志慕古"，"非三代两汉之书不敢读"，于是，刘文典不但做起文章来是要"追效昔人，示其稽古"，就是寻常写字，也故意要写得古古怪怪，以示他果然是懂古慕古，颇多学问。如他的姓名"刘文典"三字，因为"刘"字不见于《说文》，于是不写，偏要写作"镏"字；"典"，古文从竹，便便硬要加上个竹字头，搞得不伦不类，以彰显其学问之高深，之与众不同。

其实，如果就事论事，《说文》上本是有刘字的，《尔雅》云：

"刘，杀也"，《尚书》亦载："重我民无尽刘"；《左传》亦有"虔刘我边垂"之载，刘文典偏偏要要把"刘"写作"镏"，实在毫无道理。汉字是干什么的？它首先是人们进行书面记录和交流的工具；其，到了书法家笔下，汉字还具有艺术之功能。但死作为工具的文字，最重要的是让人更方便使用即好，完全没有必要为别的目的而故弄玄虚，遑论为了虚伪的民族自尊心，偏偏去自找麻烦。[1]

刘文典和晚晴中国的知识分子们就是这样：带着这种顽固的文化禀赋，带着盲目的、固步自封、坐井观天的民族自豪感，走了民族救亡之路。

---

[1] 参看刘文典《我的思想变迁史》

第二章 正是热血青春时

6、尴尬与求索

1907年，刘文典16岁。

横扫上海滩的《苏报案》风暴悄然远去，社会动荡却愈演愈烈。刘文典从安徽公学毕业的前一年1906年的9月1日，清廷颁布了姗姗来迟的《宣示预备立宪谕》，小心翼翼在模仿西方政体的道路上往前挪了一步。他们本以为只要这一贴解药下去，中国社会的肚子疼就会立即舒缓。可惜，天朝病入膏肓，这贴不疼不痒的方剂有何补益？是年底，湖南爆发了萍（乡）、浏（阳）、醴（陵）起义，旬日内发展人数达三万余，长江沿线震动；消息传来日本，滞留海外的同盟会员纷纷回国参战；接下来，1907年3月，孙中山到越南河内甘必达街六十一号成立西南武装起义总机关，策划两广、云南起义；接下来，5月22日；潮州起义；接下来，惠州七女湖起义；7月6日，民主革命者徐锡麟趁召集巡警学堂学生训话，从容拔抢击杀安徽巡抚恩铭，引爆安庆起义——最后惜败；10日，绍兴"鉴湖女侠"秋瑾得知起义失败并被奸人供出，拒绝朋友们要她逃离的劝告，断然道："革命要流血才会成功！"独留大通学堂待捕，铁骨铮铮，让人闻之动容；14日，清军果然包围大通学堂。面对刑供，秋瑾书"秋风秋雨愁煞人"以对，次日于绍兴轩亭口从容就义，年仅32岁……

刘文典正是在这样的背景下从安徽公学毕业。生长于乱世，每天面对的社会纷扰和需要应对的危机、灾难和惊心动魄的故事，比太平岁月要多许多，也深刻许多，活在如此岁月，人总是成熟得格外快，格外早——16岁的刘文典已经成年。他决定再次到外面的世界闯荡，去寻找属于自己的梦想与光荣。

没有史料说明第二次上海之行刘文典遭遇了哪些困境。我们知道的仅仅是：在安徽公学两年的学习时间里，刘文典虔心崇敬的恩师刘师培，给他灌了一脑子的排满情绪，还将他铸造成一典型的偏科生，除了国文，其他学科都一塌糊涂。再来沪上，确给雄心勃勃的少年带来了许多麻烦，因为"东考也不行，西考也不取，无论那种的专门学校都不容进门。"他开始懊悔不迭。我们相信这个热情奔放的反满少年的懊悔一定是真诚的:"我那时候尽干这些营生,那学校里(按:指安徽公学)的正经功课还能学得好吗?我一心相信梅文鼎的本领比Boincar高,把学校里教的数学,不当一回事。物理、化学是一位日本人教了一个多月就停了的,其余的功课我也都不大热心,成绩自然很坏的。"刘文典很清楚,他之所以能顺利领得毕业证,完全因特立独行的刘师培,利用教师手上特殊的权力对高足网开一面,把刘文典的国文、地理、历史、伦理几门功课都评定成一百五六十分。在刘师培的朱红批卷笔下,凡讲排满的都另加几十分,不讲的扣几十分,刘的总分平均下来,勉强及了格。

离校升学,别的同学凭着证书和考试,纷纷进了专门高等学校,唯独才华横溢的刘文典,踟蹰上海,无门可入。几何、代数都不行,物理、化学几乎完全不懂,安徽公学的毕业证毫无用处,偏科的后果让刘文典着实郁闷。[1]

其实,从现代执业能力训练的角度评判,偏科有时并非坏事。由于天生基因与生长环境的不同,每个人对于知识的兴奋点都是不同的,一般能做出非凡成就的的人物,往往总是对自己向往的事业与梦想过于偏执,对某方面的事物,精力总是特别专注,于是心无旁骛,学习阶段必然会对别的知识、关联性不强的事物忽略不顾。偏科往往成为伟大的人物的摇篮。现代物理的奠基人、相对论发明者爱因斯坦就是最著名的偏科生。"五四"风云人物、《五四宣言》的起草人罗家伦,恰恰因为校长蔡元培力排众议而破格录取,他的成绩单曾让众人大吃一惊,数学分:"0"!学贯古今、兼修中外的学者钱钟书,因为偏科又被清华大学校长罗家伦破格录取,高考数学,仅仅15分!毛泽东在陕北窑洞向美国作家斯诺长谈旧事,说他读中学,文、史极佳,数学、物理、英语、静物写生等,却都得过0分或接近0分。美术课,未来的伟人画半个圆圈,一条横线,便提名"半壁见海日",竟成美谈。

重返上海,偏科成了刘文典的灾难。一个人,当他还没有任何成就向社会证明自己价值的时候,偏科只能说明他认知结构的畸形。没有人收留,沪上世界虽宽,竟没有刘文典一席容身之地!他不觉后悔

---

[1] 刘文典《我的思想变迁史》(黄山书社《刘文典诗文存稿》2008年版)

第二章 正是热血青春时

"不该看轻了近世科学,但是已经迟了。"他用"鬼混了一阵"自嘲,无路可走,只好又进了一个美国人办的教会学堂暂时栖身。

在这里是无"古"可学的,天天除了念英文,就是祷告礼拜。刘文典本"不信鬼神,厌恶宗教的,看着英文的面上,勉强到礼拜堂里随着大众喊一声'亚门',精神上很感苦痛的。"刘文典如是说,"我在这教会学堂里,除了英文略有长进以外,其他一无所得。那些教士天天说上帝七天创造世界和耶苏的许多灵迹,我听了心里暗笑,绝对不肯相信。"[1]

年轻人的思绪是升火待发的船,随时都渴望驶出港湾,在风浪中去寻找知识和真理的彼岸。离开安徽公学、滞留上海的刘文典就是这样,身边已经没有神通广大的本师刘师培,曾让他醉心的、几乎无所不包中国古书答案再次变得浑浑噩噩,断难满足他的好奇心,封闭在教会学堂穹窿高耸、蒙满五彩玻璃的灰暗空间,他困惑无依。他开始追问:"世界固然不是耶和华七天创造的,但是究竟怎样来的呢?人固然不是耶和华用土造的,但是究竟怎样生的呢?人生固然不是为末日受审判,善的升天堂,恶的人地狱,但是究为甚么呢?"[2]

中国的文化是一种早熟的文化。中国的古圣先贤有和古希腊的哲人一样,仅仅凭着他们非凡的个人智慧和丰富的想象力,便匆匆忙忙越过实证分析和理性推演,直奔宇宙、人生的终极规律,做出伟大却武断的、虽然最后证明也不无道理的、却总让人放心不下的结论。前苏格拉底的伟大哲学家泰勒斯就曾宣布万物皆始源于水,因为液体、固体和蒸气都是水的存在形式;赫拉克利特恰恰相反,他认为万物的始基是火,因为火非常活跃,可以转变为万物:"一切事物都换成火,火也换成一切事物,正像货物换成黄金,黄金换成货物一样";阿西阿那克西米尼,则主张气是万物之源,火是稀薄了的气,水是凝聚了的气,继续凝聚,就成了土,最后就变成了石头;毕达哥拉斯更加决绝——毕氏最著名的功绩就是发明了中国人称为的"勾股定理"的毕达哥拉斯定理——他干脆宣布:"万物都是数",数学的知识最可靠,是人类信仰和真理的主要来源……直到亚里士多德出现,才从搜集自

---

[1] 刘文典《我的思想变迁史》(黄山书社《刘文典诗文存稿》2008年版)
[2] 同上

然界的实物开始，对客观规律进行梳理；又过了一千多年，文艺复兴运动肇起，古希腊哲人天才的预言经过细致的科学实证与严密的理性演绎，才终于催生了自然规律的大发现，科学的大昌明，人类智慧的井喷般爆发，为工业革命准备了条件。

相比之下，中国古代哲人对宇宙的知识体系也许高明得多，阴阳相生、五行八卦，"一生二、二生三，三生万物"……可惜，所有这些没有经过科学实证和理性推演的宏大认知体系，在现代科学越来越丰富的真理面前，尤其由科学技术引发的社会变革面前，越来越显得捉襟见肘。要不，为何拥有杨幺"以轮激水，其行如飞"的船、墨子几何和韩非子"人口论"的中国，一遇到西方蛮夷的坚甲利炮，马上就被打得落花流水？

"我想这种问题不解决，如何烦闷得过呢。"刘文典对自己说。无法排解的困惑，再次激发了16岁少年的好奇心和求知欲。

正是在这个期间，刘文典得知了西洋哲学家有叫什么Bacon（培根）的、叫Kant（康德）的，还有叫什么Darwin（达尔文）、Spencer（斯宾塞）的，学问都十分了得，这些大师想必一定能解答他内心的疑窦，于是便逐街问店，寻购这些大师的著作。很顺利，第一天便买到了培根的短篇论文集，很兴奋，于是查字书、问先生，费尽气力，读完了。我们完全可以想见他阅读第一本西方哲学大师原著的急切和热忱。弗朗西斯·培根作为英伦哲学家，没有欧陆哲学家如笛卡尔和斯宾诺莎那样精妙严密又深奥难懂的理性推演，培根主张实践科学。他的论说文长短皆宜、行文流畅、警句迭出，对于初次接触西洋哲学的人，相对要好读得多亦容易理解得多。可惜.刘文典读完了，结论却是："这几个问题却一个也未得解决"。

刘文典要的，是对于人生和宇宙的终极解释呢！于是再找。

"其余的书竟一路也寻不见"刘文典如是说。[1]

刘文典还不懂得：哲学，并非个别卓越人物躲在书斋里孤独的玄思妙想，而是他们仰望星空、直面社会而提出的各种困扰人类而提炼出的思想命题，是社会生活与政治生活极其重要的组成部分，是曾经盛行过、并塑造过不同社会性格和时代精神的成因。每一个哲学家，

---

[1] 刘文典《我的思想变迁史》（黄山书社《刘文典诗文存稿》2008年版）

都是他生活的时代环境的产物,他们的著作,最为集中地体现了那个时代人们共有的思索与追寻。要了解一个时代或一个民族的哲学,首先必须了解那个民族、那个时代、那段历史。有人说,哲学是自然科学和社会科学的总和。刘文典要读懂西洋哲学,需要了解和学习的的东西实在还有很多很多。

少年刘文典仅凭着对人生、社会和自然的好奇心,还不能理解哲学;仅仅读了一本培根的文集不但远远不够,反而越发困惑,于是只好"凭自己的脑子去呆想",结果更是"越想越支离。"已然形成的观念像一只花瓶被打碎了,面前只剩一堆残片,知识准备严重不足的年轻人,想将它们粘接起来,何其艰难!焦虑折磨着刘文典,他干脆自个儿创造答案。他说:"偶然有许多的奇想,同人谈起来,人人都称赞我的思想十分高妙,是个大哲学家。"于是,尚嫌天真幼稚的刘文典"自己也忘了自己,以为凭我这副脑筋想去,总可以想出一个极玄妙、极高超的哲学来。觉得康德、Bacon、Descartes(笛卡尔)、Spencer这一班所谓哲学家也都不过是会坐在安乐椅子上发奇想的人罢了。"于是很有成就感。

那时中国的思想界正在向西方取经,刚刚出发,还在路上,不少半灌水的所谓"中西学者"在五花八门的书籍、杂志上沾沾自喜,炫耀不知从哪儿批发来的高论,断言"西洋人的哲学都是很肤浅的"——孤独求索的刘文典,对自己的"创造"又半信半疑了[1]。

教会学堂里的"教气"让刘文典无法忍受。此时,他意外得知一个消息:他的那位"本师"刘师培正被清府缉拿,逃去了日本。于是,刘文典断然决定买舟东渡,到日本去追寻老师,求取真经。时间是1908年。第二次上海游学,刘文典只呆了两年。

7,初渡东瀛

19世纪50年代,俄国伟大的思想家赫尔岑在他的巨著《往事与随想》这样评价东方社会:

---

[1] 刘文典《我的思想变迁史》(黄山书社《刘文典诗文存稿》2008年版)

有的人很容易满足,要求不高,目光短浅,欲望有限。有的民族也视野狭隘,坐井观天,满足于贫穷、虚伪、又是甚至鄙陋的生活。中国人和日本人无疑便是这样的两个民族,他们为自己找到了最合适的公共生活方式,正因为如此,他们始终这样,历久不衰。[1]

这样的评价当然不完全准确,至少说明在西方人眼里,中国和日本是同样保守和封闭的。可是历史提供的事实是,就在赫尔岑发表上述观点不久,1868年,日本明治天皇开始变法维新,全盘学习西方,短短时间国力大增,很快跻身世界列强之林,并且趁火打劫,和西方强盗一起欺辱曾经的老师中国;1894年甲午一战,更是把泱泱中华的海军家底:北洋水师打得精光,李鸿章在日本人刺刀下忍辱签立《马关条约》,将宝岛台湾及澎湖割去,还被勒索银两二万万两。对于中国来说,学习日本以图自强自然成了便捷之道,去日本留学,一时成为时尚。东瀛小岛,一时华人云集,资料载,1906年,留日学生多达8000余人[2],其中,就包括中国人家喻户晓的文学家和思想家鲁迅先生。

鲁迅留日时间早于刘文典,在1904年前便到了仙台学习解剖学。他的导师,便是是那位黑瘦的、留着八字须、戴着眼镜的藤野严九郎先生。从鲁迅先生的《藤野先生》一文,我们大体可以知道当时中国留学生的生活状况:

东京也无非是这样。上野的樱花烂熳的时节,望去确也像绯红的

---

[1] 赫尔岑《往事与随想》第三册234页,人民文学出版社版
[2] 近代中国留日学生究竟有多少?尤其是达到高峰的1906年人数,始终为一疑案。1913年2月22日,孙中山在东京出席日华学生团欢迎会上演讲称留日学生最盛之时"在日留学者达20000余人,其十之七八皆持革命主义者",此为一说。1928年2月24日《时事新报》发表的《留日中国学生之现状》一文认为:"自清末派遣留学生以来,东渡人数,炎炎有加,至日俄战争时而达于极点,一时每年留日人数至一万五千人以上。"此为第二说。国民党教育部所编《第一次中国教育年鉴・丁编》中又有一说:"据考光绪三十二年(1906年)停送赴日速成生原因,系当时留东学生已达一万三千余人"。清政府公布在1906年第六期《学部官报》上的数字也是1.2万人。第四种意见是解放前出版的舒新城著《近代中国留学史》,称留日学生的高峰数字:"光绪三十二年已八千,三十三年达万余"。最具有代表性的是1905年底,陈天华烈士蹈海时留下的"绝命词",号召留日学生"八千余人",共起反对日本政府《取缔清韩留学生规则》,总之,说法甚多,但一般认为应在6000至20000之间。

轻云，但花下也缺不了成群结队的"清国留学生"的速成班，头顶上盘着大辫子，顶得学生制帽的顶上高高耸起，形成一座富士山。也有解散辫子，盘得平的，除下帽来，油光可鉴，宛如小姑娘的发髻一般，还要将脖子扭几扭。实在标致极了。

中国留学生会馆的门房里有几本书买，有时还值得去一转；倘在上午，里面的几间洋房里倒也还可以坐坐的。但到傍晚，有一间的地板便常不免要咚咚咚地响得震天，兼以满房烟尘斗乱；问问精通时事的人，答道，"那是在学跳舞"。

事实并非和鲁迅先生所写的那么轻松愉快。这些买舟东渡、去国修行的年轻人，情况虽千差万别，但他们之中的绝大多数都是去寻找强国真理和知识的，有的甚至本身就是逃避清廷追杀的亡命者。当然，更多是学习新科学、为未来的国家建设准备知识，也为自己谋一个体面的职业，当然不排除少数富家子弟，乘桴渡海赶时髦……现在，我们找不到准确的统计数字说清各种成分人员之间的具体比例，但是，这些人至少都有一个共同的背景：他们多灾多难的祖国正在被列强瓜分，他们的父老正在苦难中挣扎，他们的故国正等待在痛苦中涅槃。

那么，刘文典作茫茫海客，当时的心态是什么呢？回顾这些年他的生活历程，我们至少可以判定，来到日本，他是渴望在击碎腐败王朝、复兴华夏民族的光荣事业里，历炼一种力量，寻找一种事业。

现在我们亦无法证明刘文典到底上的什么学校，坊间一般认为，先生曾就读于日本早稻田大学，但似乎并未取得文凭，相反，记录明确无误的，是刘文典理所当然先去找了他学问渊博、才华横溢的"本师"刘师培。刘师培一干人等在安徽公学鼓吹反满，已经引得两江总督端方下手先抓人，刘师培不能不远遁忙逃。刘文典决意去日本留学，很重要的原因，就是想再一次得到"本师"指点。

他确实在日本见到了"本师"刘师培——可惜，此时的"本师"已经不是彼时的"本师"。

刘师培是1907年2月到日本的，同行的有妻子何震、姻弟汪公权和诗僧苏曼殊。他应章太炎主编之邀来日本参加《民报》的编辑工作。可是，异国的政治失压和民族革命者热聚的特殊环境，正好成了刘师培这类不甘人下、喜出风头的狂热书生瞎折腾的大舞台。作为同盟会员和《同盟会》机关刊物《民报》的编辑，刘师培应该在政治主张和社会行动上与孙中山、章太炎保持一致，可是，他偏偏不习惯做配角，他也想建自己的山头，当核心和领袖。到日本仅仅4个月，思维善变的刘师培便在东京领衔成立了"社会主义讲习会"，杂揉社会主义和无政府主义，向孙中山建立民族主义新国家的主张公开叫板，指责民族主义"仅辨种族之异同，不复计民生之休戚，即使光复之说果可实行，亦恐以暴易暴，不知其非。"他忘记了，孙中山的"三民主义"的核心内容之一，就是民生。

刘师培很快用卑劣的行动为他超越民族主义的高论做了注释，1908年底，仅仅在日本呆了10个月的他便返回中国，投靠了到处捉拿他的清廷官员端方。他给端方的自白书写得冠冕堂皇："中国革命党所持之旨，不外民族主义，故舍排满而外，别无革命。师培自斯以后，凡遇撰述及讲演之事，均设词反对民族主义，援引故实，以折其非。盖事实均由学理而生。若人人知民族主义不合于学理，则排满之事实，自消弥于无形。此即古人正本清源之说也。"

刘文典是1908年底来到日本的，刘师培此时的身份已是端方的密探，可以非常方便地在中国与日本之间穿梭。刘文典拜会了刘师培，只觉得他不再是原来的"本师"了：其失望之情可以想见。他这样说："谁知他那时候已经宗旨大变，提倡极端的Anarchism（无政府主义），学习Esperanto（世界语），不大热心讲中国的旧学"。

刘文典当然不知道"本师"的身份已变。史料披露，1909年，刘师培夫妇在上海充当端方暗探，因出卖张恭[1]，姻弟汪公权被王金发击毙。于是刘师培公开入幕，为端方考订金石，兼任两江师范学堂教习。又拜徐绍桢为师，研究天文历法。端方调任直隶总督，刘师培随任直隶督辕文案、学部谘议官等职——这些，当时的刘文典一无所知，他只是觉得失落："我十分的扫兴，也不常去请教。不久，他又回上海去了"。

刘文典再次陷入了困境。据先生六弟刘天达之子刘明章介绍，其叔遂求学于早稻田大学，主攻哲学，因时事变故，最终未能取得毕业

---

[1] 张恭（1877—1912），浙江金华人，近代民主革命家。曾主持中国同盟会机关刊物《民报》笔政，并出版增刊《天讨》。1908年夏，张恭从日本回国，与王金发等人策动武装起义失败，被端方逮捕。

证，刘文典自己的说法，基本可以证明初渡东瀛这一段遭遇：

> 我对于各种科学都很不行的，要想考进高等专门学校，去学那最有用的农、工、医、理是无望的。学法律、政治、经济倒勉强能行，而我又不愿意。我觉得农、工、医、理等科都是要规规矩矩、循序渐进的，我是干不来了，惟有哲学、文学是个虚无缥缈间的空中楼阁，可以凭我去遐想并不要用甚么苦功。算起来还是这条路最不费力，又最容易见长，所以到了日本之后，也并不肯去补习数学理化考投高等专门，一心只要去做那不费力就能成功的哲学家、文学家。

初渡日本，刘文典还不知道"哲学是个极难的科学"，正如本格森所说："哲学是起于科学的终点"，思想是需要经过训练的，胡思乱想毫不中用。刘文典在回忆这段经历时，如此痛彻地劝告后来者：

> 我眼看见许多的青年——前途很有望的青年——都似乎有点犯这种毛病，在学校对于要耗心血的数学理化不大注意，却喜欢高谈哲理，卖弄文学，把哲学误认为一种浮天无岸的空想，把文学只当做一种五花八门的游戏。这种思想，要说深刻些，竟是懒惰苟且的心理。**我奉劝诸君：**人生在世上，无论贤、愚、穷、达，都有创造文化的一部份责任，以农、工、医等事立身的，不论你大成小就，多少总于人群有点利益，独你的责任到完些。你要不是真有哲学的天才，千万不要迷在这上头，因为哲学是各种科学的总和，要讲这门学问，先要懂心理学、伦理学、生物学这几种"预各学科"的基础，就是数学、物理、化学。那"空想哲学"的时代早已过去了。莫说自己建立系统，在哲学史上占一把交椅是千难万难，就连略懂古今思想的变迁，现代哲学的趋势，免得做新思潮的落伍者，也都要有几年的苦读，费一番的深思。中国现在的思想界虽然幼稚，"哲学家"总不会容你白做的。至于文学，是人生之无形的图画。你对于人生，要没有极明锐的观察，你的心里要没有极高超极丰富的理想力，你要不养成极灵妙的手腕，徒恃你那华辞丽藻，眩你的富赡，示你的稽古，那是万站不住脚的。

刘文典已经"自量不行,所以缩起头来藏拙了。"此后,他"在日本沿门持钵,疗(我)头脑子的饥饿,今天从人学这样,明天从人学那样。"像徒步西行,艰难求法的唐代僧人,他荒漠行走,让孤独与寂寞历炼年轻的信念和坚韧。刘文典这样回忆他的求学经历:"我就把听见过名字的人的著作,买了许多,查着字典读着"就像东方的幸运儿阿里巴巴,大门已向他打开,满眼奇珍异宝,可惜"读来读去,总是个'不懂,不懂'"。他终于不敢轻视西洋哲学,说他们肤浅了。"不懂"依旧是"不懂"——他如是说——"这样乱看,便看一百年也是枉然",曾经才高气傲的青年刘文典,头破血流之后,终于觉得必须得高人指教方能修成正果。刘师培走了,他得另投高门。这次他要寻找的老师,是名气远远大过刘师培、而且事实上对学生影响也远大于刘师培的国学大师、民主主义革命者章太炎。

8、拜师章太炎

关于章太炎,必须多费些笔墨。因为他对刘文典的影响非常重要,他身上几乎集中了中国传统文人的所有的优点和弱点。在以后的章节里,我们将在刘文典身上,看到太多章的影子。

章太炎,清末民初著名学者和革命鼓动家。浙江余杭人,1869年生,原名学乘,字枚叔,以纪念汉代辞赋家枚乘。后易名炳麟。因强烈反清,仰慕清初思想家顾炎武,故而改名章绛,号太炎。受祖父和外祖父熏陶,幼读《东华录》《扬州十日记》——都是清兵入关野蛮屠杀汉人的文字实录,于是仇恨火种深植心底,注定最终将燃出冲天烈焰。黄海甲午战败,24岁的章太炎即赴上海任《时务报》主笔;再应改革名臣张之洞之邀赴武汉办报——太炎时年28,已成为清庭眼中危险的敌人。戊戌政变失败,章终遭清庭通缉,避难台湾,继续以《台湾日日新报》记者之力继续与当局较量,次年东渡日本,与亡命东瀛的梁启超等人交好,后重返上海参与《亚东时报》编务,此期间,他出版了重要的理论著作《訄书》。訄者,逼迫也,不吐不快之意也。

---

1 刘文典《我的思想变迁史》(黄山书社《刘文典诗文存稿》2008年版)

《訄书》公开抨击孔子、孔学,"熔铸新理"、"推迹古近",成为民族革命的重要思想武器。

1900年义和团事件发生后,严复、汪康年、唐才常等在上海组织"中国议会",为挽救危局呼吁,章太炎应邀与会,会上力主驱逐满、蒙代表,并当众断辫以明志。越二年,再渡日本,为梁启超主持的《新民丛报》润稿、译文,还决定在东京举办"支那亡国二百四十二年纪念会"以鼓动拯救危国。所谓"支那亡国",意指南明永历小朝廷在云南最终覆灭,举会日期则定为崇祯帝自杀殉国之日——虽然此举因清廷向日本当局施压而胎死腹中,但正是如斯慷慨悲歌,让他得以与伟大的革命先行者孙中山异国相识相知,接下来的的故事于是变得十分具有价值:

时值1903、1904年之交,孙中山与康有为、梁启超为代表的立宪派的论战已正式交火,孙中山先后发文《敬告桐乡书》和《驳保皇派》,对康、梁改良言论猛加抨击。本来,孙中山与梁启超私交甚笃,但一触及政治问题,便没有任何协调余地。用孙中山自己的话说,他和梁"私交虽密,一谈政事,则俨然敌国。"

孙中山与章太炎的相识本由梁启超介绍而始。孙、章横滨相见,虽萍水初逢,匆匆一面,孙中山给章太炎却留下颇深印象。他曾致信朋友,称:"斯言即流血之意,可谓卓识。惜其人闪烁不恒,非有实际,盖不能为张角、王仙芝也。"[1] 如今孙、梁因政治观点分歧而交恶,章太炎曾企图从中斡旋,让二人重修旧好,结果努力无果,反而是章太炎全盘接受了孙中山观点,慨然弃梁。1904年夏天返国,章已俨然成为最激进的革命分子,同年,《苏报案》发生,章因《驳康有为论革命书》一文被捕,从而名声大噪。1906年7月,章出狱,旋由同盟会迎至东京,并由孙中山主盟,孙毓筠介绍,正式加入中国同盟会,并担任了《民报》总编辑和发行人。

章太炎的革命胆识、号召力和深厚的学养早教刘文典倾慕不置,如今,真的轮到前去拜门,却有些犹豫了。其原因相必有二:首先,章太炎已是名满天下的大师级人物,而刘文典不过区区青涩小子,二者差距之大难免让刘怯场;其次,还有一个更重要的原因,是刘文典

---

[1] 姜义华《章太炎评传》第138页。百花洲文艺出版社1995年12月版)

的"本师"刘师培因无耻投满,已经与章太炎分道扬镳,还有刘师培那个外表美艳而行为混乱的妻子何震,从中挑唆,使章、刘关系早已断绝。作为刘师培的得意门生,刘文典担心被太炎先生拒之门外。

章先生住日本东京小石川区,门口悬一小牌,标"学林社"三字。日本故城沿袭中国古风,旧巷木屋,石板铺道。完全可以想象,当刘文典脚趿木屐,向学林社的小木屋趋前走去,心里一定十分慌张:这是他的圣殿啊!在此出入的,个个都是注定要在祖国名留青史的大儒名仕,而他不过是一小不点儿。能够让刘文典壮胆的,也许仅仅是听人说太炎先生对大人物孤傲气盛,可是"对学生却极好,随便谈笑,同家人朋友一样。夏天盘膝坐在席上,光着膀子,只穿一件长背心,留着一点泥鳅胡,笑嘻嘻地讲书,庄谐杂出",十分友善。[1]最是当年《苏报》案,章太炎和比他小19岁的邹容,一长一少,同囚一室,情胜手足,一时传为佳话。这些,足够为刘文典壮胆。

他心情忐忑地走进去,接下来的意外让他紧张的心很快松弛,而且很快变得温暖。太炎先生闻声下楼,穿一身和服,来不及客套寒暄,刘文典已急切地一番自我介绍,接着是匆匆说明崇敬之思和拜师之忧。接着,大师对面前这位机灵而诚恳的安徽小伙子表现了大师的谦和与关爱,照例将他的人生简历、读书经历一一问过,刘文典自然也老老实实一一答过。接下来,最让人担心的问题果然来了:章太炎问小伙子,这些年,你都师从过什么人?

刘文典顿时语塞。他如是回忆到:我本师刘申叔(师培)先生和太炎已经翻脸,整个留学界都沸沸扬扬,他不可能不知道,我明知道他和但是又不能不说,心里踌躇了一下,只好说:"我自幼从仪征刘先生读过《说文》《文选》。"

没承想,太炎先生一听对方"是刘先生的学生,高兴极了,拉着我谈了几个钟头,谈话中间对刘先生的学问推崇备至。他突然又想起来说:是了。申叔对我提到过你。"

就这样,章太炎接纳了他。刘文典激动难抑,还有,章太炎先生的大度开阔,亦让他大受教益。

---

[1] 刘文典《回忆章太炎先生》黄山书社《刘文典诗文存稿》2008年版

9、求索

要了解刘文典拜师章太炎之后的学习生活，我们可参阅许寿裳在《章太炎传》里记录先生讲《说文解字》的实景，多少可触摸到当时的第一手感觉：

在一间陋室之内，师生席地而坐，环一小几，先生……神解聪察，精力过人，逐字讲释，滔滔不绝或则阐明语原，或则推见本字，或者旁证以各处方言，已故新谊创见，层出不穷，即有时随便谈天，亦复诙谐间作，妙语解颐，自八时至正午，毫无休息，真可谓"诲人不倦"

刘文典听讲时间约比许寿裳晚四五年，但太炎先生的教学方式应该差不多，且刘文典也听过他讲《说文解字》，刘的记录是这样的：

我天天到他那里去请教，听他讲些作经学、小学的方法，他又讲《说文》《庄子》给我听，我那时候年纪太轻，他说《说文》，我还能懂一点，他讲《庄子》，我就不大懂。再加上佛学，那就更莫名其妙了。[1]

如果进一步跟踪，从刘文典《我的思想变迁史》一文，我们还能找到一些更重要的蛛丝马迹。刘文典说读书困惑处，"得便了有人指教我，说'这样乱看，便看一百年也是枉然'，教我先看一两部哲学概论，再看一两部哲学史。我遵他的吩咐，读了一部Jerusalem的哲学概论，Windelband和Webe的哲学史。这才算模模糊糊的晓得了哲学是件甚么东西，里面有多少问题，古来哲学家解决这些问题是个甚么态度。看见书上常说到生物进化的话，不懂进化论究竟是怎么一回事，拿起Darwin的《种源论》，看不出味来，后来读了日本人丘浅次郎和石川千代松的，略晓得一点，后来又寻着了Heacke的《宇宙之谜》和《生命之不可思议》两部书，读了真是无异'披云见日'，把我所怀疑不解的问题，确实解决了几个。我从此才真晓得近世科学的可贵，

---

[1] 同上

才晓得不但是中国的学,就连学西洋那些'没有科学上根据的哲学'都是不中用的。我的世界观、人生观从此就略略定了,枝叶上虽然也学着时髦,时时有些变化,根本上却从来没有生甚么动摇。"

完全可以认为,这个指教阅读的"有人",就是章太炎。因为,作为中国近代思想的开路者,章太炎的思想受多种西学理论影响,又经历诸多繁复变化杂糅而成,其中尤以达尔文的《物种起源》(按,即上面所指Darwin的《种源论》)首次阐释的进化论,以及随之而来的斯宾塞首倡的社会达尔文主义,构成了其重要部分。

达尔文的《物种起源》于19世纪50年代推出,顿时在西方世界引起轩然大波,因为它从根本上颠覆了通过《圣经》启示的人的高贵,以及通过爱神和爱他人来定义的人生意义。达尔文用无可置疑的证据向世界宣告:人和微不足道的昆虫、鱼、甚至令人毛骨悚然的野兽,原来同宗同源!而行动滑稽、喜欢向人呲牙咧嘴的大猩猩,与人类血源尤近。达尔文告知世界,在丛林里是没有爱的,只有弱肉强食——先是英国的绅士、接着是整个西方世界听到这些可怕信号,理所当然要愤怒、惊慌,甚至恐怖,因为他们的世界整个儿崩塌了。当时,中国正在挨打,被比中国肌肉更强壮的帝国主义列强欺负。这一套用生物学演化出来的丛林法则:"适者生存,劣者淘汰"——用后来中国人习惯的说法,就是"落后就要挨打"——太容易帮助中国知识分子解释他们面临的残酷现实,也最方便他们找到苦苦搜寻的思想武器了。难怪严复翻译的《天演论》一旦问世,很快在追寻维新图强的中国知识分子中间引起了巨大的震撼。用"生物学"、实则广义的达尔文主义来解释人类社会,一时成为风尚。章太炎正是其中之一。刘文典刚刚发蒙,对于这个理论的发现,自然万分欣喜。

在此需要特别一说的是刘文典在上面提到的两个哲学家:让他"如拨云见日"的德国哲学家、生物学家恩斯特·海克尔(Heacke)和日本的丘浅次郎。二人都是将达尔文(Darwin)进化论引入本国并加以发挥的大师。他们将进化论由自然界引入人类社会,并形成了一套所谓社会达尔文主义的主张,尤其海克尔,最后干脆将进化论演绎为了优生学和极端的民族沙文主义,他有一句名言最为人诟病:"高等人与低等人之间的差别比低等人与高等动物之间的差别要大",海克尔的理论为后来德国恶名昭著的纳粹主义铺平了道路。事实说明,

第二章　正是热血青春时

如此宣传进化论，恰恰损害进化论的声誉，难怪理论界批评海克尔是进化论的"猪队友"。

还需一提的是，早于刘文典留学日本的鲁迅，亦是在读了丘浅次郎的《进化论讲话》之后，才以为读懂了西方科学的真谛，于是弃医从文，下决心探讨"国民性"思想以拯救民族危亡。这些早期的启蒙者们对于进化论的理解，具有明显的实用主义功利特色。

苦苦求索的刘文典求得了这些"真经"，于是再无困惑，"真是无异'拨云见日'"，他的快乐，洋洋乎溢于言表。他说：

> 我从此把历史上遗留下来的思想上的枷锁一齐都扭脱了，承传的谬说和因袭的思想都打破了，只仗着理性的光明，不怕他四围的黑暗。我以为道德的观念、社会的制度、经济的组织，但有不合生物学原理的，都要把他改造过才是。[1]【注10】

当时的日本正是中国革命者的集结之地。孙中山紧锣密鼓地开展政治操作，准备武装起义；章太炎正用他的笔和舌头，鼓动造反。上千留学生奋起响应，呼喊抗争。刘文典既已成了章门弟子，整日浸淫于如此环境和氛围，爱国主义、民族主义的思想自然更趋热烈，活动更加频繁，跟章氏求学问，听章氏作讲演，随章氏闹革命……还等不及刘文典留下更多的日本故事，很快，武昌城头新军的枪声响了。新军本是朝廷完全按照西方模式、采用西方新式武器装备起来的军队。爱新觉罗王朝本想用它维护摇摇欲坠的统治，没承想，新军偏偏成了革命党传播新思想的温床，新军官兵恰恰成了清廷的掘墓人。1911（农历辛亥年）年10月10日，武昌首义枪响，11日 革命党人宣布成立中华民国军政府。黎元洪出任中华民国军政府鄂军都督，发《致全国父老书》。22日 长沙独立，成立湖南军政府。陕西新军攻占西安。28日 黄兴偕宋教仁抵武昌，指挥汉口保卫战。29日 山西独立，阎锡山任军政府都督。30日 蔡锷在昆明起义成功……需要特别说明，是月23日江西九江、南昌光复，未来让整个世界震动的毛泽东，就在这时投入湖南新军二十五混成协五十标第一营左队，当了一位列兵。

---

[1] 刘文典《我的思想变迁史》

整个中国天地翻覆。

10、短暂的狂欢

统治了华夏大地近300年的爱新觉罗王朝终于被扫进了历史的垃圾堆。远在日本的刘文典，以及一起流亡和求学的同胞志士，情绪之兴奋可想而知。他们已经无法等待。1956年，大陆纪念辛亥革命90周年，刘文典在在《回忆章太炎先生》一文中如是说：

> 记得有一天下午，章先生正在拿佛学印证《庄子》，忽然听见巷子里卖号外，有一位同学买来一看，正是武昌起义的消息，大家喜欢得直跳起来。从那天起，先生学生天天聚会，但是不再谈《说文》《庄子》，只谈怎样革命了。因为我忙着要回国，坐车到神户赶一只船，来不及辞行（注：指向章辞行），就先走了。[1]

这些海外游子，一如宋代诗人陆游，渴望着"王师北定中原日"，而今，又定然如杜甫听到"剑外忽传收蓟北"，定然"初闻涕泪满衣裳"并"漫卷诗书喜欲狂"了，表述他们心情之急切，先生一句"来不及辞行，就先走了"，短短九字已经足够。

刘文典是以胜利者的名义回来的。祖国得救了，神州满目疮痍，百废待兴。东渡日本的社会历练、知识积累、与革命者的密切交集，还有彼此间积淀的战斗友谊，对胜利的狂喜和亢奋……这些，都足以证明刘文典对革命事业的忠诚和担纲大任的能力。他很快找到了一展自己身手之地：进入于右任、邵力子等主办的《民立报》，担任了编辑和英文翻译，同时，开始用"刘天民"的笔名发表文章，欢呼胜利，赞美刚刚经过血火洗礼的世界。

革命都是先从舆论开始的，尤其孙中山领导的这场革命，舆论鼓吹发挥的作用尤其重要。1911年12月25日，孙中山回国就任临时大总统，甫抵沪上，便专程来到《民立报》报社，向舆论岗位的同志们致意。中山先生一生仓皇，不屈不挠，鼓吹革命，在国内外赢得了巨大

---

[1] 刘文典《回忆章太炎先生》

的声望。来到报馆,同志们一齐围拥而上,中山先生发表了一段简单的谈话,接着,邵力子恭请题词,孙中山欣然命笔,拿起一张便条写了"戮力同心"四字,大家又热烈请他写一段英文,孙中山拿起毛笔,又写了:"Unity is Our Watchword(团结是我们的座右铭)"。12月31日,这幅题词刊上报纸头条。

刘文典很幸运,他近距离接触了这位仰慕已久的革命家。而两张便条,又有幸由他珍藏:夹在一本书里,虽然片言只语,却一直视如宝笈,这是他对革命首倡者的敬重,更是胜利之后对漫长的、曾经的苦难和奋斗的珍重。

11、挫折

辛亥革命,实在是一场脆弱的、非常不彻底的、甚至可以说是一次偶然的武装反叛,一哄而成的夺权。孙中山是医生出身,他奔走呼号,殚精竭虑策动的革命,还来不及从内部彻底调理,便匆匆忙忙,完成了一次不彻底的外科手术。野心家袁世凯蛰伏在北京城,对最高权力虎视眈眈,最后果然凭借手中的实力左右开弓,一面逼清廷交权,一面对南方的革命党人威胁利诱,软硬兼施——中国的真正康复,注定还得九死一生,历尽劫波。

孙中山来《民立报》看望于右任诸位革命同仁之后不几天,就到1912年新年了。1月1日,孙中山在南京宣誓就任中华民国临时大总统。

这当是举国欢庆的大喜吉日呢。可惜,就在当日,《民立报》便不得不刊登了一则让人万分沮丧的文稿:淮上军总司令张汇滔发给主笔范鸿仙及刘文典的紧急求援电报。电文概云:

民立报馆范鸿仙、刘天民两兄钧鉴:袁贼又派倪嗣冲于议和期内,乘我不备,围攻太和、颍州,毒击大炮,民兵死伤千余人,详情已另电,望两兄主持清议,严加诘问。再淮上国民军现编一镇,务祈设法接济,不胜盼祷。张孟乙叩。[1]

---

[1] 《民立报》1912 年 1 月 1 日,转引自张湘炳、蒋元卿、张子仪《辛亥革命安徽资料汇编》第 370 页

淮上革命军是新成立的地方革命武装，总司令是安徽寿县人张汇滔，武昌首义成功，淮上革命军迅速光复寿州，颍州诸城。接着袁世凯指使亲信、新任河南布政使倪嗣冲猛烈反扑，激战数日，颍州陷落。

袁世凯军队的反革命报复是血腥的。下面这段记录，可以看到老百姓对革命军的欢迎，及反革命势力的残忍：

（淮上军）移兵向颍，父老郊迎十八里，整队入城，一枪未鸣，秋毫无犯。部署略定，即谒孔子庙，设招贤馆，开演说会，宣布起义宗旨。于军令持之尤严，兵士有擅取学堂床席违令者，饮酒恣肆因而口角者，各杖数百。陈排长讹索居民，徐统制查获，拟斩。各军官哀求，乃责一千，处以监禁。及倪嗣冲于念一日，由太和突攻颍州，美教士伏格思、颍绅李云卿、吕淮济、赵坪增等奔驰两军间，极力议和。正待解决，马营高队官放出城，被倪军攻击死。暮，丐负尸入城，倪后竟焚其棺。

城陷之日，肆行屠戮，以剪发为革命军符号，杀之无遗。其最残酷者为正阳李恕斋，断臂、刖足、破胸、倾肠，而后决首。凡系市人，无论行商贾客，必搜杀之始快。如此凶蛮，凡有血气者皆嘤殷足之首，以为无人道者戒，且在南北停战期内，并在我军议和期内，倪贼倘承受，断不敢弃毫公法而不顾。[1]

随着安徽形势继续恶化，向主笔范鸿仙、刘文典直接求援或请求转信者日多，都是"万恳临时大元帅及各省大都督严重诘责袁世凯，俾海内人士知背约挑战之公敌在者也，淮上幸甚。"之类的求救呼吁。《民立报》每日接到要求转递的信件太多，以至邮查无暇投送，只好将收信人姓名登列专栏，要收信热门"携带名刺来馆自取"[2]。范鸿仙本系皖地血性汉子，家乡的情况如此惨烈，心忧如焚，岂能坐视不管？2月2日，范鸿仙断然投笔，亲自募集精兵5000，成立铁血军，并发布《铁血军总司令范光启宣言书》，主张北伐。朋辈义举，让只能笔耕的刘文典感概不已。他如是记述这段故人故事：

---

[1] 《民立报》1912年2月14日，转引自张湘炳、蒋元卿、张子仪《辛亥革命安徽资料汇编》
[2] 《民立报》1912年1月17日)

第二章 正是热血青春时

先生才略纷纭，智能命世，江淮豪俊，多相亲附。既自负壮志，且欲扬鞭曜甲，与群雄并驱争先，夙于江皖之间，结殖根本。至是乃请于大总统孙公，募壮士五千人，号铁血军，自将之。搜讨军实，简练甲兵，为北定中原计。会和议成，南中诸军皆放仗，先生流涕太息曰："伪孽虽去，袁贼未枭，北庭诸将，各仗强兵，跨州连郡，人自为守，而无降心，今权一时之势，以安易危，共和之政，不三稔矣！"遂以军事属龚振鹏，躬还上海，杜门悬车，跌宕文史，皖人数推为省帅，袁氏屡诱好爵，并称疾不起。[1]

面对袁世凯咄咄逼人的政治威逼和武力反扑，为换取国家尽快统一和民主，也因为轻信了袁世凯毫无约束力的所谓"永不使君主政体再行于中国"的承诺，2月13日，孙中山决定向临时参议院提出辞呈，并推荐袁世凯继任临时大总统。4月1日，孙中山正式宣告将政权交给袁世凯。孙中山自我解除职务之前，曾提出定都南京、新总统须到南京就职和必须遵守《临时约法》三项要求，以防范袁世凯背叛共和国，但所有这一切都毫无意义。袁世凯一旦权柄在手，所有都得按他的章程办事了。中央临时政府的设置地一旦从南京迁至他的权力老巢：北京，独裁阴谋就开始正式提速。

上面都是载入历史的大事。对于刘文典的个人生活而言，1912年也发生了一件大事：他结婚了。

夫人张秋华，安庆才女，刘文典表亲，与先生青梅竹马，婚后琴瑟和合。在民国甫立、国事维艰的特殊年代，这门婚事，半是对胜利的庆贺，半是对现实的无奈抗争。此时的刘文典，已经不是一个置身局外、只会闭门学问的普通书生，而是在波澜壮阔的历史漩涡中的弄潮儿。置身于决定中国未来命运的圣徒、斗士、革命家之间，每天注定会遭遇胜利、危机和苦难，他一定很亢奋、很疲惫也很痛苦，需要一个终身知己和他相濡以沫，携手同行，游走在铁血生死之间，一道见证和书写属于他们自己历史。

暴风雨很快来了。孙中山退让，袁世凯轻松登上大位，于是放开

---

[1] 刘文典：《范烈士鸿仙先生行状》，载安徽省立图书馆馆刊《学风》第五卷第十期（1935年12月1日）

拳脚大干，实行个人独裁，投靠帝国主义，排挤革命党人，完善反动官僚机构……所有恶行都添齐了。心地善良、毫无防范的孙中山偏偏宣布"十年内不问政治"，一门心思要以在野身份专门从事实业开发，立志在十年内修筑20万公里铁路；同盟会实际负责人之一的宋教仁则醉心于议会活动，只想让革命党人在国会争取多数席位，在中国真正实现"政党政治"……袁世凯暗中磨刀霍霍并最终凶剑出鞘：1013年春，袁世凯指使杀手，在上海火车站行刺宋教仁，并得了手。

未来的文化大师刘文典，此时正游走在革命第一线，也遭遇了一场幸好十分蹩脚的暗杀。几天后，他才知道，发生在上海火车站的凶案，是中国近代史必须书写的一场暗杀，而刘文典险些成了替身。

关于这次遇险，刘文典哲嗣、如今已年过八旬的刘平章先生从母亲张秋华那儿听过这样的讲述：

一天晚上，父亲正在看书，忽听有人敲门。他起身开门，还来不及询问来者是谁，也没看清对方面容，只听一声枪响，子弹从身边呼啸而过，来人便迅速消失在漆黑的夜幕之中。杀手显然以为已经击中刘文典要害——所幸，子弹仅擦刘文典臂膀，顿时鲜血直流。好在伤势并不重，刘文典没对外声张——几天后传来宋教仁遇刺的消息，这才想起，凶手要暗杀的，原来是宋教仁，只是碰巧天黑夜暗，凶手摸错了门，结果让父亲险些做了替身。

12、二次东渡

宋教仁的血让所有国人猛醒。

其时，孙中山正在日本考察，惊闻战友死讯，悲痛不已，立即赶回上海，宣布兴兵讨袁。1913年7月，他发动江西、安徽、广东等省革命党人，进行武装讨伐，是为"二次革命"。7月12日，李烈钧在江西九江湖口宣布独立，传檄讨袁；14日，刘文典与范鸿仙等返回芜湖，决议成立讨袁第一军第二军，

7月27日，先生好友范鸿仙等赴安徽安庆，协助安徽都督柏文蔚讨袁。

27日，安徽革命先贤柏文蔚返安庆，就任都督及安徽讨袁军总司

令职。柏文蔚回任皖督以后，范鸿仙诸仁皆相率来归，拥戴柏督讨袁。柏、范等随即召开秘密军事会议，分兵三路出师讨袁。[1] 此间，刘文典先生亦投笔返乡，加入了"二次革命"的纷飞战火之中。哲嗣刘平章口述：

"二次革命"枪声刚响，先父就参与了进去。平时他只懂拿笔杆子，战时不能亲自上阵，持枪杀敌，但他依然在这场反对独裁、反对倒退的革命行动中，给自己找了一个合适的位置——运送伤员。

据说，革命党人当时广为谈论的一个经典场景便是：文质彬彬的刘文典一袭长衫，驾着马车穿行于战场之中，四处寻找、抢救、运送伤员，用果敢的行动印证着'国家有难，匹夫有责'的热血豪情。[2]

可惜，因孙中山去职而变得涣散无力的国民党，仓皇上阵，在武装到牙齿的袁世凯面前，实在力不从心。"二次革命"不足两月便遭完败。8月17日，袁世凯发布《临时大总统命令》，通缉革命党人，对"二次革命"的参与者"即行严密拿捕，尽法惩办，以昭炯戒，并着各省都督、民政长，饬属一体严拿务获，勿任漏网。"

曾经的临时大总统孙中山，被迫出逃，再次流亡日本。

刘文典也带家眷躲进英租界暂避。9月10日，告别爱妻和不满4个月的长子刘成章，化名"刘平子""刘天明"，只身东渡扶桑，参加了孙中山新组建的中华革命党，并担任了孙中山先生的英文秘书，继续从事反袁革命活动。1956年辛亥革命90周年纪念日，刘文典自述：

那时候中山先生组织中华革命党，我也流亡在东京，就和几个朋友一起加入。当日的情况，今天还历历在目。中山先生住在一座破旧的小楼上，经过走廊，一上楼去就是中山先生的房间。房里一张陈破的短榻，一张木板桌，三张破椅子，中山先生穿着一件棉布的和服（日本衣服），坐在短榻上，有一位广东口音的厨师正在拿午餐给他用。

---

[1] 史全生：《陆军上将范鸿仙烈士略记》，见南京市政协文史资料研究委员会《南京文史集萃·范鸿仙专辑》第206-207页，江苏古籍出版社，1990年12月第1版

[2] 章玉政《刘文典年谱》第**32页**

我留心看看这位做过大总统的人吃些什么，出乎我意料的是只有两片面包，一盘炸虾，总共不过值两三角钱，比我们当学生的在小馆子里吃的西餐还简单。我看他生活的俭朴才知道他人格的伟大，崇敬之意，油然而生，默默地坐在一边。他用完午餐，开口问我话了，那一种慈祥恺悌的样子，真令我终身不忘。说了几句话之后，他就叫我下楼写誓书，并举手宣誓。[1]

刘文典在担任孙中山英文秘书期间做了些什么，已经不重要。总之，和第一次东渡不一样的是，他已经无暇顾及达尔文、海克尔、浅丘次郎给他点拨的生物理论"真谛"，先生面前，现在只有血淋淋的事实：民主共和的敌人正在绞杀革命，像丛林野兽一样正在野蛮地吞噬新生的国家。革命者要战胜敌人，必须比敌人更强健。这是真刀真枪的实战，只需要铁和血。既然未来大学者的个人命运已经和国家的命运、革命的命运紧紧捆在一起了，刘文典必须得把生命中最宝贵的年华，继续交付给社会和革命。

什么是知识分子？知识分子的责任是什么？过去，中国人叫"士"，叫"穷则独善其身，达则兼济天下"。从现代社会学的意义上定义，知识分子应该是一种社会价值和人类良知的守护者，而不仅仅以知识技能作为谋生手段的脑力劳动者，除了关注自己个人（包括家庭），还应当对更广阔的社会怀抱一种使命感，敢于为传播某种理念、价值与生活态度而奋斗，甚至献身。俄国著名的知识分子拉吉舍夫说"我的心由于人类的痛苦而受伤"，这可以说是知识分子使命感的宣言与写照。如果从1903年第一次到上海求学开始反满，到现在，这正是刘文典生命的黄金岁月，他已经付出了整整十个年头，现在，他必然还得继续付出。

可以对照一下和刘文典同侪的文化大师：胡适、陈寅恪、傅斯年……他们都出身书香门第，家学渊源，都有欧美留学背景，然后安坐书斋，在弥漫学术氛围的安静校园，修成正果。刘文典却不是这样，十多年间，他总是在政治漩涡中奔走，与孙中山这些为信念而牺牲的革命者一道奋斗。也许我们会替刘文典感叹——对于他这类本该以学

---

[1] 刘文典《孙中山先生回忆片段》黄山书社《刘文典诗文存稿》2008年版

术书写历史的人,偏偏把如此宝贵的时间过多耗费在别的事务上,实在不值,但革命经历留下的思想积淀,尤其与孙中山这类坚强的伟人在一起,耳濡目染,潜移默化,他们为信念九死不悔、百折不挠的精神,对于成就日后刘文典学问的钻研修行,不是很有助益吗?

刘文典日日牵挂着多难的祖国,还有久别的爱妻、襁褓中的婴孩。心中的祖国在等待他,学术事业还在等待他,他祈愿罪恶的袁世凯政权尽快崩溃。他渴望归来。

13、爆发

刘文典的学问在书斋里萌芽,在血雨腥风中积累和历练。可以这样判定,第二次流亡东渡,此时刘文典对新文化的追求和感悟,已在心中积淀成深厚的学养。经历了大动荡、大灾难、大变革,他对人生、社会、历史的认识已大不一样,过去读起来非常吃力的达尔文、斯宾塞、海克尔……现在已经和他融为一体,有了另一番理解,他需要用这些独立的、属于自己的思想武器,加入革命战斗。

滞留日本,刘文典等待野心家袁世凯阴谋溃灭,但却丝毫未曾懈怠。他开始向章士钊主编的《甲寅》月刊投稿,用笔投入战斗。

《甲寅》月刊1914年在东京创刊,思想激进且文笔犀利,一旦创刊,影响极大,后来曾被人誉为《新青年》的先声——《甲寅》月刊11年后在北京复刊而改为周刊,同样由章士钊主笔,主旨却已南辕北辙,前者呼唤革命。后者却成了反对新文化运动,复古逆流的吹鼓手——1915年9月,刘文典在《甲寅》第一卷第九号初表文稿《唯物唯心得失论》,该刊尚在青春叛逆期。与此同时,也是1915年9月,著名的革命旗帜刊物《新青年》前身:《青年杂志》在上海创刊,客居日本的刘文典作为主编陈独秀的旧年高足,理所当然成了重要撰稿人,《青年杂志》首卷第三号,很快刊出了刘文典的一篇译作,原著还是震动华夏的、曾被严复意译为《天演论》的赫胥黎专著《进化论与伦理学》。

作为达尔文的挚友和进化论的鼓吹者与完善者,赫胥黎不仅谈了自然界"物竞天择"的生存法则,更强调了人类社会与自然界的根本不同的道德律法:伦理学。赫氏指出:"人类的情感,最初在很大程度上铸就了维系人类社会的原始纽带,后来逐渐进化为一种有组织、人格化的同情心,也就是我们所说的良心。"他强调:"尽管自行其是是维持人类社会对抗自然状态的必要条件,但若在社会内部任其自由施展,就必然毁灭这个社会。"[1]严复的《天演论》出于救亡图存的需要,十分功利主义地选译了赫著的前半段:进化论,却腰斩了后半段:伦理学。严复梦想一个强大的中国,一个尚武的社会有机体。于是,丛林原则的生存之"恶",在严复笔下成了人类社会进步必要之"善"。刘文典理所当然认同了严复的选项,正如他在《我的思想变迁史》中所说:"哲学万离不了生物学,""国家社会的一切问题都要依据生物学来解决"。

刘文典的赫胥黎译文题为《近世思想中之科学精神》,译序明确宣称社会进步完全符合自然规律,而自然规律是任何力量都无法阻挡的,他企图以此对袁世凯倒行逆施进行理论挞伐,并对国家未来的光明前景宣示乐观之心:

> 以上所陈皆自然界知识之进步所印于吾人心中之新观念也。吾人已识上下四方古往今来之为无穷,且知地球为宇宙间目所得见处之一微尘。唯其期间,若以吾人之时间标准较之,则为无穷耳。又人类者,不过圜舆上大量数生物中之一而已,且实历无数级进化,乃成今日之状态也。加之,自然界知识每进一步,则宇宙间为有一定秩序之观念益广且坚(此一定之秩序,现于所谓自然律者之中),且使人信无定律之心为之弛懈,其范围为之狭隘,于偶然之变化不复置信焉。
>
> 此等观念,其组织之良否非所问也。此等观念之存在,与其为自然界知识之进步所不可逃免之结果,实无人能否认之。诚如是则其方事变更吾人所怀最重要之信念,决无疑义也。[2]

袁世凯称帝的闹剧密锣紧鼓,正在提速。1915年秋天,包括伟大的启蒙学者严复、还包括政治上朝秦暮楚的大学者刘师培在内的所谓"六君子",公然组织了"筹安会",发布宣言,鼓吹帝制。曾经的

---

[1] 参看(英)赫胥黎《进化论与伦理学(全译本)》,北京大学出版社 2015 年版
[2] 刘文典译《近世思想中之科学精神》,《刘文典全集》卷三,第 863~864 页

第二章 正是热血青春时

启蒙大师们误将袁世凯这个窃国大盗视为可以带领中国与列强抗衡的"丛林强人"。1915年12月12日，袁世凯正式宣布恢复帝制。改国号为"中华帝国"，定1916年为"洪宪元年"。

袁世凯公然的倒行逆施从反面刺激了刘文典的战斗激情，于是，他的笔底波澜如狂潮决堤，不可抑止。袁世凯宣布称帝3天后的12月15日，刘文典在《青年杂志》第一卷第四号发表了《叔本华自我意志说》。叔本华认定"生命意志"是所有表象世界的依据，具有超越"根据律"、超越时空和因果性的客观本体。他的哲学迷漫着悲观厌世的气氛，但读者在刘文典先生译序中读到的，却是对于窃国盗贼的勇敢诅咒和对革命信念的赞美：

盗贼盈国，天地既闭，崩离之祸，不可三稔；而夸者死权，贪夫殉财，邪僻之徒，役奸智以投之，若蝉之赴明火，朝无不二之臣，野寡纯德之士。齐仲孙曰："国之将亡，本必先颠。"今日是也。昔者余杭章先生，闵党人之偷乐，忧民德之日衰，宣扬佛教，微言间作，惟恢心邪执，众庶所同。大乘之教，不可户喻，欲救其敝，亦难矣。德意志大哲叔本华先生，天纵之资，既勇且智，集形而上学之大成（Deussen博士语也），为百世人伦之师表（R·Waguer教授语也），康德而后，一人而已。先生之说以无生为归，厌生愤世，然通其义可以为天下之大勇。被之庠舍则士知廉让，陈之行阵则兵乐死绥，其说一变而为尼采超人主义，再变为今日德意志军国主义。余获读遗书，窃抽秘旨。世之君子，得以览焉。[1]

月底，刘文典署名"叔雅"著文《英法革政本末》，在上海《新中华》杂志第一卷第三号发表。这也是一篇讨袁檄文，在译文前面的引言中，他宣称：

《易》曰：汤武革命，顺乎天而应乎人。独夫肆虐，百姓致诛，天之道也。眇觌上古，旷观万邦，虽时世不同，迹有成败，至于顺乎天道，应乎人心，芳泽所被，训革千载，其揆一也。近世自英王查理

---

[1] 刘文典：《叔本华自我意志说》，《刘文典全集》卷三，第714~715页

士伏诛以还,革命之潮,滂渤怫郁,如震如怒,当之者死,遇之者坏。我中夏辛亥之役,义师云兴,神兵电扫,旬月之间,光复旧物,虽共和之政不举,而朔虏之祚终移,今先烈之业,既坠于地,生民之命,复将泯灭。余乃发愤,述列邦之往迹,召吾国之来兹。[1]

  1916年元旦,窃国大盗袁世凯的"登基大典"迫不及待开场。其实,这类吹吹打打的滑稽剧不过是为历史继续提供案例,证明所有逆潮流而动的"伟业",其结果总是和事主的愿望完全相反。紫禁城居仁殿里登基大典的鼎鸣笙歌,成了共和制度僭越者的丧钟。孙中山很快发表《讨袁宣言》、《第二次讨袁宣言》,痛斥袁"背弃前盟,暴行帝制""解散国会""谋杀人才""假民党狱,而陷国家于危险之地位";直斥袁世凯"一人冠冕"而"万户涕泪","既忘共和,即称民贼"。全国反袁浪潮勃然而起,海外华侨纷纷通电声讨,更有云南军阀唐继尧,在梁启超、蔡锷等进步党人鼓动之下,于1915年12月25日率先宣布云南独立,并组织"护国军"誓师北伐,西南各省纷纷响应,宣布独立……

  刘文典的武器依旧是他手中的笔。登基闹剧半月,1月15日《青年杂志》第一卷第五号即发表了刘文典关于富兰克林自传的节译《富兰克林自传》,文稿以世界伟人的圣迹观照袁世凯的丑陋卑微,译者前言引用乔治·华盛顿的话评价富兰克林"因为善行而受景仰,因为才华而获崇拜,因为爱国而受尊敬,因为仁慈而得到爱戴,这一切将唤起人们对你的亲切爱戴。你可以得到最大的欣慰,就是知道自己没有虚度一生。"又引用杜尔格的话评价:"他(富兰克林)从苍天处取得闪电,从暴君处取得民权。"刘文典本人的赞美更是热情洋溢:"十八世纪第一伟人,于文学、科学、政治皆冠绝一世。其自强不息、勇猛精进之气,尤足为青年之典型"。从苍天取来闪电,代表着科学;从暴君手上取来民权,代表着民主——富兰克林一生两大伟业,正是此后"五四"知识分子呼唤的时代主题。在袁世凯倒行逆施之际,刘文典大声呼唤自由意志,讴歌引领国家走向民主的华盛顿,焦急地呼唤着拯救中国的英雄,吁告人们对真正的救国者"兴高山仰止之思,

---

[1] 刘文典《英法革改本末》载上海《新中华》杂志第一卷第三号,1915年12月

群效法其为人，则中国无疆之休而不佞所馨香祷祝者也"[1]2月15日，《青年杂志》第一卷第六号再发刘文典翻译的英国思想家伯克著名演讲《美国人之自由精神》；10月1日，《新青年》第二卷第二号又发刘文典撰文《欧洲战争与青年之觉悟》，有感于列强争霸如丛林恶斗之残酷无情，先生竟不无极端地大呼："战斗乃人生之天职，和平为痴人之迷梦"，乃号召："青年而能自觉其责任，孟晋自强，努力奋斗，则吾青年卣身之福祉亦邦家无疆之休；青年而苟偷怀佚，不能努力奋斗，则邦家覆败，吾青年亦必及身为虏。"先生不无自豪和自信地宣称："吾国既为东洋诸民族之领袖，又为皙种诸国所侧冏，妖云侵霭，匝地而来，不特吾国之生死存亡责在吾曹青年，即东洋诸族之盛衰兴灭其责任亦全存我躬。欧洲皙种既自觉黄白二种之不能两立，又必并力一心，以死拒捍。克鲁巴特金将军皙种大同盟之说绝非虚语，恐不待易世之后，将见实行。书契以来，任何民族、任何国家，其责任未有如吾曹今日之重者也。吾曹之危险既如此其大，其责任既如此其重，吾曹之努力，若不能超过欧洲诸民族近世所费Energy之总量，则夷灭之祸，无可幸免。此记者所以泪竭声嘶以求吾青年诸君之自觉也。"[2]

为拯救灾难深重的祖国，刘文典的理论寻找如此热切已近乎疯狂，甚至连军国主义也被认定为成功救世之道。11月1日，刘文典在《新青年》第二卷第三号上再次发表政论文章，激烈地认为危机已成，"今日之天下，军国主义之天下"，而"好战乃人类之本性，进取实立国之原则。"军国主义"诚救国之良药"。他认为，"吾诸华既为人类，又葆有国土历数千年，其间捍拒异类，讨灭敌国之事，无代无之，本能纵麻痹于一时，决非汩没已尽，徒以受毒于腐败政治过久，民族精神无由发扬，遂有今日之衰颓。"先生依旧以"新兴之强国""以武功娓耀大地者"日本为例，称其"维新以前，承平日久，人民不见兵革，又以封建时代，军旅之事专之武门，齐民但知锄耒，故美将普莱之战舰一入下田，而江户之民仓皇奔避，其怯弱卑劣为何如？其后施行征兵制，论者犹谓农商子弟服兵役，是驱市人而战，然曾几何时，

---

[1] 北蘩：《〈青年杂志〉的六位封面人物》，红袖添香网站，2007年12月8日
[2] 刘文典《欧洲战争与青年之觉悟》《刘文典全集》731-732页

柔弱之民化为懔悍，北蹶强俄，遂霸亚洲。往日对黑船而战栗者，今乃向美人挑衅矣。可知天下无不能战争之民族，在高瞻深识者鼓舞提倡而已"先生大声疾呼："但吾青年昆弟，能自觉己身之责任，扩观世界之潮流，深知军国主义为立国根本、救亡之至计，振作精神，则吾诸华未必不能化为世界最强毅之民族，中夏犹可兴也。"[1]

饱受欺凌的中国渴望从欺凌自己的敌人手中盗取强盛之火，稔熟英、德、日多种语言工具的刘文典，有幸担当了这样的盗火者。辛亥成果被窃，袁世凯猖狂倒逆，极大激发了刘文典的忧思和文胆，二次东渡，成了他一生译文最为丰饶的岁月。久居异国，刘文典定然也有过红袖添香、稚子侯门的等待与惆怅，却完全没有了第一次赴日的彷徨与求索，忙碌注定让他的日子变得充实。在勃兴于故国的、伟大的护国运动中，他替孙中山翻译电文，又不停翻译自选的文稿，从西方的思想武库里寻找武器，传递给正在战斗的中国读者。他已经懂得了，对于祖国和民族的命运，陈天华蹈海、邹容赴难、许多英雄死于战场……是一种伟大的选择，而做一个文化盗火者，从西方偷取火种，这种选择更适合自己。

仅仅维持了83天的"洪宪王朝"，终于被中国人民断然扫进历史的垃圾堆。6月6日，窃国大盗袁世凯在全国一片唾骂声中郁郁而亡。

2016年底，刘文典再次返回了祖国。

14、补遗：关于知识分子的政治分歧与文化认同

在继续叙述刘文典返国之后的日子，需要补充介绍一段知识分子之间关于师长和朋友的故事。

在中国几千年的儒家伦理中，"天地君亲师"五体——老师是被所有百姓每天需要焚香膜拜的尊位之一。"孝悌忠信"四端，其中"忠"和"信"，则是处理朋辈关系的原则。"为人谋而忠，与朋友交而信"，此之谓也。本章所述，正是发生在刘文典逃亡东渡前的十分有趣的故事。

1911年辛亥成功，正当刘文典和全体国人沉浸在胜利的狂欢之时，

---

[1] 刘文典：《军国主义》，见《刘文典全集》卷三，743-744页

第二章 正是热血青春时

他偏偏遇到了尴尬：他的恩师刘师培——上面说过，这位国学大师、曾经的反满英雄，后来悄悄离开日本，替被他强烈仇恨过的清廷大臣端方做了暗探，还入了端方的幕僚。可惜命运弄人，刘师培跟着这位满族大员前往四川对付辛亥保路运动，镇压无果，反而加速四川辛亥革命的胜利。端方败逃资州，被部将所杀，刘师培亦被新军抓获到案。

历史上暴力革命，从来都是以煽动仇恨开始的，造反胜利的一方，往往会以十倍的疯狂和百倍增长的仇恨对已经失去抵抗能力的失败者进行报复，将革命变成一场以暴易暴的仇杀。而真正伟大的、健康的革命，情况则是另外一回事，如英国的光荣革命，美国的独立战争。刘文典信奉生物学的规律，强者理当按照自己的愿望处置弱者。早年安徽公学，刘文典的满腔仇恨正是从刘师培反满的呐喊之声中萌芽，他曾盼望"饥餐胡虏肉，渴饮匈奴血"，坚信"若是把满洲人杀尽了，国家自然而然就好起来了，政治自然也清明了，生计自然也充裕了，内忧外患自然都没有了，杀尽满人，中国的问题就解决了。"辛亥革命首先是一场民族革命，它正是从对统治了中原近300年的满人恶仇恨开始的。孙中山的口号，第一句就是"驱逐鞑虏"。而今满清大臣端方的幕僚刘师培被抓，刘文典该怎么办？

得知刘师培被四川新军抓获，命悬一线，刘文典竟然下意识地心急如焚：在满清大员幕僚和曾经的恩师这两个身份之间，在政治仇恨和文化认同之间，刘文典应该选择哪一个？

古今中外，作为具有独立意识的知识分子之间，或认识分歧，或门户之见，或利益之争，发生隔阂甚至龃龉，例子不少。但是，当他们有了共同的文化价值认同，最后总是可以互相理解，消弭分歧，甚至灾难当前，泰山压顶，彼此还会相濡以沫。中国文化史上最有名的，莫过于宋代的王安石和苏东坡，著名的一对政敌，出于政治需要，王安石谪贬苏东坡，后来也救苏东坡；王安石失意还乡，苏东坡又专去南京拜访。文人友谊超逸，传为千古美谈；国外历史上也不少：古希腊圣哲亚里士多德对于他的老师柏拉图便是如此，他的名言是"吾爱吾师，吾更爱真理"；法国伟大的启蒙主义者伏尔泰和卢梭，因为观点相左，甚至公开著文互相攻讦，但对于共同的事业：摧毁波旁王朝，二人却始终一起战斗，以至于国王路易十六上断头台之前，于监狱中读到伏尔泰和卢梭的著作，不禁一声叹息："这两个人毁了法兰西！"

再回望一下近几十年中国文化界。一旦风吹草动，我们许多曾经有风骨、有灵魂的知识分子，马上便惶惶不可终日了，尤其可怕的是，权力所挑动，或为一己之私，或为了山头之利，于是互相揭发，彼此作贱，卧底告密，甚至上缴私人信件，卖友求荣……哪儿还有一丝文化人的品格节操？

刘文典选择了传统的"忠"和"信"。他为营救恩师四处奔走，甚至还想到了刘师培曾与之闹得不可开交的章太炎——章、刘矛盾的挑起者恰恰是如今的阶下囚。东京当日，章太炎对刘师培夫妇礼遇有加，皆因刘那位外貌美艳而行为放浪的妻子何震与同来日本的姻弟汪公权关系暧昧，太炎先生为刘师培名誉计，曾私下规劝，不意此事竟让刘、何二人对太炎先生无端愤怒和攻击，加上后来刘师培公然背友投满，二人的关系彻底断绝了。这一回，也许是"病重乱投医"了，刘文典救人无计，竟然苦口恳求太炎先生参与对"本师"和政敌的营救，事情真有点让人匪夷所思了。唯一的解释只能是：对于文化价值及传统道德的认同，已经超越了政治分歧和仇恨。

章太炎竟然没有半点含糊，即刻致电辛亥新政：大汉四川军政府都督尹昌衡，求其对刘师培通融处置。这一次，轮到刘文典来惊讶了：章太炎不待刘文典多言，便慨然告知："我早有电报了"，接着将电报稿出示给刘文典。据万世国著《刘师培年谱》记，电文有言如下：

姚广孝劝明成祖：殿下入京，勿杀方孝孺，杀孝孺则读书种子绝矣。

太炎先生引用明成祖朱棣武力夺取成功时的这一史典，继而铮铮放言："申叔若死，我岂能独生？"简直是对生死朋友的命运盟誓！接下来，太炎先生还约集蔡元培联名在上海报上刊登广告营救。

章太炎的努力很快有了结果。曾在安徽公学与刘师培同事、四川名士谢无量把刘刘师培接去成都，暂留存古学堂教书，后来再转移他处安身。章先生为了保留"读书种子"，不念旧恶，古道热肠，令人何等感佩！许嘉璐先生《章太炎全集》序云："拯溺救危，以祈斯文不坠于地为己任，发扬国之瑰宝为天职，"人格至伟，实"无锱铢之私也。"

此言诚笃可信。

第三章　北大春秋

15、返国

从1911年反满始，到1916年，刘文典参与民族革命有5个年头；再从1913年去国到1916年归国，离妻别雏，又3个年头了。再次怀揣希望回来，刘文典定然满满的释然与快乐，只是少了些辛亥返国那一次欣欣凯旋之情。飘泊东瀛海岛，他不过去躲避生命的一劫罢了。刘文典已不是初入政治幼儿园的孩子，不是喜欢冲动的懵懂青年。残酷的社会争斗总让人以超乎寻常的速度成熟。动乱岁月已借给了刘文典一双清澈却已然老成的眼睛。

短命的袁氏王朝倒台了，这并不是一切。乱世军阀如雨后的菇满世界疯长，到处磨刀霍霍之声，混战频频出演……要医治满目疮痍的祖国，辛亥脆弱的成功远远不够，反袁暂时的胜利远远不够，等待刘文典阅读的，是令人失望而眼花缭乱的政治风景。新秩序的最后建立还遥遥无期。他有点儿疲惫了。革命家需要对改造社会抱负气吞山河的气概，钢铁般的信念，百折不回的、如离弦之箭一样一往无前的意志，超乎常人的机勇、甚至偏激的行动能力。孙中山是这样的人，毛泽东是这样的人，而刘文典不是。他只是热情涌动，偶然被时代卷入，于是真诚地充当了一回时间不短、角色亦不轻的弄潮儿罢了。虽然他曾渴望像太炎先生那样成一个"有学问的革命家"，或"有革命业绩的学问家"，但本质上讲，学问始终是知识分子最后的精神家园。沙场与政坛都不属于刘文典。

香港学者陈万雄《五四新文化的源流》如是说：

作为辛亥革命运动的党人的五四时期新文化运动的指导者，个别人物如蔡元培、陈独秀、刘叔雅、潘赞化等在辛亥革命中，在革命力量的组织、革命行动的推动上有较大的贡献。但总的来说，这批人包括蔡氏和陈氏，都是倾向学问钻研、学有专精的知识分子；在革命工作上又是较长于思想舆论的鼓吹，教育文化的推广方面。尤其在辛亥革命后期，经多次革命行动的挫折，他们较疏离于日趋实际组织军事力量以图起事的革命主流力量。[1]

刘文典已经25岁。值此年龄，章太炎早已名满天下；刘师培早在学界呼风唤雨；和他同龄同乡的胡适，还在大洋彼岸异国求学，便已硕果累累，蜚声海内，而刘文典什么也不是。他不无后悔地讲述他的自己的命运和思想苦恼："若是从那个时候起，（指读安徽公学起——笔者注）就专去学这一派的科学，以我那样的年纪那样浓的兴味，到今天在生物、生理、医学上未必不能有所建树，于人群或者也有点裨益，何致于弄成今日这种样子呢。"[2]

真诚的付出总该有报偿的。为拯救祖国而历炼的意志、对新知识不懈的追求、革命岁月积淀的名气和广泛的人脉影响，很快为他找到了恰到好处的位置：1916年底从日本回国，次年9月经由陈独秀介绍，刘文典便到北京大学担任了预科教授兼国文门研究所教员，12月便在国文研究所开讲《文学史》。从此开始了他著书立说和教学的生涯。其时，陈独秀和刘文典的交集已经时有经年：还在安徽公学，陈便是刘的老师，后来陈独秀到安徽组织反满组织岳王会，刘又成为最积极的活动参与者。1915年9月，陈独秀主办《青年杂志》及后来的《新青年》，刘文典一直是重要撰稿人。

需要特别补充的是，陈独秀来到北大，也因为他主办呼唤新文化的杂志《新青年》打动了爱才如金的北大校长蔡元培。

北京大学前身曰京师大学堂，学生主要为清朝的进士、举人及七品上下京官和贵族子弟，学生进校并非为读书求进，而是功名仕途，故而学风甚差，名声极坏。其时人云北京花柳之地"八大胡同"，重要客源便是"两院一堂"，"两院"指国会参、众两院，"一堂"即京师大学堂，足见校风之败坏已何等不堪。1916年袁世凯倒台病殁，临时政府为振兴北大，经由教育总长范源濂举荐，决定聘蔡元培担任北大校长。蔡元培慨然回复："北京大学虽声名狼籍，然改良之策亦未尝不可一试，故允为担任。"

---

[1] 陈万雄：《五四新文化的源流》第57页，参看章玉政《刘文典年谱》第49页
[2] 刘文典《我的思想变迁史》

第四章 仓促的华章

蔡元培入主北大，坚持"独立之精神，自由之思想"为办学宗旨，提出"囊括大典、网罗众家、思想自由、兼容并包"的治学方针，广纳人才，凡学识渊博的饱学之士，虽政治倾向、学派各各不同，都延聘来校执掌教鞭。其中，文科学长尤需富于革新精神和坚强意志者担纲——如此，便有了北京医学专科学校校长汤尔和以《新青年》杂志为引，推荐陈独秀为"青年的指导者"，而后蔡元培"三顾茅庐"相邀一节。[1]

陈独秀深感于校长的拳拳之忱，在担任文科学长后，又将《新青年》的主要成员、作者延揽北大担任教授，正是在这种背景下，刘文典从上海来到了北京大学。与先生先后前来的，还有后来中共创始人李大钊、鲁迅先生之弟周作人、毛泽东的第一任岳父杨昌济等。未来中国文化一代宗师胡适其时尚在美国，不久返国，也被陈独秀邀来北大。

范源濂举荐蔡元培——汤尔和推荐陈独秀——陈独秀礼聘刘文典、周作人、李大钊、杨昌济……这是一个多么值得传为美谈的传承链。历史虽然最后为他们写下了各各不同的结果，但却同时都写下他们不朽的名字。一个具有坚强信念的人，一个对于时代满怀责任感的人，时代总会给他们一个支点，让他们去撬动属于他们自己的星球。就这样，刘文典和上面提到这些文化大师一道，来到了北大。

16、大师丛林间

在中国高等教育史上，北大是一所真正具有开创意义的伟大学府。首任校长蔡元培是近代伟大的教育家。为了捍卫纯正的教育宗旨，蔡元培一直坚持与不健康的当局干预抗衡。1919年五四运动遭到镇压，他想方设法将学生保释出来，6月15日，他发布引咎辞职的《不愿再任北京大学校长的宣言》，字字掷地作金石声：

我绝对不能再作不自由的大学校长：思想自由，是世界大学的通例。德意志帝政时代，是世界著名专制的国家，他的大学何等自由。

---

[1]傅国涌：《蔡元培"三顾茅庐"请陈独秀》2006年05月19日《南方都市报》

那美、法等国,更不必说了。北京大学,向来受旧思想的拘束,是很不自由的。我进去了,想稍稍开点风气,请了几个比较有点新思想的人,提倡点新的学理,发布点新的印刷品,用世界的新思想来比较,用我的理想来批评,还算是半新的。在新的一方面偶有点儿沾沾自喜的,我还觉得好笑。那知道旧的一方面,看了这点半新的,就算"洪水猛兽"一样了。又不能用正当的辩论法来辩论,鬼鬼祟祟,想借着强权来干涉。于是教育部来干涉了,国务院来干涉了,甚而什么参议院也来干涉了,世界有这种不自由的大学么?还要我去充这种大学的校长么?

蔡元培正是以这种大无畏的精神,坚守教育的独立精神和自由品格,实行"教授治校"制度,提倡学术民主,"我素信学术上的派别,是相对的,不是绝对。所以每一种学科的教员,即使主张不同,若都是'言之成理、持之有故'的,就让他们并存,令学生有自由选择的余地。"即使像刘师培这样政治上声名狼藉,人格猥琐无耻的文人,因为确富学问,也被蔡元培请来北大教授经、史。这是何等宽容博大的胸怀!有了如此氛围,北大能不名流萃集,大师云集吗?能不人文精神弥漫,学术空气浓厚吗?如古希腊苏格拉底的雅典广场、如柏拉图的"阿加德米学院",如斯多葛学派"游廊"下的学术家园……一时间,影响中国思想进程、甚至政治进程的文化大师,都在这儿集结。北大允许校外生旁听课程,正式生、旁听生和偷听生共处一堂。未来将整个中国搞得天地翻覆的毛泽东,在北大图书馆当助理员,就常就跑去听陈独秀、李大钊等人演说马克思主义。蔡元培还帮助学生建立社团,让学生们在社团的微型舞台上学会百家争鸣:傅斯年和罗家伦组织的"新潮社"、许德珩组织的"国民社"、还有毛泽东在北大参加过的"新闻研究会",都为首倡于北大的新思潮推波助澜,发挥了不小的作用。

北大济济人才,在蔡元培"思想自由,兼容并包"的大纛之下率性发展的济济人物,俨然分为了新旧二派。新派人物的代表,首推文科学长、《新青年》杂志主编、未来中国共产党的首任总书记陈独秀,还有中国马列主义最初的宣传者李大钊,被陈独秀誉为"文学革命第一人"的胡适,1919年从美国学成归来,亦旋即聘来挑了大梁。先后

第四章 仓促的华章

聘进北大的著名新派名人，还有钱玄同，周氏兄弟鲁迅、周作人……刘文典自然属于这一阵营。

旧派人物则首推辜鸿铭，这位被人称为"狂儒"的"老古董"将儒家学说尊崇到无以复加地位，为了维护社会正统，甚至坚持主张妇女缠足和文盲；其次是黄侃：被人戏称"黄门侍郎"的国学大师，曾与章太炎比肩齐名。刘师培自然位列旧派人中。

变革岁月，能从莘莘人群中脱颖而出者，性格上总免不了特立独行，狂狷异常，北大这些博学之士，学问大兼脾气怪几乎成了常例。尤其面对后浪频涌的新浪潮，担心会被淘汰和遗忘的旧阵营人物，更喜欢用出格的言行让人们关注他们的顽强存在，以及不愿被人遗忘与忽视的价值，以一"怪"求存。如辜鸿铭，其人学贯中西，精通英、德、法等近十国文字，尤其擅长英文写作，1913年与泰戈尔同获诺贝尔文学奖提名，辜年轻时亦激烈反满，辛亥革命之后，他偏偏日日身着前清服饰，留小辫，表示对数千年古念旧典的坚守，让路人为之侧目；又如黄侃，亦属辛亥先驱，只是对胡适一类新派人物看不惯，往来校园，总想寻衅嘲讽，某日，他当面责难胡适道："你口口声声要推广白话文，未必出于真心？"胡适不解，究其故。黄道："如果你身体力行的话，名字就不该叫胡适，应称'往哪里去'才对。"胡适一时哑然。又有，黄侃上课时一时兴起，憋不住向学生挖苦起胡适的白话文运动，称："白话文与文言文孰优孰劣，毋费过多笔墨。比如胡适的妻子死了，家人发电报通知胡某本人，若用文言文，'妻丧速归'即可；若用白话文，就要写'你的太太死了，赶快回来呀'十一个字，电报费要比用文言文贵两倍。"于是全场捧腹。

中国近代文化史上这些个性鲜明的、各色各样的大师，如今都在未名湖畔和博雅塔的长影间留下他们或沉思、或激辩的身影，历史注定让北京大学成为了新思想的策源地。大师间的思想交锋、言辞碰撞、甚至让人解颐捧腹的逸闻趣事，都成了中国近代文化史颇具价值的人文资料。更何况民国学界空气如此之自由，北大激进和守旧两派大师，他们性格描述的关键词几乎都是"狂狷""孤傲""疯子""桀骜不驯""不拘小节""性情乖张"……他们之间的争论与谩骂，便十分激烈。正是这种激烈，让北大精神得以宏扬，理论得以发展，构造出了北大文化的黄金时代。其实，广而言之，人类任何伟大的思想和理论,只有在多元共存的环境下,通过交流、融合、对抗和辩论,才能不断丰富、完善和发展。一个学校如此、一个民族如此,一个国家也是如此。如果鸦雀无声,或者只允许存在一个声音,整齐则整齐矣,安宁则安宁矣,那个独霸社会的声音看似强大无虞,其实衰败的病灶已然出焉。

够了。如果将当年北大的学术岁月画成一幅拉斐尔《雅典学派》式的宏幅巨制,我们一定可以从中找到中国的苏格拉底、柏拉图、亚里士多德三大师、找到毕达哥拉斯、欧几里得、托密勒、伊壁鸠鲁、斯多葛主义者爱比克太德、犬儒主义者弟欧根尼……在这儿,每个人都可能成为巍巍大师,青史留名。

刘文典初进北大,年方二十六。在大师云集的教授群落,先生年轻的自尊心注定随时都会面对挑战。经历了社会变革暴风骤雨中的高峰体验,他和他们许多人一样,都有了自己的光荣。他的内心是骄傲的,却并不脆弱。他没有家学渊源的显赫门第,身上没有流淌高贵的血脉,也没有留学欧美的背景,他恰恰靠自己的奋斗走到了这一步,学业根基和社会积淀于是更为扎实,面对满堂天之骄子,他应当充满了自信。只是作为救亡和文化一身二任的中国知识分子,刘文典确曾将更多的心力用在了改造国家的抗争之中,没有条件像胡适、辜鸿铭、刘半农等人一样躲在书斋潜心学问,他确实拿不出像样的巨著证明自己的分量,为此,他有时难免会黯然自卑。比如辜鸿铭,这个老古董就最瞧不起刘文典这样的新"毛桃",某日路遇刘文典,他挑衅道:"你教什么课?"刘文典答"汉魏六朝文学" 辜鸿铭顿时不屑,称:"我都不能教,你能教好?"。辜鸿铭的鄙夷刺激了刘文典倔强的自尊心,亦更加鼓动了他著书立说,用实力和名声雄踞丛林的决心。两年后,北大教员排名,刘文典果然升至第五位,恰好在辜鸿铭之前。这是后来的事[1]。

总之,现在一切都为刘文典准备好了。未名湖平静的湖水倒映着寂寞的博雅塔,洁白的华表和古松的虬枝在绿草地上投下透迤的长影,如此环境最宜做学问——只是民国肇造,窗外的中国还是那么多风声雨声,北京大学的书斋,注定还难以平静。

---

[1] 参看章玉政《狂人刘文典》第86页,广西师大出版社2007年版

第四章 仓促的华章

17、关于"五四"的话题

1917年，历时4年的第一次世界大战，以英法美为首协约国对以德、奥匈为首同盟国的胜利而宣告收场。这是一场西方强盗为争夺各自利益、瓜分世界的帝国主义战争。1919年11月，胜利一方开始在巴黎弹冠相庆，召开和会，瓜分成果了。中国的段祺瑞政府名义上也参了战，派了十来万中国人参战（实际上是做些挖战壕、做后勤之类的活儿），算得战胜国了，多少也该捞点儿好处了。可是没有。自古"弱国无外交"，积贫积弱的天朝中华，这一回非但没有得到任何好处，聚集巴黎的强盗们干脆将中国代表视之如破履，对其要求不但弃之不顾，反而将原属于德国的势力范围山东，转让给日本这个一直虎视中国的宿敌。消息传来，国人激愤，5月4日，北京大学学生率先走上天安门广场，集会、游行、罢课……北大学子的行动迅速得到全国各界的广泛支持，并最终演变成了全国性的罢市、罢工和罢课，形成了波澜壮阔的爱国运动，最终迫使北洋政府拒签了和约。

这就是关于54运动的历史表述。事实上，这场运动对中国近代历史走向的影响，包含的内容要丰富得多，也复杂得多。它当然首先是一场政治革命。直接的目标当然是对抗巴黎和会强加的丧权辱国条约，更重要的，北京大学师生和《新青年》首倡的"德先生""赛先生"，即"民主"和"科学"，作为全新的政治价值观，借此风暴从天而降，狂雨一般浇入了干涸、板结的中国思想大地，让国人普遍看到了西方民主宪政明媚之光。

这又是一场思想解放革命，由"五四"而起的新文化运动振聋发聩地喊出了"打倒孔家店"的口号，大胆冲决几千年独尊儒学的局面，使中国的文化、哲学的研究视野，不再囿于儒家思想与经学。权威既已倒掉，于是思潮迭起，大师辈出，民国时代，成了继先秦之後又一个"百家争鸣"的辉煌时代。西方各种人文理论及哲学思想在中国风起云涌：共产主义、功利主义、实验主义、无政府主义及自由主义等，纷纷被引介入境，令国人耳目一新，为学术研究开创了新的路向。以《新青年》为旗帜的新型知识分子直截了当地指出：中国的软弱不仅仅是由于它缺乏武器和工厂，也由于它的整个文化，它的道德、文学和思想。西方的强大也在于它的文化。因此，中国要强大起来，就必须抛弃自己的文化而采纳西方文化。

与思想革命相匹配的文学革命亦横空出世。白话文学成为主流：新文学家纷纷脱离固有的道德规范，不再以"载道"为目标，写实、浪漫、土风、人道……蜂拥而起，创作空间大为拓展。实现了"我手写我口"，使文学作品真正成为普罗大众的读物，胡适、陈独秀、鲁迅、刘半农等身体力行，最终导致以《孔乙己》《狂人日记》为代表的大批上佳作品横空出世，为白话文体奠定了不可撼动的基础。

纵观历史上里程碑意义的伟大革命，从来都是从思想启蒙开始，从而使政治革命顺理成章、水到渠成地登场，欧洲一千年黑暗时代的被推翻，首先是从意大利文艺复兴开始的。借助古希腊哲人的亡灵，彻底颠覆了统治人们思想长达一千年的基督教神学统治。于是很快有了科学大昌明、地理大发现、从而工业革命，经济起飞，接下来，英国的光荣革命、美国的独立便瓜熟蒂落。影响了整个欧洲18世纪历史变革的法国大革命，更是从伏尔泰、狄德罗、卢梭百科全书派思想大家领导的启蒙运动开始的，等到"契约国家"观念广为人知，等到"博爱、平等、自由"的口号响遏行云，巴士底监的訇然倒塌和波旁王朝彻底覆灭就顺理成章了。

中国的情况有点特别。它一直以中央上国自居，由儒家文化在此播撒成长起来的思想文化，通过"礼""乐"教化，已然形成了根深蒂固、习以为常的风俗、习惯（所谓旧时代的思想、文化、风俗、习惯，正是五四运动时经57年之后，毛泽东发动的文化大革命一开始便要彻底破除的所谓"四旧"，其实，正是经过几千年历练的儒家伦理，只不过它们已然固化成了完整、丰富、群众喜闻乐见的、带着表演性质的仪式及生活方式，融入了社会所有成员的生命之中。列宁曾如此感慨："千百万人的习惯势力是最可怕的势力"[1]。换句话说，对于一个需要改天换地的革命，千百万人的习惯势力，是比什么都更难逾越的万里长城。

中国没有意大利的文艺复兴，没有法国的启蒙运动，国人压根儿不知道"国家契约"一说，不知道权力合法性为何物，不知道自由与

---

[1] 《列宁选集》第四卷第154页

第四章 仓促的华章

民主为何物，中国社会伦理的根基就是家族血缘，国家不过是放大了的家族而已，个人只是这个大家族的微不足道的成员罢了。直到1840年，历史采用了一个特殊的方式才将中国人强迫唤醒：这就是鸦片战争。西方的坚船利炮强行轰开这座固步自封的、顽固的国度，逼迫他改变。

在枪炮下被人欺凌的日子注定是不好过的。于是，最先接受了西方文化并开始觉醒的中国的知识分子开始寻找了。面对列强日复一日的进逼，亡国迫在眉睫。他们知道，想要完成难度和工作量如此巨大的思想启蒙，已经没有时间。近代中国的燃眉之急，是日益紧张的民族矛盾和阶级矛盾。救亡压倒一切。关心国家命运的知识分子，必须把注意力集中投放到急迫的社会政治问题的研究和实践之中，于是民主启蒙思想，不得不常常淹没在革命、甚至军事的斗争之中。思想启蒙的先驱邹容，以《革命军》一书饮誉国中，因《苏报》案殉国，孙中山偏以"大将军"美谥相赠，正好是一个象征。清末启蒙思想家宋恕[1]《六斋卑议》，对宋明理学大张挞伐，具有极高的启蒙价值，却被冷落旁顾，无人问津。中国文字改革先驱王照，戊戌前曾劝康有为循序渐进，先办教育培养人才再搞变法，康有为回答说，局势严重，来不及了。辛亥前，严复在伦敦偶遇孙中山，严复也劝孙先生办教育，孙的回答同样是："俟河之清，人寿几何？"

历来都是思想革命带来政治革命。作为思想文化革命的五四运动，偏偏因救亡呼啸而起，政治救亡必然成为主旋律、而以科学民主为主题的文化启蒙只能成为附线，两者纠缠、碰撞，组成一支复杂二重变奏。

在这场变奏交响之中，刘文典和北京大学的学者们面对"新文化"摧枯拉朽的胜利，必须迅速做出自己的选择。鲁迅先生如是叙述五四之后知识分子的分野："在行进时，也时时有人退伍，有人落荒，有人颓唐，有人叛变，然而只要无碍于进行，则越到后来，这队伍也就越成为纯粹、精锐的队伍了。"鲁迅先生所谓"退伍""落荒""颓唐""叛变"，当然是从他个人角度做出的评价，此处无需评议。但分野确实很快出现。陈独秀继续疾呼奋进，高喊"若是决计革新，一

---

[1] 宋恕（1862-1910）

切都应该采用西洋的新法子,不必拿什么国粹,什么国情的鬼话来捣乱……因为新旧两种法子,好像水火冰炭,断然不能相容;要想两样并行,必至弄得非牛非马,一样不成。"而鲁迅用"投枪"和"匕首"继续不懈冲击已开始动摇的孔家店,则成为"五四"思潮中最激进、最彻底、最不妥协的一脉。鲁迅在《狂人日记》里如此决然控诉:"我翻开历史一查,这历史没有年代,歪歪斜斜每页上都写着'仁义道德'的几个字,我横竖睡不着,仔细看了半夜,才从字缝里看出字来,满本都写着两个字都是'吃人'!"——正因为如此,毛泽东将他封为新时代的圣人,就一点都不奇怪了。

也有另外的一些选择,如梁漱溟。他以中国文化的捍卫者自诩,坚定认为,东方的精神生活将有助于控制西方实利主义的灾难。1921年5月,为了表示要献身于儒学,他决计改变自己的生活方式,由一个虔诚的佛教徒变成一个虔诚的儒者。显著的标志之一,就是他决定结婚,他写信给朋友称:他之娶妻实出于好德而非好色。[1]对于梁漱溟,寻求婚姻之乐完全是出于一种道德责任,这种责任来自因独身不孝而产生的负疚感。娶了一位姓黄的寡妇。这位寡妇并无动人之处,不聪明亦不善烹调和理家。梁漱溟这样做,仅仅因为要成了一个孝子,一旦成婚,他即"率新妇拜公遗像而哭";又如丁文江,则坚信科学的力量是万能的,认为"科学的因果律不但足以解释人生观,而且足以变更人生观";而张君劢却针锋相对,认为科学不能解决宇宙观尤其是人生观的全部问题,社会达尔文主义不是使人自由,而是给人套上枷锁,扼杀了人的创造精神和自由意志;提出"科学无论如何发达,而人生观问题之解决,绝非科学所能为力",这样,东西方都经过一番改造,一个优越的新文化就将出现。[2]

历史似乎又开了一个玩笑,正当国人普遍笃信"德先生""赛先生"是解决中国问题的灵丹妙药,西方却正为科学带来的灾难痛悔难已。早在19世纪末,德国哲人尼采就敏锐地觉察到西方文明的危机,提出重新估价一切传统价值,喊出"上帝已死"这一惊世骇俗的激愤之声。当是时也,尼采孤独的叹息被认为不过是痴人呓语,时至第一

---

[1] (美)艾恺《最后的儒家》第71页(外语教学与研究出版社2013年版
[2] 张君劢《人生观》,见《科学与人生观(上)》上海亚东图书馆1923年版

第四章 仓促的华章

次欧战爆发,大家才发现尼采的悲鸣不幸言中。在这场抢夺经济利益的大规模战争中,最新的科学技术剥夺了所有道德准则,包括飞机、潜水艇、声呐、毒气……所有新技术,全数上阵厮杀,造成士兵死2000万、伤1000万和647万平民死亡。物质主义、科学主义的失败使西方世界陷入整体的迷惘、失望,以海明威为代表的文学流派被称为"垮掉的一代",正是当时的生动写照。科学本来是要教会人们如何救人,降低死亡率,偏偏在战争中将人们大批量地杀死。人们对西方文明普遍低开始疑惑、彷徨、沮丧、失望……不少知识分子开始修改达尔文"适者生存"的粗糙规律,转向东方的思想和宗教,企图向东方寻找精神主义的思想资源,以稀释物质功利带给人们的毒害。

1919年一战初歇,鼓吹新思想的先驱梁启超,便亲率张君劢、丁文江等人踏上满目疮痍的欧洲考察,世界大战造成的物质破坏和弥漫欧陆的"世纪末"情绪让他们惊恐万分。这位维新运动的健将一反以往,对西方文明表示了极大失望。1920年,他在著名的《欧游心影录》中惊呼:"当时讴歌科学万能的人,满望着科学成功黄金世界便指日出现。如今功总算成了……我们人类不惟没有得着幸福,倒反带来许多灾难……欧洲人做了一场科学万能的大梦,到如今却叫起科学破产来。"科学和工业带来了物质化、机械化、骚动与喧嚣,他们需要在东方的文化中寻找和谐与清静。

所有这些,又为焦急的中国知识分子找回了些许安慰。我们正将西方文明视若圭臬,热火朝天地学习西方启蒙理论,而西方人却开始自我怀疑,并企图求助于东方道德和生活方式,以控制西方的实利主义,寻求社会和谐与内心慰藉。这真是一个极其独特的文化现象。正在大声呼吁"打倒孔家店"企图全盘引进德先生和赛先生来拯救中国的知识界和西方知识界,在此特殊的时刻,正好逆向而行。

再造新国家,需要进行思想启蒙,从根本上改造国民性,这一点,民国的新派文人是没有歧义的。问题是怎么改造?用什么来启蒙?在这个问题上,胡适应该是清醒的,也最沉得住气,在社会动荡环境,能大隐于市,沉浸书斋做学问,胡适倒真有古代名士遗风。1914年12月一战正酣,留美的胡适在一则日记如斯写道:"德国文豪歌德自言:'每遇政界有大事震动心目,则蝇勉致力于一种绝不关系于此事只学问以收吾心。'故当拿破仑战氛最恶之时,歌德日从事于研究中国文物……此意大可玩味,怡荪尝致书,谓:'以鞠躬尽瘁之诸葛武侯乃独能于汉末大乱之时高卧南阳者,诚知爱莫能助,不如存养待时而动也',亦即此意。"次年归国,面对风起云涌的政治风潮,他即发表《新思潮的意义》一文,心平气和却观点鲜明地提出自己的纲领:"研究问题""输入学理""整理国故""再造文明"。同年8月,胡适在给《新潮社》骨干社员毛准(字子水)写信道:"现在整理国故的必要,实在很多。我们应该尽力指导'国故家'用科学的研究方法去做国故的研究,不当先存一个'有用无用'的成见,致生出许多无谓的意见。"新潮社是北大学生会领袖、力主民主与科学新思潮的激进派学生傅斯年与罗家伦、毛子水等人组织的激进社团组织,其所办《新潮》月刊与陈独秀的《新青年》彼此呼应,影响颇广,"五四"广场运动,担任游行总指挥,火烧赵家楼的,正是傅斯年。

在五四新文化运动"全盘""彻底"反传统的声浪中,胡适突然提出如此逆潮流而动的口号当然最易遭人诟病。胡论一出,果然众声哗然。甚至大陆政权易手之后流行几十年的主流话语中,这一直是胡适的一大罪状:以"整理国故"为名,欺骗青年钻故纸堆,逃避现实,实属与时代潮流背道而驰,理当划归鲁迅先生大张挞伐的"落荒""叛变"一类。

公正地说,如果联系当时一战时期西方的对"科学万能论"的失望,联系胡适身处美国的感受,于启蒙和救亡变奏的背景下来分析中国文化的走向,胡适提出在"研究问题"的前提下,引入西方科学的方法(即"输入学理"),对中国传统的典籍进行一番整理,为中国"再造"一种博采中西文化之长、又符合中国国情的全新文明,其实不无道理,实在扯不上反动、叛变之罪。

德国著名社会学家马克斯·韦伯认为,被统治者服从统治者的支配,有暴力、经济等多种因素,除此之外,"通常还需要一个更深层的要素——对正当性的信仰"。每个权力体系"都会试图建立并培育人们对其正当性的信仰"。一个国家,尤其中国这样的大国,没有一套让绝大多数人认同的哲学、一个让绝大多数人自觉皈依的信仰,仅靠"抓住老鼠便是好猫",也许可以暂时解决问题,最终却是靠不住的。中国没有宗教传统,科学(德先生)解决的,仅仅是对客观世界的解释,民主(赛先生)解决的,仅仅是政治结构,那么,靠什么思

第四章 仓促的华章

想价值作为最基础的支撑呢？孔夫子信不过了，西方还没有从一战的噩梦中醒来，中国儒家毕竟持续固守了几千年，甚至袁世凯称帝，首先想到的，就是祭孔，欲将孔学立为国教，只是时过境迁，现在已经不灵了。中国必须为自己的未来寻找新的思想资源。这个资源，需要吸收西方先进的思想，但终究不能割断中国的历史，因此，胡适提出在"研究问题""输入学理""整理国故"的前提下"再造文明"，在当时，不能不说是非常重要的远见卓识。[1]

必须特别一提的是，几乎与五四新文化运动为中国探寻前进之路的同时，北方苏俄布尔什维克正在十月革命的胜利旗帜下高歌猛进，让中国人看到了另一条、用暴力推土机去披荆斩棘，扫荡世界的道路——推翻沙皇的俄国革命，视觉上虽然看似在水兵攻打冬宫的呼啸声中一蹴而就，其实以赫尔岑等为代表知识分子精英，早从十九世纪中叶，便开始了漫长的启蒙。十月革命的成功，某种意义上来说，更多是精明的革命领袖审时度势，进行巧妙政治操作的成功。新文化运动的首倡者陈独秀和李大钊诸人受此鼓舞，以俄为师，断然走上了一条更加激进的道路，1921年成立的中国共产党，最终在以鲁迅学生自诩的毛泽东带领下，经过28年的艰苦努力，终于通过武力夺得了全国政权。从某种意义上说，新中国的成立，正是五四运动最为激进之一脉的胜利。当然，悲剧的种子随即也悄悄埋下。当激进的思想一旦和巨大的权力结合，必然会孕育出灾难性的破坏力量。正是这种思潮被权力推到极致，便有了半个世纪后的文化大革命，六亿神州，人人手握被外人称为"小红书"的"新论语"：《毛主席语录》，然后"破四旧"、砸文物、烧书籍……发狂的大学生甚至从北京赶到曲阜砸孔林。

和悲剧相继发生的，偏偏是同样无奈的喜剧。文化大革命的彻底失败，继之而来的经济改革将曾经辉煌的理想主义一扫而空。全社会信仰缺失，拜金主义，道德堕落……意识形态的主管当局不得不想起了让中国社会稳定千年的孔孟之道。从1989年下半年开始，所谓"国学"又被捧将出来，权作"补天"之用。祭孔活动作为传统文化的标志，四处热闹。孔子学院作为中国的文化符号，在全世界到处举办……单从表象来看，中国喧哗百年，历史似乎又从终点走回了起点，如果

---

[1]参看雷颐著《孤寂百年》："胡适与'整理国故'"广西师大出版社2015年版

套用所谓"辩证唯物主义"的提法，也可以说是历史螺旋式地上升了——毕竟中国国情已大变。只是对于五四运动这份辉煌的履历表，这样的注脚又实在让人感到有些无奈。

18、刘文典的"五四"

面对五四运动，身处运动发祥地北大的刘文典，必须做出自己的选择。身为爱国者和民族革命先驱，他理所当然首先选择了救亡，选择了行动。多年后，他这样回忆那段激动人心的岁月：

"五四"运动这件轰轰烈烈的大事，我事前并未预闻。一直到北京的学生、市民游行示威烧了曹汝霖的家，打伤章宗祥以后，我还坐在中央公园柏树底下悠悠闲闲地喝茶看小说。

一直到已故的王星拱教授跑来对我说警备司令部已经派兵包围北京大学，逮捕许多学生，我才直跳起来奔到学校。在红楼门口遇见罗文干教授，知道蔡元培先生已经辞职离京，更是大吃一惊。奔上楼去会见许多教授，听他们的议论一大半都是不赞成学生"轨外行动"的，听了真冒火。从那天起，我才天天参加会议。

……令我最感佩的是两位马先生。中文系教授马叙伦终日奔驰和外界联络，极力说服那时候北京总商会银行公会，使他们和我们一致行动。经济系教授马寅初先生在学校坐镇，常常彻夜不归。我和刘半农教授也参加守夜的工作，朋友们开玩笑说："犬守夜、鸡司晨，你们一马二刘是北大的三个守夜的犬。"有一天半夜里在三层楼上往下看，门前全是军警的帐篷。我们这些守夜的人算是困在核心，但是往更远处一看还是一片光明，被关在泽学馆的学生正在大呼"打倒军阀""内灭国贼，外抗强权"的口号。

又有一天半夜里，马寅初先生欢天喜地地说："上海罢市了！上海罢市了！"第二天北洋政府就下命令罢免曹、陆、章，我那时候才初步认识人民力量的伟大。[1]

---

[1] 刘文典《忆"五四"》，载云南大学校刊《云大》1957年5月1日

第四章 仓促的华章

从5月4日北京学生上街到6月4日全国学生罢课，北洋政府深知学生的爱国行动势不可挡，于是释放被捕学生，决定拒签《巴黎和会》强加给中国的屈辱条约，罢免了曹汝霖、章宗祥、陆宗舆等亲日派卖国贼，"五四"运动取得完全胜利。6月11日，陈独秀在北京散发反政府的《北京市民传单》被捕，刘文典闻讯，连忙联络在京皖籍同乡，积极营救，陈独秀出狱后，刘文典让其暂藏北京东城脚下福建司胡同家里，再由李大钊安排，将其送离北京，取道天津前往上海避难去。

刘文典已经不再是民众运动的普通一兵，也不可能再像护法运动那样，到安徽的枪林弹雨中去运送伤痕累累的伤员，他手中已有了一支如椽之笔和已经被中西文化熔锻过的大脑，他的"五四"，不是简单地当一只"守夜犬"，而是继续用这些思想对呼啸而来的新思潮给予响应。可以这样认为，由一战分赃失和的巴黎和会引发的"五四运动"，在刘文典看来，只不过再一次证明了"弱肉强食""优胜劣汰"的丛林法则，证明了他笃信的社会达尔文主义理论。直到"五四"次年，刘文典总结自己的思想变迁史，还再一次系统而且明确地表述这一观点，也即中国人一直喜欢说的那句话："落后就要挨打"。

1919年5月15日，"五四"运动发生后十一天，由邵飘萍、孙少少等主笔的《新中国》在北京创刊。主创人李骕明的《发刊辞》宣称要"以新思想为造新政治、为造新道德、为造新学术之前提，循因以求其果，则灿烂光明之新中国，且不期而涌现乎大地之上"，并一再声言："我中国者，赫然侪于望国之间，而其人民又俨然预于秀民之列，莫为之前，犹将发愤以图之"。正是这样一份刊物，用了封二整页版面，刊登广告推介刘文典译著《生命论》。广告全文如下：

> 德国哲学博士、理学博士、法学博士、医学博士赫凯尔先生，为现代哲学界、科学界之斗星。所著《生命论》、《宇宙之谜》两书，总括万殊，包吞千有，举政治、社会、法律、哲学、伦理上一切问题，皆以最新之科学、一元之哲学为根据，而下确当之解决。其书译本至十余种，行销至数十万册，真书契以来所未有也。欧美诸国曾受高等教育者，无不知有此两书，惟吾国尚未有译本，实为学界之大耻。本社以一元哲学为救济吾国思想界之良药，科学精神为民族发展之利器，特请刘叔雅先生取其原本译为华言，从本志第二期起按期登载，想必

为思想界所欢迎也。

6月15日，译著《生命论》开始在《新中国》连载，接着结集出版，将《生命论》改名更具煽动性的《生命之不可思议》。同期刊登的，还有先生摘译自日本社会达尔文主义者浅丘次郎的《进化与人生》文本，题为：《人类之将来》。7月15日，《新中国》第一卷第三号再次刊登先生摘译浅丘次郎《进化与人生》，题为：《人类之自大狂》。

需要顺便说明的是，有人曾举出1908年正在鼓动俄国革命的领袖列宁在《唯物主义和经验批判主义》一文中对海克尔的赞美，及经验主义哲学家马赫的诅咒，以证明海克尔理论的正确无疑。其实，当历史发展到21世纪的今天，各种理论和实践（包括无产阶级革命和专政的理论和实践）已经证明，引用当时论战的单方面价值判断，已经毫无意义。我们需要说明的仅仅是：20世纪初，中国知识分子为积贫积弱的祖国寻找自立图强的武器，这种理论正好具有相应的刺激性和号召力，于是，当"五四"运动使儒学名声扫地，中国面临伦理道德的真空，刘文典再次选择了在日本熟读过、且最容易鼓动仇恨和奋起的理论，介绍给中国同胞，正当其时。

《生命论》一经刊出，果然销量日增，一时洛阳纸贵，极大刺激了刊物编辑，也刺激了刘文典译的著述热情，1919年10月15日，《新中国》杂志再次用整版篇幅插页，推介刘文典刚刚译成的《宇宙之谜》，用广告惯有的煽情语言宣布："现在世界上各国的知识阶级没有未读过这部书的。"还说："这部书是德国现代最大哲学家、最大科学家赫凯尔（按：即海克尔）博士著的，以一元哲学的见地，解决了宇宙间最大的、最难解决的问题，译了十几国的文字，行销了几十万册，其价值也就可想了。"还说："你对于宇宙问题、人生问题要是有什么不得解决处，这部书就是个密钥。必你要想晓得欧洲近代科学，这部书就是一编总账。"还说："你要想达到个高尚的人生观、世界观，这部书就是个指南车。"云云，最后宣布："现在这部书已经由刘叔雅先生译成中国话的了，不久就可以刊行，这岂不是学界上一件快事吗？"

是年8月，正是炎夏暑热时，刘文典在香山碧云寺苍松孤亭下孜孜读译海克尔的《生命论》——该书的三分之二，先生都是的在此山亭完成的——忽有名罗志希者从山下跑来。罗偶见报载海克尔已倏然作古，于是匆匆来报。先生在《生命之不可思议》的译序详细记录了此事——由此，我们至少可以读出几个信息：首先，海克尔当时在中国知名度和影响力确实足够大；其次，朋友间定然普遍认知刘文典思想上独钟于海氏理论；最后，先生书译的序言中专笔记叙听闻偶像去世的如斯细节，心中定然是很感失落的。

连篇累牍的译文，为刘文典赢得了巨大的声誉。1920年先生译著《进化与人生》由商务印书馆出版，胡适曾如是称赞刘文典的"译笔竟是一时没有敌手"，称他"不译书是社会的一个大损失"；著名军事理论家蒋百里的评价更加斩钉切铁，称先生是"译书的天才"。在众星捧月的奖掖之中，先生自己也憋不住有点飘飘然，"舒服得像大热天跑到山路后喝冰汽水似的"，甚至不无得意地自称："我不译书是社会的不幸"[1]。

让人费解的是，学术界对刘文典的译笔寄予如此厚望，而他自己亦于此雄心勃勃，可是，1920年11月，译著《进化与人生》由商务印书馆出版后不久（这是他正式推出的第一本译著），刘文典竟忽然告别译坛，绝尘而去。一头钻进了故纸堆，开始了"整理国故"的工作，并着手《淮南子》的校勘。这大约该是鲁迅说的所谓行进时的"退伍""落荒""颓唐"一类吧？在惯用非黑即白的标准来判断学术价值的年代，这样结论也许是痛快的，但真实的情况，比这要复杂得多。

19、为什么是《淮南子》

对于接触过西方哲学并对中西哲学进行过比较的人来说，中国几千年主流哲学：儒家理论更多属于一种伦理规范，缺少逻辑推演和形而上学的抽象，在理性法庭上便很难站住脚跟。因此，汉代以降，面对佛学咄咄逼人的入侵和道家的辅攻，儒家的思想地位几乎岌岌可危。汉代甫立，雄心勃勃的帝王曾用强制的行政手段将董仲舒的《春秋繁露》、班固的《白虎观通义》等经过偏见过滤处理的儒家经典，作为官方主流意识形态强行推广，罢黜并摧毁了曾经百花齐放的哲学流派，

---

[1] 喜石博客石眼看民国之三："仗着理性的光明，不怕它四围的黑暗——狂生刘文典（之一）"2012年10月10日

用"天人感应"和神秘主义的谶纬之学对自己统治的合法性夯奠了政治基础和价值基础。事情并没有一劳永逸。魏晋以降,佛道合流,儒家再次面临巨大的威胁,以至于韩愈、李皋之属,不得不以道学家名义呼唤儒家复兴,到了宋代,程灏、程颐兄弟、朱熹、周敦颐等一大批理学大师推出的新儒学系统,从形而上层面对儒学给予完整的解释,抵抗大获成功;再到明代,大儒王阳明心学的出现,自先秦孔子滥觞的儒家学说的理论链条,更加完美了。君主大权在握,儒家理论作为官方意识形态,和御用文人们讨生活的手段,相关集注、诠释、著述,汗牛充栋,其统治地位看似无人可撼了。

以"五四"为标识的新文化运动,最响亮的口号就是"打倒孔家店",可是,要从根本上推倒儒家的威权,要创造新文化,仅仅靠喊口号是不可能完成的,一阵大炮狂轰,之后还必须得来一番200米内硬功夫。在"民主"与"科学"口号响遏行云之时,胡适明确提出了要用现代的"科学方法"来整理国故,当其之时,这些提法不能不说是一个恰逢其时的口号。

按照胡适的说法,"我们对于旧有的学术思想有三种态度。第一,反对盲从;第二,反对调和;第三,主张整理国故",这三项中,"积极的只有一个主张——就是'整理国故'。整理就是从乱七八糟里面寻出一个条理脉络来;从无头无脑里面寻出一个前因后果来;从胡说谬解里面寻出一个真意义来;从武断迷信里面寻出一个真价值来"。之所以如此,是因为古代的学术思想向来"没有条理,没有头绪,没有系统","少有历史进化的眼光",不讲究学术渊源和思想的前因后果,"大都是以讹传讹的谬说","有种种武断的成见"和"可笑的迷信。""若要知道什么是国粹,什么是国渣,先须要用评判的态度,科学的精神,去做一番整理国故的工夫。"[1]

关于刘文典为何放下翻译而去"整理国故",说法有多种版本。一为"面子"说。身处大师丛林,刘文典的自尊心常感受伤,虽说年纪轻轻就进了北大,当了预科教授,并且一直积极参与学校事务,但在身边的大儒名家眼里,刘文典最大的本事只不过是会写骈体文,会翻译一些外文罢了——这自然让他内心愤愤。他在写给朋友胡适的信

---

[1] 参看雷颐著《孤寂百年》:"胡适与'整理国故'"

第四章 仓促的华章

中如此说:"我之做过校勘的功夫,素来无人晓得";一说因为经济压力。他已届而立之年,有了家和孩子,经济上的需求不容忽视,"典在北大里,也算是背时极了,不如典的,来在典后两年的,都是最高级俸。照章程上的规定的,授课时间之多少,教授的成绩,著述及发明,在社会上声望等四个条件,除末一条外,前三条似乎都不比那班先生差多少,然而整整五年,总是最低的俸。钱的多寡原不算什么,面子上却令人有些难堪"……其实,即便这些理由成立,都并非最重要的。刘文典最终选择了跟从胡适,进入了国学研究家园,首先是一个学者的使命:刘文典曾涉猎过浩瀚丰富的国学经典,又研读了涌涌而来的西方哲论,用全新的视线,到在芜杂的、被诠释得自相矛盾的、甚至被人遗忘的经典中,去寻找、整理曾经辉煌、或默默无闻的思想资源,对于吸附年轻人的好奇心,具有何等巨大的挑战快感!再说,中国文人历来有这样的传统:面对社会激荡又深感无力回天,总喜欢隐逸于学问之间,以间接的、却更深远的方式兼济天下,获取一种精神的自我救赎和心灵安慰。胡适的号召,为刘文典选择新的生活方式提供了最充足的理由。

这样,刘文典决定选择远离儒家轨道的《淮南子》。

《淮南子》,又名《淮南鸿烈》,是西汉初年淮南王刘安集合门客编撰的一部哲学著作。据《汉书·艺文志》记载,《淮南子》内二十一篇,外三十三篇。近现代只流传内二十一篇。全书体系庞大,取材芜杂,哲学、政治、经济、军事、天文、地理、农学、生物、音律、风俗、神话……无所不包,杂糅儒家、墨家、法家、阴阳家等各派思想而成,其主要倾向,则偏于道家。曹魏建安经学家高诱称:"其旨近老子淡泊无为,蹈虚守静,出入经道。言其大也,则焘天载地;说其细也,则沦于无垠;及古今治乱存亡祸福、世间诡异瑰奇之事。其义著,其文富,物事之类无所不载。然其大较,归之于道。"。先秦诸子百家中足以和儒家抗衡的,仅道家而已,可到了汉武帝刘彻"独尊儒术,罢黜百家",加上猜忌多疑的刘彻担心同祖诸侯王对皇权构成威胁,对刘安巴心巴肠呈献的这部巨著表面上"上爱秘之",实际上束之闲阁,不予理睬罢了,后来刘安偏偏涉嫌谋反,武帝理所当然将这位胞兄废黜,交有司问罪,刘安不堪侮辱,自尽而亡。对于极端重视意识形态,"罢黜百家,独尊儒术"的铁腕皇帝刘彻,谋逆者著作必然遭致封杀厄运，可想而知了。《淮南子》好容易千年流传，早已文意变迁、传写讹夺，当时最流行的本子，已经是150年前清代学者庄逵吉校注的，其间虽有清代王念孙、俞樾、孙诒让、陶方琦等学者先后整理，但正如胡适所说，"然诸家所记，多散见杂记中，学者罕得遍读；其有单行之本，亦皆仅举断句，不载全文，殊不便于初学"，成了一部"比先秦诸子还要难弄"的"硬骨头"。

那么，刘文典为何偏偏要来拣这块"硬骨头"啃呢？盖有四点缘由如下：一、中国以儒家占主流的漫长思想史中，《淮南子》注定是一个容易被冷落遗忘的角落，因此，在此很可能发见一些新的思想资源；二、在"五四"反孔洪流激荡的背景下，接受了新文化熏陶的刘文典，选择一种与儒家入世理论相对立的道家出世经典进行对照研究，容易打开突破口——如果上述两条理由可作为学术操作上的实用主义理解的话，那么第三，恰恰出于对"五四"激进思潮的认同，刘文典对于千百年来，被许多文人学者翻来覆去注疏过、诠释过的、汗牛充栋的儒家经典，是不是有一种潜意识的疏离之感？至少，如下一件事情可以成为此观点相对充分的佐证：刘文典完成了《淮南子》的集注之后，很快就将下一个学术研究课题锁定为同为汉代哲学家王充的《论衡》。这又是一个反儒大家。其巨著《论衡》，"诋訾孔子"，"厚辱其先"，离经叛道，对儒家正统思想公然诟病，一直遭到历代封建统治者的攻击和禁锢，是故，几千年后的1974年，中国发动所谓"批林批孔运动"，革命左派们还专发号召，要全体国人学习王充的《问孔》与《刺孟》。

事情就这样开始了。

师从刘师培、章太炎等大师的严格学术训练，养就了刘文典对校勘的严谨学风，首先是占有翔实丰富的资料，继而在综合分析各种版本的基础上进行"集解"，"注重丛书的意旨、内容、写法的分析，从文意、文法、字词的比较中去判断是非优劣"，没有一分甚至几分证据，决不敢轻易下结论。平时，他在课堂上常对学生强调："每部古籍，都有一个传抄、刊印的过程，长的几千年，短的数十年，错误实在难于避免。托名伪作的、篡改古籍的不乏其人。看不出问题，真伪不分，曲为解说，就要谬种流传，贻笑大方。搞校勘，须精通文字、声韵、训诂之学，要有广博的文化、历史、名物制度的知识，版本、目录之学也得认真研究"刘文典集解《淮南子》的情况正是这样。

《淮南子》撰著于西汉景帝后期而成于武帝即位之初,东汉及魏建安时便先后有学界大师许慎、马融、高诱诸人对注疏解诂,马融注早已散轶,后仅有著名文字学家许慎的注释本与经学家高诱的注释本流传。宋代活字印刷术发明之前,《淮南子》流传主要靠手抄本,宋代始有刊刻本流通。手抄、刻版过程均难免出现讹舛、脱漏、衍文和版本的问题。清代近三百年盛行训诂之风,《淮南子》经乾隆训诂学家庄逵吉校注后,再经学者王念孙、王引之父子对庄本的文字谬讹、句读错乱、音训异同加以考辨,订正字句错误900余条。再后,晚晴学者俞樾、孙贻让等亦再加校注……如此反复校注,诚如胡适先生在《淮南鸿烈集解》书序中称:"计二百年来,补苴校注之功,已令此书稍稍可读矣。然诸家所记,多散见杂记中,学者罕得遍读,其有单行之本,亦皆仅兴趣断句,不载全文,殊不便于初学……"亦如刘文典先生所言:"《淮南子》虽是汉朝人著的书,但比先秦诸子还要难弄些。"要在此基础上批注好《淮南子》,既需对前人校勘的成果进行深入的分析与取舍,又要提出自己的校勘意见,难度极大。为校勘《淮南子》,先生真可谓夜以继日,废寝忘食。先生自己坦承吐露了自己点校《淮南子》的惴惴之情:"典因为校对《淮南子》,劳苦过度,得了很重的精神衰弱症,养息半年才渐渐好些。""目睹刘绩、庄逵吉辈被王念孙父子骂得太苦,心里十分恐惧,生怕脱去一字,后人说我是妄删;多出一字,后人说我妄增;错了一字,后人说我妄改,不说手民弄错而说我不学"他的学生、云南大学教授吴进仁在一篇文章中这样写道:"为了搞《淮南鸿烈集解》,先生是下了苦功的,吃了很大的苦,他不止一次慨叹说:'搞这个太苦了,如果我再这样搞的话,我现在就死了'"。夫人张秋华则如此叙述先生校勘《淮南子》的辛苦:"搞这个书,很可怜的。别人只知道这个书搞的不错,不知道多辛苦,病了好几次。"[1]

校勘学是一门很精密的科学,每校一个字都要掌握充分而确凿的资料。"一字之微,征及万卷",这是先生治学恪守的格言。对于征引材料,他特别强调要"查证原文",他说:"引第二手材料,凭记

---

[1] 云南大学出版社《忆叔雅先生》第24页

忆引用材料，是校勘学之大忌，因为这难免有讹误。"做好校勘，必须参阅大量的历史文献、经典。刘文典本是"版本癖"，市面上但遇古籍珍版，总是不惜重金购买，校勘《淮南子》，既要购买前人梳理校注的各种善本，还要购买保存大量散佚残缺文章的类书，还要雇人抄写，花销实在不菲。经济搞得太拮据了，他不得不找校长蒋梦麟求援，请学校预支钱款度日。资料载，借款一次二百大洋，一次四百大洋，相当于三个月薪资。

《道藏》，是道教书籍的总汇，包括周秦以降的道家子书及六朝以来道教经典，凡论述、符箓、科仪、法术和文献（包括山志、纪传、图谱等），多被收入。道书之正式结集而成为"藏"，始于唐开元、即玄宗年代，此后宋、金、元、明诸朝皆曾进行编修。《开元道藏》是中国历史上的第一部正式的、完整的道藏。其时存世最早的《道藏》系明朝正统年间刊印的明版善本，共五千三百五十卷，收藏于北京最大的道教庙宇白云观。刘文典得知这一信息，立即找朋友帮忙，想办法走进了这座松荫迷离的古道院，开始一段黄卷青灯相伴的苦读日子。

关于这段经历，有好事者戏谑闲传，说刘文典住进白云观一呆几个月，足不出户，潜心翻检《道藏》，常是茶饭不思、寝食难安，以致得了很严重的神经衰弱症，养息半年方得渐好。甚至言之凿凿，说白云观日子实在太清苦，刘文典终于熬忍不住，某次，趁道士们不注意，竟偷吃荤腥，被道士们"逮"个正着，闹了一个"大红脸"。

先生哲嗣刘平章告诉笔者，听母亲追忆，说这些轶闻纯属杜撰，先生著述写作都是在家中进行的，只是每天都工作至深夜不息。其时先生正好30岁，年富力强，只是长期高强度的工作，致使身体常常困乏难支，每早都得由母亲将他扶进饭厅，吃饭时亦睡眼朦胧，勉强应付，母亲将什么菜夹去他面前，他就吃什么菜，像是虚应故事，不得不尔。那场景，倒正好应了古希腊哲人苏格拉底的名言："人活着不是为了吃，而吃只是为了活。"想必人世间成就大事业者，对事业过分的执着，总须牺牲若干世俗乐趣，"为伊消得人憔悴"。

西南联大学生李埏关于恩师刘文典，曾写过一则回忆称，某次，李埏向先生借阅《唐三藏法师传》，书页中发现了一张老师用毛笔画的老鼠，遂求老师解释，刘文典闻言大笑不已，说，自己在乡下看书时点香油灯，灯芯上的油会滴在灯盘上。一天深夜他在灯下看书时，

第四章 仓促的华章

见有老鼠爬到灯盘上明目张胆地吃起了盘子上的油。他本想打死它，但转念一想，老鼠是在讨生活，我读书也是为讨生活，何必相残呢？于是随手用毛笔画了一幅老鼠像夹在书中。李埏遂有感慨："先生真有好生之德！"这个故事自然说明了先生治学之清苦，而挑灯夜著的寂寞之中偶遇一份小小意外，于是便快活，便沉醉其中——先生世俗顽皮之乐，跃然纸上矣。[1]

从1920年秋始，至1921年6月，经一年多努力，惶惶巨著终得完成。取名：《淮南鸿烈集解》。"鸿"者，言《淮南》书之博大也，"烈"者，言书之明晰也。刘文典先生的《自序》如是说：

淮南王书博极古今，总统仁义，牢笼天地，弹压山川，诚眇义之渊丛，嘉言之林府，太史公所谓"因阴阳之大顺，采儒、墨之善，撮名、法之要"者也。惟西汉迄今，历二千祀，钞刊屡改，流失遂多。许、高（按：指许慎、高诱）以之涸涠，句读由其相乱，后之览者，每用病诸。虽清代诸师如卢文弨、洪颐煊、王念孙、俞樾、孙诒让、陶方琦之伦各有记述，咸多匡正，而书传繁博，条流踌散，卷分帙异，检覈难周，用使修学之士迴遑歧途，沿波讨原，未知攸适。予少好校书，长而弥笃，讲诵多暇，有怀综缉，聊以锥指，增演前修。采拓清代先儒注语，构会甄实，取其要指，豫是有益，并皆钞内。其有穿凿形声，竞逐新异，乱真越理，以是为非，随文纠正，用祛疑惑。若乃务出游辞，苟为泛说，徒滋葳滥，只增烦冗，今之所集，又以忽诸。管窥所及，时见微意，楠有发明，亦附其末。虽往滞前疑未尽通解，而正讹茝佚，必有凭依，一循途轨，未详则阙。名为《集解》，合二十一卷，庶世之君子或裨观览焉。中华民国十年六月十五日 合肥刘文典（本文撰于1921年）

胡适如是评价：

刘叔雅（文典）近来费了一年多的工夫，把《淮南子》整理了一遍，做成《淮南鸿烈集解》一部大书……他确然费了一番很严密的工夫。

---

[1] 云南大学出版社《忆叔雅先生》第31页

他把各类书中引此书的句子，都抄出来，逐句寻出他的"娘家"。如《太平御览》中引的凡一千零二十六条，《文选注》引的凡五百余条，即此两项已费了不少的日力。凡清代校勘此书之诸家，广为搜辑。他自己也随时参加一点校语，以校勘为限，不涉及主观的见解。他用的方法极精密——凡乎有机械的谨严——故能逼榨出许多前人多不能见到的新发现。

胡适是白话文提倡者，为了与本书风格保持一致，破例采用文言文为之作序，对《集解》的学术价值和作者治学态度，作了高度评价。序云：

叔雅治此书，最精严有法……叔雅初从事此书，遍取《书钞》、《治要》、《御览》及《文选注》诸书，凡引及《淮南》原文或许、高旧注者，一字一句，皆采辑无遗。辑成之后，则熟读之，皆使成诵，然后取原书，一一注其所自出；然后比较其文字之同异：其无异文者，则舍之；其文异者，或订其得失，或存而不论；其可推知为许慎注者，则明言之；其疑不能明者，亦存之以俟考。计《御览》一书，已逾千条，《文选注》中亦五六百条，其功力之艰苦如此，宜其成就独多也。

20、嬗变

《淮南鸿烈集解》出版，果然一鸣惊人，1923年3月，正值学术界为引导读者、作者，大搞"开书目热"，胡适应《清华周刊》胡敦元等人的邀请，开出了《一个最低限度的国学书目》，在"思想史"部分毫不犹豫地就将尚在印刷之中的《淮南鸿烈集解》写了进去，并且加圈重点推荐。事后，胡还在代表作《中国思想史长编》里，再次不吝笔墨夸赞此书："近年刘文典的《淮南鸿烈集解》，收罗清代学者的校著最完备，为最方便实用的本子。"即使明确表态不赞成胡适所开国学书目的梁启超，在自己为《清华周刊》重新开列的《国学入门书要目及其读法》中，亦明确推介："《淮南子》，此为秦汉间道家言荟萃之书，宜稍精读，注释书闻有刘文典《淮南鸿烈集解》颇好"。鲁迅一贯"主张年青人少读中国书的，或者干脆不读"，听说刘文典

第四章 仓促的华章

新书出版，也特意跑去买了一套。1924年2月2日，《鲁迅日记》载："往商务印书馆买《淮南鸿烈集解》一部六册，三元"。周作人干脆断言："他实是一个国学大家……不知道随后（他还）有甚么新著，但就是那一部书（《淮南鸿烈集解》）也足够显示他的学力而有余了"。

先生于是声名大振。

"刘文典"这个名字，曾经属于"刘师培弟子"，曾经属于"章太炎弟子"，也曾经属于"孙中山英文秘书"，而现在，它属于自己了。从少年时代开始，他便一直将国家强盛作为自己的人生目标，选择了直接的政治行动来拯救民族危机和国家灾难，而现在，一部《淮南鸿烈集解》，终于让他完成了从革命者向学者的嬗变。

刘文典和同代的大师们一样崇尚进化论，渴望用武装强力改变积贫积弱的国家。如今，清帝国被摧毁了，袁世凯的复辟梦被击碎了、辫子兵头张勋的闹剧之维持了十二天……可是，外国列强依旧觊觎着可爱的中国，军阀豪雄趁乱世抓紧座大自己的势力，灾难深重的国家，城头变幻大王旗。刘文典的政治狂热悄然消隐，而同时，凭着一己之力，终得在文化大师的丛林里，练就了自己强壮的肌肉，并在"整理国故，再造文明"的新文化大潮中跃上了潮头——这也许可以视为进化论在他个人历史上一缕灿烂的折光吧。

北大书斋窗外的世界，革命还在如火如荼进行。孙中山再度奋起，1919年10月，他将中华革命党改组为了中国国民党；接下来，1921年，陈独秀、毛泽东等12人在嘉兴南湖一只小船上成立了最成功的创业团队：中国共产党；再接下来，孙中山和苏俄联手，重启了雄心勃勃的军事推翻军阀的计划；1923年10月，刘文典的《淮南鸿烈集解》正好由商务印书馆出版，而同一年，孙中山正式宣布了"联俄、联共、扶助农工"三大政策。中国大地，一派风雷激荡。

刘文典刚好32岁。他已经确立了自己的人生使命，在改造国家的伟大事业中找到了自己的位置。完成《淮南鸿烈集解》之后，他马不停蹄开始着手新的工作，这一次的选题是东汉学者王充的《论衡》。这又是一部挑战儒家的经典文献。刘文典又该夜以继日、废寝忘食，又该"为伊消得人憔悴"了。我们没有理由责怪他无暇旁顾窗外社会的云舒云卷。中国文人，历来生就了家国情结和道德感，又背负着追求形而上的超道德价值的使命。刘文典完成了从革命者向学者的嬗变，并非要沉浸于国学研究以寻找避世的精神抚慰,他需要替新国家构建一座学术大厦。

关于《论衡》的校注,其中辛酸苦辣和波波折折,似乎历史并未替我们留下更多资料。我们知道的只是,因为种种原因一时未能及时出版印行;我们还知道的是,接下来,先生把目光瞄准了《庄子》、《说苑》和《大唐西域记》等文献的校勘与整理,这些圣哲先贤都是儒家的挑战者,这些古籍旧典都在等待新的大师对它们做更为完整、缜密的校勘。我们还知道的确切事实是,先生已经辛辛苦苦完成的《论衡》校勘书稿,在太平洋战争爆发、香港陷落时,被擅长巧取豪夺他国文化的日本强盗悉数抢去东瀛小岛,直到二战战败,才由驻日联军司令部发还中国,不幸,又值国共大交兵,先生的文稿,还有同时被日本人抢掠返归的大批书籍又去向成谜,从而引发了一场先生亲属长达半个多世纪的追寻。关于这个,我们将在稍后的章节叙述。

第四章　仓促的华章

21　独特的文化景观

文化是一个很宽泛的概念。广义地说，文化是人类创造的物质财富和精神财富的总和，狭义，则专指语言、文学、艺术及一切包涵意识形态的精神产品。相对于经济、武力、政治强权这些硬件，文化虽属软件，但对一个国家、一个民族的生命力、凝聚力和发展张力，它所张显的历史韧性，却常常要强大得多，持久得多：纵观中外历史，这几乎是一个通例。古罗马用军事铁血征服了文质彬彬的古代希腊，文化上却全盘接受了后者的滋养。罗马诗人贺拉斯曾如此咏唱：

> 希腊被擒为俘虏，
> 被俘的希腊又俘虏了野蛮的胜利者，
> 文学艺术搬进了荒僻之地。[1]

古罗马以亚历山大大帝的全盛为标志，不仅建立了一个武运隆盛、地跨欧亚的庞大帝国，同时，帝国还将被征服者传递给它的文化，向幅员辽阔得多的欧亚大陆辐射，以至于所有西方的历史典籍都将这一时代明确定义为"希腊化时代"——这很像蒙古人和满人征服了中原，却反过来被汉文化完全融合。被征服者的文化优于征服者，情况历来如此。

通观历史，我们还会看到，一个国家，一个民族，其兴其衰，文化正是其最为重要的寒暑表。一个国家亡了，还可以复兴，而他的文化亡了，就彻底地亡了。犹太人，这个世界公认最喜欢读书、最重视文化的民族，他们位于迦南圣地的以色列国，曾遭亚述、巴比伦、波斯等强国兵戈反复蹂躏，甚至最后，被罗马帝国的铁蹄驱出家园，到满世界流落——但是，这个民族从来没有被征服，被斩杀净尽，恰恰相反，这个仅只占世界人口0.2%的民族，为我们这个美好的星球贡献

---

[1]（美）威尔·杜兰特《凯撒与基督》第699页

了一个又一个改变了人类进程的智者与天才：划时代的哲学家斯宾诺莎、享誉世界的诗人海涅、现代物理学之父爱因斯坦、量子力学开拓者波尔和波恩、原子物理学家费米、古典政治经济学大师大卫·李嘉图、精神分析学之父弗洛伊德、文体大师茨威格、现代派文学奠基人卡夫卡、空气动力学大师冯·卡门、有机化学创始人冯拜尔、被无产阶级革命者奉为始祖的卡尔·马克思、还有卢森堡、托洛次基、伯恩斯坦……正是有了生机勃勃的文化生命力、影响力和精神韧带，灭国十多个世纪的犹太家园终得勃然复国，并且依旧光芒耀眼。

近代中国被西方列强横揊顺揍，王朝风雨飘摇，非常重要的原因，就是面对精力旺盛的西方文化，一贯以老大自居、延续了几千年的中国儒学文化，已经显得那么苍老垂垂，只能柱着孤芳自赏的拐杖在奔跑的劲敌包围中蹒跚独行。虽然就教育管理模式而言，读书被普遍重视，科举取士对于人才流动和命运转换也提供了似乎很公平的机会，但同时严重窒息学子思想的儒学八股却一直被人诟病。在西方文化咄咄逼人的冲击之下，这样的文化内涵和管理模式，还能为这个病入膏肓的民族注入新的活力吗？不能了。

于是，辛亥之后，民国初年，取得了政权的人无不对此有切肤之感，即使地方军阀豪强，为了发展一方实力，几乎无一不重视教育文化。20年代，当孙中山为代表的革命力量和共产党联手，统一中国之时，大力鼓吹"联省自治"的各地军阀，除了重振衰败落后的经济、军事，还无一例外地加快发展新式教育。当时，除了早先建立的京师大学堂：北京大学、清华、南开，各地也纷纷筹建大学，一时竟然成了独特的社会景观。

护国战争结束，滇系军阀唐继尧，根据省议会递交的请愿书，及云南留美学生董泽等人大力呼吁和支持，于1922年12月8日，私立东陆大学宣告正式成立，由大学创办人唐继尧正式聘任董泽为校长。同时聘请各方面知名人士为教授、讲师、教员等。东陆大学后改成云南大学。继唐之后新的云南王龙云，主政后的第一届省政府机构，教育厅就占去五分之一，其余四个分别是民政厅、财政厅和建设厅，加一个秘书处：足见教育被提到了何等重要的位置。

第一次直奉战争，张作霖败退关外，整军经武的同时亦大抓教育。这个奉系大佬放出狠话："不管用多少钱，宁可少养五万陆军，也要

第四章 仓促的华章

办东北大学。"由是，1923年4月26日，东北大学正式出焉。新校舍规模之大，功能齐全，国内首屈一指。教授薪金待遇，甚至高于国内其他知名大学：北大、清华教授月薪300元，南开240元，东北大学则为360元，章士钊等人受聘东大，薪金竟高达800元。一时教授阵容之盛，远非其他大学可比。

四川军阀刘湘亦值得一提。刘时任国民革命军21军军长、四川省省长。1926年秋召开"全川善后会议"，成渝分别各举办一所大学的方案正式通过。成都大学先动，其后三年，刘湘又亲赴重庆就建立重庆大学召开了四次筹委会和常委会，对经费、校址、招生及教授聘请诸事宜一一具体安排，确保了1929年该校正式成立。

广东军阀陈济棠热衷于教育事业到了令人惊讶的程度，从1932年至1934年，这位出身寒微的"南天王"连续筹措巨资完成了中山大学新校舍的建设。1933年，又拨款200余万创办了以辛亥志士古应芬的字为名的"勷勤大学"。陈军阀以筹资、自捐等多种方式，先后创办了中山图书馆、广州音乐学院、广州国医学院及数十所省立、县立师范学校，使全省的中小学数量分别上升了20%和46%。对于知识分子、专业人士，尤其留学归来的科技人员，陈更是礼贤下士，委以重任，且待遇优厚。建筑师刘大钧，军事化学家、香港大学教授黄新彦，新闻媒体名家邹韬奋、还有张东荪、张君劢、林砺儒等著名人士，纷纷八方来归，齐聚羊城。

军阀阎锡山主政山西30余年，一向精于算计，以小气抠门著称，可这个山西佬儿在教育投入上却大玩爽快，花钱绝不含糊，使山西的义务教育遥遥领先，成为当时全国唯一普及了四年义务教育的省份。英国人李提摩太和山西巡抚岑春煊共同创办的山西大学堂，1918年确定为国立山西大学，1931年正式改名"山西大学"。

极而言之的案例，当数后来被人咒之为"人民公敌"的蒋"总统"，贵为国民政府主席的他竟然直接兼任教育部长，足见其对教育的重视。

当是时也，中国满目疮痍，百废待兴，各方诸侯却为一己之私大动干戈，兵燹不断，严重阻滞着国家的统一和进步。但是，不管历史用怎样的词汇：野心、自利、卑鄙、邪恶……对他们予以诅咒和评价——他们尚能如此尊重文化、尊重教育、重视人才，不辱斯文，实乃国之大幸！有如此优良传统，我中华之不灭，斯可信也。

民国初年的教育需求，给已经成为著名学者的刘文典提供大步前行的绝好时机。

北宋大儒张载曾如此定义知识分子的人生目标和价值使命："为天地立心，为生民立命，为往圣继绝学，为万世开太平"。所谓"为天地立心"者，是指理念哲学家，他们穷其一生，挚着追寻自然现象、宇宙、以及生命的终极真理。"为生民立命""为往圣继绝学"者，则更多是在实践维度上寻求自我价值的实现，前者主要着力于社会活动的践行，后者则致力于学问的研修与薪火传承；前者可为官员或社会活动家，后者则为教师、学者"为万世开太平"既属于理念维度，又属于实践维度，这类知识分子为追逐理想境界、理想社会、理想生活和理想人生而奋斗，他们或为革命者，或为造反派、或为改革家。

从参加反满活动到辛亥造反，从护法鏖战到流亡东瀛，从拜师求学到著书立说……历史让刘文典在四维空间里左冲右突，历尽摔打，最后，终于从"为万世开太平"的勇士嬗变为一个学者，在"为往圣继绝学"的事业怀抱里找到了安宁。现在，轮到他来效法曾将文化火炬交给他的章太炎、刘师培、陈独秀……向更多的年轻学子播撒文化种子了。

22、安徽大学

安徽地处中原腹地，古往今来，名人辈出。远的：先秦名人管仲、开国大帝朱元璋、一世枭雄曹操、名医华佗、风流儒将周瑜、廉政偶像包拯、画家米芾、文学家吴敬梓，近的就更多了：晚期名臣李鸿章、刘铭传、丁汝昌，现代政治、军事、文化达人陈独秀、段祺瑞、冯玉祥、张治中、王稼祥、李克农、孙立人、戴安澜、胡适、朱光潜、赵朴初、陶行知……真可谓地灵人杰。如今，时间的轮盘已经转到1927年，连四川、云南这些偏居西南一隅的穷乡野地都办起了大学，安徽再不办，实在说不过去了。

安徽近代高等教育肇始于晚清，1898年安徽巡抚邓华熙奏准改敬敷书院而成立的求是学堂，后改称大学堂，复又改名安徽高等学堂。1903年，朝廷颁布《奏定高等学堂单程》，规定各省只能在省城设高等学堂一所，于是安徽大学堂改为安徽高等学堂，并聘严复担任学堂

第四章 仓促的华章

总办（后称监督）。而后，还涌现出安徽武备学堂、私立江淮大学、安徽省公立政法专门学校、安徽高等农业学堂等一批高等院校。由于辛亥革命、经济拮据等原因，这些学校后来陆续停办。

"五四运动"以后，关心安徽教育事业的有识之士开始四方奔走，呼吁创建安徽大学，其中最为积极的是蔡晓舟。蔡晓舟，合肥人，年轻时就投入反清斗争，曾参与熊成基领导的安庆马炮营起义，兵败后回乡致力教育；1921年，蔡联络皖籍名流学者许世英、江朝宗、柏文蔚、胡适、高一涵等数十人，组成"安徽大学期成会"，于北京、上海等地奔走呼号。在北京东方饭店的一次宴会上，蔡晓舟竟然抽刀断指，用鲜血书写"誓死建成安徽大学"八个大字以明心志。翌年春，"安徽大学筹备处"始得成立，后又经过六年折腾，军阀陈调元任安徽省政务委员会主席，为缓和安徽各界人士尤其是教育界的不满，终于决定恢复安徽大学的筹建工作，重新组建"安徽大学筹备委员会"。

刘文典作为已经取得全国性名望的学者，理所当然进入了筹备名单之内。1927年10月，先生正式受聘于安徽省政府，负责主持安徽大学筹建。次年2月13日，经过筹委会第四次会议，先生被公推为预科主任；同月18日，先生拟《安徽大学组织大纲草案》报安徽省教育厅。厅长雷啸岑大家赞赏，称："条理缜密，擘画周详""极表赞同"；又3日，省政府即批复安大筹委会，同意先生担任预科主任；3月初，先生随即按照计划正式开始工作。

我们已经看到，为了家乡的教育事业，先生何等急切热心！而作为一个大学的缔造人，他几乎一无所有，完全是在一张白纸上起步，迷茫中摸索。关于刘文典的研究者，多称先生并没有上过大学，亦有语焉不详的记录说先生东渡日本，曾进过早稻田大学，至于是否领取过毕业文凭，又多无把握。伟大的革命家、教育家蔡元培，学养深厚，遍历欧陆考察教育，48岁方得出任当北大校长。如今刘文典，不过如此底蕴，37岁，就白手起家，正式挑起了创建一所独立大学的重担，其自豪之情，可想而知，其工作难度，亦可想而知！没有故事的人生是苍白的。从某种意义上讲，艰难困苦，恰恰是命运给敢于承担大任的勇者的馈赠。如果没有坦然面挑战并战而胜之的勇气和智慧，何来接受挑战过程的人生精彩？何来胜利后别人无法体味和享受的喜悦？

仔细检阅当时安徽的教育档案，我们随处可以看到刘文典急匆匆的脚步和忙碌碌的身影：

3月初，先生奔走于沪宁之间，与政府磋商安徽教育经费事宜。文载："本省教育界，既要求省政府征收卷烟营业凭证税，又推举代表程小苏（注：安徽教育经费管理处处长）、刘叔雅两氏，晋京请愿。来往于京沪之间，和宋部长（注：南京国民政府财政部部长宋子文）、蔡院长（时任南京政府大学院院长）经过了数度的磋商，迄无若何的效果。在沪时，也曾向宋部长提出要求，如财部不许安徽设局另征，最低限度，亦应仿照浙江办法，在国税项下月拨十万元，作为安徽教育经费。（注：安大筹备经费一度依靠地方政府征收卷烟营业凭证税，但财政部于1927年6月要求将卷烟税收归国税范畴）宋氏意似只允六万元，仍未能满足皖省教育实际上每月十八万元的要求，没有结果。三月八日，两代表相继返皖。"[1]

先生在致函胡适，如此详述了筹建学校的个中甘苦：

昨日在中央银行和宋部长见面，为皖省教育经费事颇起争执……不胜怅惘，弟所以跑在安庆那样秽浊的地方讨生活，一来是因为安庆有个中学（全省仅剩这一个硕果），小儿可以读书；二来走受生活的压迫，所以才忍耻含垢在那里鬼混，过的生活真苦极了。终日要和一班不相干的人们周旋，简直是娼妓一般。老大哥！弟虽不肖，究竟是个读书人，在那样秽浊的地方，和那些不成东西的人胡缠，试问精神上如何过得？现在环顾一班故旧，最爱我的只有你，能救我出那个恶劣环境的也只有你，务请你把我的事不要忘了，千万不要自己躲在第五国际的租界上舒舒服服的讲学读书，把一个老朋友丢在W.C里受罪啊[2]

3月15日。因在沪宁周旋安徽教育经费事宜，先生缺席安徽大学筹备委员会第五次会议。预科主任一职由吴承宗暂代。预科开学在即，主任刘同志文典，尚未回省，所有招考事宜、

---

[1] 参看《风雨飘摇中之皖省教育经费问题》，载《安徽教育行政厨刊》第一卷第一期，第11页，1928年4月2日）
[2] 刘文典致胡适函，见耿云志主编《胡适遗稿及秘藏书信》卷三九，第716页）

第四章 仓促的华章

聘任教员，应由吴代主任承宗负责办理案。[1]

3月27日，下午7时，先生出席安徽大学筹备委员会常务委员第九次会议，商议预科招生诸事宜/预科代主任吴委员承宗因刘委员文典业已返省，预科负责有人，辞去代理职务，并附送代理期内所聘请之教职员一览表一纸。刘委员文典交来教厅致安徽大学函一件，转录法专学生全耀轩等呈文，请查核办理案。[2]

4月7日，档案载："宋部长始电允月拨十万元，教育界认为满意，省政府乃下令裁撤芜湖卷烟凭证税局。余(谊密)财厅长，并允负责于中央月拨十万元外，另于地方税项下，月筹四万元。教费问题，乃告一段落[3]。

4月10日，安徽大学预科在安庆菱湖百子桥第二院大礼堂举行开学典礼。1928年4月《安徽教育行政周刊》第一卷第二期载："业经筹备之安徽大学，在吾人急切的盼望中，近已呱呱坠地矣。该校此次筹备招生事项，系由预科主任刘文典主持，计春季招预科甲乙两部，甲部社会科学，乙部自然科学，每部一年级两班，二年级两班，班各五十人。文、法、农、工四院，限秋季成立。"

5月2日，先生经安徽大学筹备委员会第八次会议公推为文学院筹备主任，代行校长职权，主持校务工作。

5月9日，先生出席安大筹委会常务委员第十五次会议，讨论文法学院院址等事项。文法学院院址案，决议由庶务妥觅地点，再行核议。[4]

5月16日，先生出席安大筹委会常务委员第十六次会议，讨论慰劳北伐将士事宜。慰劳北伐将士大会，函送捐册一本，并请每月按各职员月薪最少限度领捐百分之五，由各机关主管人饬会计处代捐代缴案。

7月19日，先生出席安大筹委会常务委员第二十二次会议，商议

---

[1]《安徽大学筹备委员会第五次会议纪》，载《安徽教育行政周刊》第一卷第二期，第28页
[2]《安徽大学筹备委员常务委员第九次会议纪》，载《安徽教育行政周刊》第一卷第一期，第29页
[3]《再志皖省教育经费问题》，载《安徽教育行政周刊》第一卷第四期-第14页
[4]《安徽大学筹委会常务委员第十五次会议纪》，载《安徽教育行政周刊》第一卷第七期，第15页

预科聘任教员暂行规程等事宜。

....

当年以12岁少年之身，孤身沪上求学，何其凄苦！二次革命亡命东瀛，何其仓皇！如今可说衣锦还乡了，刘文典定有前度刘郎的激动和豪迈。我们不知道那份"条理缜密，擘画周详"的《安徽大学组织大纲》的具体内容，但肯定是雄心勃勃的，他要振兴安徽文化，为家乡催生更多大师。为此，他将自己设定的大纲，一步步走向辉煌。

此时，中国同样还有一个雄心勃勃之人，正在中原大地挥师逐鹿，攻城略池。当刘文典正为安徽大学的经费发愁，东奔西跑之际，那一个人已在名义上取得了全国领袖的地位。为了一党独大、一人独裁，他在上海将刚刚帮助他夺取天下的盟友共产党，绞杀在血海枪林之中。这个人自然非常关注文化，尤其知道教育灌输对巩固权力的重要性，正因为如此，终其一生，他最喜欢别人称他"校长"，因为他手中威力无边的权柄，正是起底于珠江边一所叫做"黄埔军校"的简陋院落，培养出一批为他效命疆场、能征惯战的学生。对于真正意义上的现代教育，他显然非常外行，他压根儿也不准备像蔡元培那样真正的教育家，实施"思想自由，兼容并包"，此人需要的，就是教育为他的政治目的服务，就是让普天之下，所有人都铁心忠诚于他的党国和他个人，再说具体一点，维护他一党、一人的独裁，再具体一点：反共。

他的名字叫蒋介石。

对于刘文典这样一个深受蔡元培影响的大学校长，他的抱负，他的文化追求和教育理念，显然与政治上正如日中天的蒋介石南辕北辙，而历史注定会替为这两个雄心勃勃的人，安排一场冲突。而这个故事，很快发生了。

23、青萍之末

这一节的内容，对于书写先生的历史显然是不可或缺的。

刘文典办学理念直接借鉴自蔡元培的北大，提倡学术自由、人格独立，容许多种思想、不同声音并存，希望将校园营造成一个自由、宽松的文化家园。先生一再强调"大学不是衙门"，也就是说，不能将学校变成服务一党之私的政治训练场。

第四章 仓促的华章

可惜，他的一厢情愿很快就遭遇了现实的严峻挑战。1928年4月10日，安徽大学预科班正式开学。5月1日，便有人"诬告"预科学生俞昌准(化名陈青文)为共产党员，要求予以处置。当然，说俞某为共产党也并非完全诬告。俞昌准，安徽南陵人，确实于1926年9月便入了共产党，皆因方便革命工作，便化名考入了安徽大学。关于此事，《安徽师大学报（哲学社会科学版）》1982年第4期载张正元著文《碧血丹心照后人：俞昌准烈士革命事迹调查》有介绍如下：

昌准同志考入安大预科后，除了担任共青团安庆的领导工作外，还兼任安大党支部书记，他与党员刘树德和共青团员陈一煌、欧阳良栖（即欧阳惠林）等一起，组织安大党团员，团结进步师生，开展反帝反军阀的斗争。由于他入学时带了许多进步书刊，而被国家主义派同学发现告密，于是他入学不久又被迫离开学校。同年五月一日，他给父亲的信中写道："男入校事，原已就绪……决定在校安心读书。奈事不遂愿，竟有国家主义派同学在学校当局前密告男有某党嫌疑，男闻讯之下毛骨悚然，转念大人对男之热望，又不禁伤心泪下，主任刘文典待男亦颇厚，彼表示男非退学不可，同时亦示歉意。"

关于俞昌准离开安大的经过，早期共产党员钱新嘉有如下回忆更为具体，说是"有一天夜里，他张贴《血光》（按：中共怀宁县委主办的革命刊物），被校方负责人刘文典发现。"先生处置此事是很客气的，他对这位倾心献身的年轻后生只认真、却轻描淡写地说了一句：'我们学校不准你们活动，你要活动到别的地方去。'"这样，"小俞就被'斥退'了。"[1]

又据先生侄儿刘明章提供的资料说明，预科班开办不久，先生某日又接到国民党安徽省党部密令，声称学校一位姓王的学生是共产党，要求学校对其严密监视：

刘文典一听，连忙找来这位姓王的学生，与之交谈，确认其就是共产党员后，告诉这一学生尽快离校，并派学校工友将其送到船上逃

---

[1] 钱新嘉：《回忆俞仲则(昌准)烈士》，载《安庆文史资料》第二辑，第103页

走。晚上，省党部派人前来学校抓人，却扑了个空。刘文典在安徽大学的办学理念与主张，在皖省十分复杂的社会环境下，触怒了某些人，他保护青年学生，更被有的人视为共党嫌疑。有的人假借安大全体预科师生名义，向国民党中央密告他"宣传共产，希图破坏"，要求"请予调查扑灭"。刘文典对这些诬告不予理会，照样按照他的办学思想办学。安大许多学生得知此事，非常气愤，联合起来发表了言辞激烈的书面声明，对诬告刘文典的言论予以有力驳斥。书面声明称："刘主任被控有共产行动，生等惊闻之下，愤慨同深。刘主任精通中西学术，而国学尤称独到，为人诚恳率真，热心教育，此次办理预科，尤见精勤剀切之忱，生等景仰靡穷，绝无控告之举。所谓宣传共产，尤属子虚，显系奸人盗名诬控。"

作为曾经为民族解放赴汤蹈火的热血青年，先生对于年轻人企图拯救国家于水火的纯真激情，显然满怀同情，总想息事宁人便好，但是，屡劝不止的"通共"事件却偏偏如影随形，不断给一心教育救国的刘文典制造麻烦，后来干脆有人直指先生本人就在"宣传共产"——真是"眼睛一眨，母鸡变鸭"，事情越搅越糊涂了。7月23日出刊的《安徽教育行政周刊》所载《呈大学院查明安大预科全体学生控告主任刘文典事系捏名诬控》一文的记录是准确的：

中央军事委员会顷接安徽大学预科全体学生一函，辈告预科主任刘文典宣传共产，希图破坏，请予调查扑灭。军事委员会以事关共产，虚实均应查究，为此函请省政府查照核办。本厅遵即委派省督学罗良铸前往彻查。现据呈复，谓督学前往该校彻查时，该校业已放假，遂召集留校学生四十余名会集一堂，将函控刘文典一节，逐一询查，均答以实不知有此事。罗督学详加考复，尚非虚饰。按之原控函件号称全体学生，兹既有四十余名称不知情，并具书面签字声明，则此种函件，系捏名诬告，不辨自明，因将查明情形，具吏呈请大学院签核。同时另据该预科暑期留校学生王仲才等四十七人呈称，刘主任被控有共产行动，生等惊闻之下，愤慨同深。刘主任精通中西学术，而国学尤称独到，为人诚恳率真，热心教育，此次办理预科，尤见精勤恺切之忱，生等景仰靡穷，绝无控告之举。所谓宣传共产，尤属子虚，显系奸人盗名诬控。似此蒙蔽中央，阴谋捣乱，实属目无法纪，苟不严究反坐，何以澄清政治、发扬教育！本厅复核无异，持抄同原函备文呈报大学院鉴核云。

　　1928，对于新上任的大学校长刘文典显然是个凶年。甫登大位的蒋介石，绞尽脑汁，机关算尽，除了要将各地的军阀地方势力逐一拣顺，更要将刚刚经过血光之灾的共产党斩尽杀绝；而不甘失败，决心复仇的共产党——照毛泽东的说法，"掩埋好同志的尸体，擦干身上血迹，又爬起来继续前进了"。他们一边在农村进行武装动员，实行局部地方割据，一边在城市打开缺口，四处潜伏，等待时机。大学生总是最喜爱刺激，最容易接受充满冒险和浪漫主义情调的生活方式，于是安徽大学成立不久的校园，必然要成为两党博弈的角斗场。上面所记，正是安大校园起于青萍之末的轻波微澜，它注定要掀起更大的风波。1928年11月安庆发生学潮，成了这场风暴的导火索。

24、巅峰对垒

　　1928年11月安庆发生学潮实际上是当年安庆共青团发动的一次有预谋的活动。当年参与这一活动策划的早期共青团员欧阳惠林的回忆证实了这一点。欧阳惠林在《安大初期共青团组织及其活动》一文中，这样写道：

　　十一月二十三日，安徽省立第一女中举行十六周年校庆，邀请学生家长参加，晚上演戏招待。安大文学院在城内百花亭……与一女中一墙之隔。我们从一女中新发展的共青团员王淑瑾处获知此消息，认为一女中是一座封建礼教的堡垒，封建统治严厉，党团组织在该校的发展极为困难，决定动员一部分同学前往参加晚会，以图冲破其封建思想的牢宠，促进新思想在该校的发展。当晚，有安徽大学文法学院和省立一中等校近百人进入该校看戏。一女中校长程勉看到安大等校男生来校，便宣布停止演戏，勒令校外学生出校，彼此发生争吵。程勉当即用电话通知国民党安徽省会公安局，诬告安大学生捣乱会场，闯入宿舍，侮辱女生等，要求公安局派军警来校弹压，并将校门关闭。

公安局派出大批荷枪实弹军警，赶到女中，不分情由，鸣枪射击，拘捕安大等校学生，双方发生冲突，安大等校学生被迫夺门而出。

情绪一旦点燃，省一女中学生上街游行，要求惩办肇事学生。安大党团组织决定趁热打铁，提升斗争档次，煽动学潮，反对省一女中校长程勉，要求惩办枪击学生凶手……事态于是越闹越大，学潮越闹越凶。偏偏就在此时，南京国民政府主席、国民革命军三军总司令蒋介石来到安庆视察，学生闹事本是他政治神经最为敏感的穴位，一旦触动，顿时勃然。11月29日早上，刘文典接到总部机要科来函，称"奉总座谕，约贵主任于本日下午，来辕问话。"女校校长程勉亦收到相同来函。下午，先生与程勉先后来到了国民政府新科主席的行辕——历史理该让先生一举成名：就是这个所谓的总座行辕，这一回，刘文典大胆地、公开地顶撞了风头正劲的"蒋总司令"，而且顶得不卑不亢，顶得有理有节，顶出一件确实应当记入中国教育史的有价值的事件。因为叫阵双方，一个是国民政府主席、国民革命军总司令、国家元首，另一边则仅仅是有胆识、执着而孤傲的一介书生，这个事件理所当然构成了知识分子藐视权威、刚正不阿、大义凛然的一大范例。难怪一贯以孤傲著称的鲁迅先生在他的《知难行难》一文中要发出这样的赞叹："安徽大学校长刘文典教授，因不称'主席'而关了好几天，好容易才交保出来。"

关于因为顶撞蒋介石而被关押和交保的真实情况，安徽省《教育杂志》的消息报导和安徽省党部秘书石慧庐事后的回忆文字，足以帮助几十年后的读者拂去岁月尘埃，还原这一场真实而精彩的对垒。下面是《教育杂志》的消息：

蒋氏先询刘："学生捣毁一女中，殴伤学生，已有办法乎？"刘答："此事发生，为安徽教育界之大不幸，自身不能解决，有劳总司令动问，益觉汗颜，现在已与程校长和平了结矣。"蒋问："肇事之学生三人，如何办理？"刘答："当时滋闹事者不止安大一校学生。"蒋言："他校不管，单问你校学生？"刘答："此事内容复杂。"蒋问："内容究竟如何？"刘称："不便言。"蒋言："当我面有何事不可言？"刘称："背后有黑幕，"蒋厉声问："有何黑幕？"刘言：

第四章 仓促的华章

"此事内容,程校长亦知之。"……

蒋转问程。程答"……此事极单纯,并无黑幕"云云,蒋点首,转问刘:"尔能不能办学生?"刘一再言"此事复杂",始终不承认严办学生,出言顶撞。蒋氏大为震怒,郑重而言曰:"大学学生黑夜捣毁、殴伤学生,尔事前不能制止,事后纵任学生胡作非为,是为安徽教育界之大耻,我此来为安徽洗耻,不得不从严法办,先自尔始。"言毕,即令两卫士掖刘出……

《教育杂志》作为当时的教育专业媒体,其报道应该说是基本可信的,安徽省党部秘书石慧庐对先生顶撞蒋介石的细节则记录得更为具体:

……蒋当时盛怒之下,大骂安大学生代表们,骂了又坐下,稍停一下,站起来又开骂,训了学生一顿之后,转过来便责备两校校长。……蒋又转向安大校长刘叔雅大加责难,认为刘对学生管教无方。叔雅和蒋言语间颇有冲突,众皆色变。蒋即骂:"看你这样,简直像土豪劣绅!"刘大声反骂:"看你这样,简直是新军阀!"蒋立时火气冲天地骂:"看我能不能枪毙你!"刘把脚向下一顿说:"你就不敢!你凭什么枪毙我!"蒋更咆哮地说:?把他扣押起来!"立时便有在门外的两个卫兵进来,把刘拖下。

1928年的蒋介石,刚刚顶上名义上国家元首和军队统帅的桂冠,毫无疑问是中国社会舞台的头号大明星,与如此大牌演对手戏,新闻号召力自然无与伦比。刘校长顶撞国家元首的消息很快被全国多家报纸予以报道,引起了社会上的极大反响与震动,此消息于是不胫而走,广为传播,演绎出了许多版本。最为刺激的版本说蒋介石与刘文典对骂之后,双方便拉开了架势,来了一场"全武行"的功夫打斗,动作和场面之精湛刺激和武侠小说相去不远,比如:蒋介石"怒火冲天……顾不得自己的身份,照准刘文典的面部'噼啪'扇了两记耳光,而后又抬腿用笨重的马靴在刘的屁股上猛踹两脚。刘文典一个趔趄,身子摇晃着蹿出五六步远,头'咣'的一声撞在一个木头柜子上,巨人的冲击力将木柜拔起,'轰隆'一声撂倒在地上四散开来,刘文典也在惯性的牵引下扑倒在地。但仅一眨眼的工夫，刘文典就于满地乱书与碎瓷破铁中一个鲤鱼打挺站将起来，身体后转，倏地蹿到蒋介石面前，像武侠小说中飘然而至的英雄人物一样，飞起一脚，'噗'一声闷响，踢于蒋介石的裆部。蒋'啊'了一声，躬身猫腰，双手捂住下半身在屋内转起圈来，额头的汗水像秋后清晨菜叶上滚动的露珠闪着惨白的光芒，一滴滴飘落下来。众人见状，大骇，知刘文典的一脚正好踢中了蒋的小蛋蛋，急红了眼的卫士们一拥而上，将仍在抖动拳脚做继续攻击状的刘文典一举拿下，速将呈霜打茄子状的蒋总司令抬上汽车，送医院施救。……蒋介石在医院病床上大汗淋漓地嗷叫着翻滚了半天，总算化险为夷，只是两个肉球已呈西红柿状急速膨胀起来，走起路来很不方便。为解所遭之羞辱与心中的愤恨，蒋氏下令以'治学不严'的罪名把刘文典扭送局子下了大牢，并宣布解散安徽大学，把为首捣乱滋事的共党分子捉拿归案，严刑正法。"文稿实在高估了先生的"武功"，却对先生的政治智慧和思想修养少了些分析和了解。也许是爱屋及乌吧，太过崇敬先生的胆识与勇气，便让一介文弱书生演出了些属于江湖武侠的故事[1]……

　　不管这些表述的深浅、真伪如何，先生大无畏的据理抗辩，确实让炙手可热的权力新贵蒋介石失了态，他确实当即便下令两名武士将先生押下，软禁在省政府后花园"后乐轩"的一间阁楼，第二天，蒋介石便离开安庆，命驾他去。而这场身份极不对等的巅峰对决，从此便给中国社会史和文化史留下一个标志性的案例：关于领袖的政治权威和知识分子的独立人格、从而关于权力与民主、关于秩序与自由。1929年4月，胡适在《新月》杂志第二卷第二号上发表文章《人权与约法》，专门以刘文典被蒋扣押一事，称："安徽大学的一个学长，因为语言上顶撞了蒋主席，遂被拘禁了多少天。他的家人朋友只能到处奔走求情，决不能到任何法院去控告蒋主席。只能求情而不能控诉，"这是什么？这是人治，不是法治。"；1931年12月，鲁迅先生《知难行难》一文，再次谈及这件事，并将先生对蒋介石的挑战誉为学者人格独立的典型。

　　其时，先生夫人张秋华正住芜湖，听说先生因顶撞蒋介石被关押，

---

[1] 参看岳南《南渡北归》第二部 288-289 页

急得四处给先生好友拍电报，讲实情，请求设法营救，同时还赶去安庆现场设法……蔡元培、胡适、蒋梦麟等学界名人接电，纷纷致电"蒋主席"说项。蒋介石当然听闻了各方舆论的，心里自然也明白刘文典不过一介书生，而且还给蒋某口口声声挂在嘴上的国父孙中山做过秘书，素信三民主义，诬其"支持共党"，不过是将他拿办的借口而已，学潮的真正组织者应另有其人。于是，在安徽方面将有"共党"嫌疑的闹事学生一一开除后，蒋便摆出了一副从谏如流的"明君"姿态，电令安徽省政府放人，只是附加了一个条件："刘文典如果即时离皖，可准令保释。"

刘文典遭软禁已有两周，12月5日终得自由。来人打开"后乐轩"阁楼，恳请刘文典下楼回家，刘文典偏偏死活不肯，义正言辞道："我刘文典岂是说关就关、说放就放的！要想请我出去，请先还我清白！"非要当局说清关押的道理方才离开，省政府万般无奈，只得请了几位声望极高的安徽名士前来劝说，经过一通好言相劝，半推半吹，好不容易才将刘文典"请"出了监禁地，一场风波，就此了结。

恩师太炎先生在上海听到这一消息十分高兴，逢人便说他有个好学生，敢于面斥蒋介石。1932年太炎先生来到北平，一见刘文典，便憋不住由衷赞美："叔雅，你真好！"还当即挥毫题写一幅对联相赠："养生未羡嵇中散，疾恶真推祢正平"。上联借三国时期著名文学家嵇康著《养生论》为典，嘱刘文典保重身体；下联亦用三国例：祢衡"击鼓裸身骂曹"，奖掖先生大无畏的壮士义举。

作为安大风波的余闻，还需稍加补说的是，这场风波的深层原因，原来是时任安徽教育厅长的韩安对先生"早有意见"，一直欲将先生赶走而后快。《教育杂志》第二十一卷第一号，《皖省学潮之内幕》载：

> 迨一女中风潮起，韩派则欲借此以去刘……适蒋主席到皖，韩以省委地位，易于进言，刘遂失败。

25 也谈知识分子的信念

上一节的故事，确实很有新闻效应。对于记者和寻常百姓，显然是足够刺激并可大吸眼球。如果换成理论的角度来诠释，这一事件所体现的，恰恰是一个有关中国文人的气节和良知的故事，没有必要从政治功利上做过多解读。事实上，对于外间将先生炒作为一盖世大英雄，先生本人几乎全不在意，反而十分轻松地自我调侃："我若为祢正平，可惜安庆没有鹦鹉洲。我若为谢康乐，可惜我没有好胡子。"刘文典后来跟好友冯友兰说，当蒋介石将他囚禁的时候，他已经做好了杀身成仁的心理准备，不过他知道蒋介石没有正当理由，也不会轻易动手。先生早年参加同盟会，还做过孙中山秘书，革命资格够老的，骂蒋事发，其时他已将生命付与了为国家"再造文明"的事业之中，从当时以至于以后，刘文典既非国民党，亦非共产党，他的所有言行，无非是顺从知识分子的良知和信念行事罢了，完全没有必要按照"非此即彼""非白即黑"的政治逻辑上加以判断。近代史上，此类故事并非孤例。威名赫赫的一代伟人毛泽东，不是在怀仁堂召开的中央政府会议上，偏偏遇到了身材瘦弱的小个人文人梁漱溟挑战吗？反过来说，对国民党特务怒作狮子之吼，在云南大学至公堂做完诅咒蒋氏政权的著名《最后一次演讲》，回家路上，旋即遭遇暗杀殉难的闻一多，在20年代，不是曾痛骂过共产主义者为"赤魔溷人"吗？而国难当头，惊闻蒋介石在西安被张学良扣押，他又与朱自清、冯友兰、张奚若、吴有训、陈岱孙、萧公权等被推举为起草电报与宣言的七人委员会成员，在《清华大学教授会为张学良叛变事宣言》中，愤怒谴责张学良称："同人等认为张学良此次之叛变，假抗日之美名，召亡国之实祸，破坏统一，罪恶昭著，凡我国人应共弃之，除电请国民政府迅予讨伐外，尚望全国人士一致主张，国家幸甚。"电文执笔者，偏偏又是十多年后因"宁肯饿死，不食美援"著称的朱自清。留学欧美，一贯崇尚自由主义的知识分子，如此激烈地主张独裁，在世界文化史上，亦算得上是一道独特的风景。

中国知识分子的社会责任和家国情怀实在太强烈了，他们价值判断从来不是从个人功利出发的。从孔子弟子曾参的"仁以为己任"到宋代大贤范仲淹的"先天下之忧而忧"，从东林党人顾炎武"家事国事天下事，事事关心"到邓拓《燕山夜话》中的"诗云'莫谓书生空议论，头颅掷处血斑斑。'"……无不流露着如此高洁的情怀。刘文典乃饱读诗书、历尽时代磨难的狂狷之士，加辱于他的蒋介石虽"贵

第四章 仓促的华章

为天子",他亦势必要尊奉个人的自信和尊严,断然予以顶撞对抗,自是情理中事了。

围绕这个话题继续说下去。

刘文典虽然因顶撞蒋介石赢得了巨大喝彩,这并不能说明他对蒋介石事先预设了何种既成之见,或者从此后对蒋留下了何种深仇大恨。先生对蒋介石的是非判别,依旧只有一个标准:知识分子的理想信念和民族大义。遍查刘文典人生历史,先生与蒋介石的交集,除了1928年安大事件一幕,还有两次间接的交往,补充诠释其中精义,亦可参考。

安大事件过后三年的1931年,刘文典接到粤系军阀"南天王"陈济棠邀请,请他去广州二沙头小住。[1]前面一节介绍过,陈系闻名全国的地方实力派,雄视南粤,专心致力于"建设新广东"宏伟工程,尤其在文化教育方面成绩斐然,如斯政绩刘文典自然多有耳闻,于是欣然接受礼请,南下去了。二沙头又名二沙岛,乃珠江中一片沙洲,四围清流环绕,岛上榕枝连理,密叶细浪织出一派盎然绿意,一座座西洋别墅散布其中,端的人间仙居。据先生哲嗣刘平章介绍,其母曾多次向他说到过父亲此次南粤沙州之行,说陈济棠对先生如何之礼遇有加,住小岛别墅,每天专人伺候吃喝游玩,还说席间杯盘,盛出的都是些世间难得一见的珍馐佳品,最为奇特的是某次,侍者端上桌一只精致的瓷罐,先生眼睛近视,模模糊糊,但见热腾腾汤水里一群雪白之色,经待者介绍,方知是精烹的老鼠肉,如此怪食——据说——必得一流大厨高艺方可做出美味!"南天王"待客之隆盛,可见一斑。

根据如下两则史料推证,先生南粤之行,当发生在先生代行清华中文系主任期间。证一:郭良夫文载:1931年8月22日,朱自清准备出国游学,遂由先生继任清华大学中文系主任[2];证二:《朱自清全集》卷九,朱先生回国后的1933年9月17日,有日记作如下记载:

……下午访问晦闻先生,告我刘叔雅曾去广东,得以顾问,此公

---

[1] 何进《忆刘文典》见《刘文典全集》卷四,959页
[2] 参看郭良夫《完美的人格:朱自清的治学和为人》230页,生活·读书·新知三联书店1987年版

神通颇大也[1]。

那么，在那么一个时间点，陈济棠如此礼遇先生究竟意欲何为？到了广州，刘文典很快知晓了对方真实用意："南天王"正在策划一次反蒋活动，陈知道先生在安徽大学面斥蒋而曾身陷囹圄，逻辑推去，必然对蒋怀抱仇恨，自当是理想的同道中人。陈济棠非常希望借重先生反蒋名气和文化名气，襄助他问鼎华夏的"千秋大业"。夫人张秋华曾告诉平章先生，说乃父二沙头之行，陈济棠曾慷慨秘诺，称陈、刘合作，一主武，一主文，天下焉能不定？

陈济棠在军事上已让实力正劲的新桂系俯首称臣，在政治上亦敢于同南京政府分庭抗礼，可惜，他却对一介文弱书生偏偏无可奈何，先生此次南行，以"南天王"的彻底失望告终。先生亲戚何晋回忆：

> 粤系反蒋派陈济棠知刘文典反蒋有名，学识渊博，不惜以万金相聘，请先生出山。刘叹曰："日本侵华，山河破碎，困难深重，怎置大敌当前而不顾，搞军阀混战"，遂退汇款，不受聘。[2]

要读懂先生这一选择，我们有必要回望一番1931年前后中国的政治图景。

1920年代末，虽然国民党在形式上完成了全国"统一"，但军阀凭武力裂土而据、混战厮杀，中国的分裂局面并无实质性变化，虎视眈眈的东邻倭贼于是趁虚而入，于1931年9月18日，悍然策动皇姑屯事件，军事占领东三省。亡国警报再次拉响，从来以家国命运为己任的中国知识分子的爱国热血又开始燃烧，即使深受英美民主、以政治独立自诩的自由派知识分子，此时也不可能再强作深沉了。希望中国有一个强势政府以保国安邦，一时成了普遍的企盼。1932年6月，《独立评论》刊登傅斯年《中国现在要有政府》，痛心疾首提出："虽有一个最好的政府，中国未必不亡，若根本没有了政府，必成亡种之亡"；翁文灏亦同样呼吁："在这个危急存亡的时候我们更需要一个

---

[1] 《朱自清全集》卷九 248页
[2] 何晋：《忆刘文典》，《刘文典全集》卷四，第959页

第四章 仓促的华章

政府，而且要一个有力量能负责的政府。"[1] 留美归来的清华大学历史系教授蒋廷黻亦著文《知识阶级与政治》称："我们应该积极的拥护中央。中央有错，我们应设法纠正；不能纠正的话，我们还是拥护中央，因为它是中央。我以为中国有一个强有力的中央政府，纵使它不满人望，比又三四个各自为政的好"[2]，丁文江诸人亦积极著文力主强权政治。

如果说这些都是面对国难猝然而至时的书生之见，那么刘文典的行为显得更加务实。他从民族革命刀丛剑树中走向学界，当比之从书斋一路走来的文人，更懂对复杂社会矛盾中做出政治判断，中国古训云："兄弟倪于墙，外御其侮"，更何况两度浮海留日，让他对东瀛岛国这朵"武士道"精神浇灌的恶之花，有比别人更深一层的了解。先生确实不喜欢蒋介石，可是，野心勃勃的强盗兵临城下，他决不会赞同野心家对本已脆弱的国民政府釜底抽薪。他退回了南天王丰厚的礼物和献金，执意返回了北平。事后，有人问起刘文典，他说："正当山河破碎、国难深重之时，理应团结抗日，怎么能置大敌当前于不顾，搞什么军阀混战呢？皮之不存，毛将焉附？"[3] 我们不知道朱自清先生是否知道刘文典此次南行复北归的具体细节——如果知道了，想必不至于在日记里不无牢骚地撂下一句："此公神通颇大也。"

先生与蒋介石的第三次间接交往，已是10多年后的事情。中国人民经过八年艰苦卓绝的抗日鏖战，终于将日寇赶回属于他们自己的小岛。这次战争被称为反法西斯战争，是一次真正意义上的正义战胜邪恶的战争，而中国，以战胜国的身份赢得了全世界的尊敬。中国政府的领导人蒋介石，性格古板、武断、刚愎自用，缺乏个人魅力，确实不太讨人喜欢，但在艰难的抗战岁月，他民族主义的执拗和顽强劲儿，确实在一定意义上成了一块压仓石，保证了中国这艘伤痕累累的航船最终驶达了胜利彼岸。在庆祝抗战胜利的大游行中，他的画像有资格代表国家，和其他三个战胜国的领袖：罗斯福、斯大林和邱吉尔并列，

---

[1] 《独立评论》第五号：傅斯年《中国现在要有政府》十五号：翁文灏《我的意见不过如此》
[2] 《独立评论》第五十一号，1933年5月
[3] 莫娟娟、傅嘉明《赤子真情刘文典》，见《教育》2009年4期44-45页

接受游行民众的顶礼与欢呼——虽然因为被胜利搞得头脑眩晕，于是倒行逆施，让历史不得不很快将他抛入了失败者的队列——作为历史唯物论者，我们还是必须还原当时背景，然后客观地复叙当时的历史故事和历史人物。

1946年，抗战胜利的狂欢刚刚散去，内战的第一声枪声尚未打响，便逢了蒋介石要过生日。按照几千古礼，在王诞之日或表崇敬，或表敷衍，或诚心诚意，或诚惶诚恐，总之，各地"诸侯"都得向"蒋主席"恭表朝贺了。

云南的情况尤其特殊。"云南王"龙云在抗战胜利日之后不出一个月，1945年的10月3日，便被驻节昆明的"中央军"杜聿明部搞了突然袭击，兵围五华山，逼龙云即离云南，去重庆就任可有可无的闲职：军事参议院院长。龙云表弟卢汉则在蒋介石的刺刀下被扶上云南政府主席宝座。面对蒋生日这个时间点，他必须做出比别人更为恭顺的表示。想必是绞尽脑汁了，卢主席决定呈一寿序，作为云南送给蒋介石的生日贺礼。当时，刘文典已任职云南大学教授，俨然国学大师，身名炎炎，诗、论、表、铭……笔下皆出神入化。据先生哲嗣刘平章先生回忆，说卢汉直接通过云大校长熊庆来请先生写一则颂蒋寿序，"父亲答应帮他写了，写好后还请昆明的一位书法名家书写成一本折子，拿到我们家盖了图章才送过去。"

1946年，平章已14岁，记忆当很清晰的。十余年后，平章去成都工学院读书，返昆度假，再次向家父问起给蒋介石写寿序的事，父亲如是回答："在安徽大学主持校务的时候，是为了维护学生的利益才跟蒋介石据理力争的，其实俩人之间并没有什么大的矛盾。在抗日战争时期蒋介石是有功的，为什么不可以给他写寿序呢？"父亲说，"个人恩怨虽然瓜落结藤，但绝不记这些东西。"

如今，已经无法查到这折寿序的原文，但我们相信先生运笔行文一定是真诚的。即使对这个已然成为现代历史僵尸、很难简单评价的蒋姓大人物，寿序中少不了歌功颂德之辞，这也只能证明，先生作为中国有良知的文化人，他不以个人私利处事，不以政治功利论人，秉义礼而无私愤，怀大德而忘小戚，仅此一端，败走安徽大学，恰恰成了先生人生戏剧一段虽短暂却精彩的华章。

第五章 外患内忧意何如

26、风云际会

有人如是论说：政治（从广义上讲，包括一切社会管理）是一项操作性很强的技术活儿。现代政治学的开山鼻祖、文艺复兴时期意大利哲学家马基雅维利曾如是说：政治学是一种科学性的经验学问，讲究的是为达到既定目标所需要的谋略和手腕，而不关心该目的的道德评价。政治人物的运作模式、执业素质和行为能力，和从事精神文化活动的要求，相距之殊，实类天壤。从事精神文化活动需要的是诚实，是为自己追求的信念、观念、价值的锲而不舍、甚至献身——用老百姓的平常话说，干这活儿必须是性情中人。政治家和社会管理者恰恰相反，是一种在各种势力、利益之间寻求妥协和平衡的技术，干这活儿的人特别需要成熟、甚至老于事故。

刘文典本质是个文化人，他显然做不到这些，尤其身处乱世。世俗社会的胜利只承认武装的先知，也必然要冷落未握暴力的智者。20世纪初，民国草创伊始，全社会价值观念混乱，各种矛盾交叉激烈，想要得一万全之策，以在价值认可的基础上求取某种妥协与平衡，难度自然就特别大。其实，"安大事件"处理起来并不难，先生本来就不是共产党，完全可以超然局外，从而对是非曲直加以仲裁，然后化解各方情绪了事。皆因看不惯政治新贵蒋介石下车伊始，便指手画脚的得意劲儿，更受不了对方的无端训斥，于是不能不像普通人那样持常理而与之顶撞——对于一个手握生杀权柄的铁腕强人，这就犯了忌。对这件显然不成功的处理，书生刘文典事后确有后悔与失落。他曾不无沮丧地说，自己在祖上坟头"掘了一个大坑，来害自家的子弟，个人身败名裂不足惜，公家事被我误尽了"[1]。

说身败名裂，自然是先生一时有怨，所言过重了。人生一世，成败穷达，除了自身的努力，很大程度还在于社会位置的选择和时代机遇，只有三者频率相同，正好产生共振，于是便会发出大能量，造成

---

[1] 刘文典《致胡适信》见《刘文典全集》卷三，820页

大影响。反之，各因素频率不相匹配，便会互相干涉、抵消、削弱，最后让所有能量一齐消解于无形。安大事件中，先生的悲剧正好在于以一学者身份客串了一回行政领导，结果证明此路不妙。少年时代，他全身心投入过革命政治，甚至还去枪林弹雨中奔走呼号，皆因一腔激情热血，跟着职业政治家们去完成了属于年轻人应该体验的生命过程，此后，命运留给他两个选项：继续从事职业政治生涯，或者治学。煌煌两大册的《淮南鸿烈集解》证明，先生选择的后一条路是成功的。安大事件，不过从反面再一次证明这一抉择的正确。

安徽肯定是不能继续呆下去了，资料介绍，他先去了南京，他在那儿给安徽大学的学生并教职员写了一封信，谆谆训告他们"勉以安心向学，努力校务"，又给先生视若导师和兄长的胡适写了一封信，坦承"弟以书生，无自卫力量，实禁不起彼之阴谋（按：意指暗中排挤先生的安徽教育厅长韩安一流）中伤"并叫苦道："以弟目下之财力，实末能在上海旅馆久居，否则早已到沪避之矣。""务恳吾兄率为设法，早到北平，免受其害。"[1]

远在北京的蔡元培得知刘文典已取保开释，立即电邀他回北京大学继续任教。其时，恰逢清华学校由教会学校正式转为"国立清华大学"，清华大学的首任校长，五四时期和傅斯年同为学生领袖的的罗家伦，正心急火燎地广揽人才。刘文典自然又成了这位新任校长盯聘的重要目标。什么是大学？"所谓大学者，非谓有大楼之谓也，有大师之谓也"——这是长期担任清华校长的梅贻琦一句名言。罗家伦亦诚信其理，认为大学校长的首要之举是聘人："聘人是我最留心最慎重的一件事。抚躬自问，不曾把教学地位做过一个人情，纵然因此得罪人也是不管的。"在罗家伦一则工作报告《整理校务之经过及计划》中，他曾如是表示求才之急：

家伦以奉命太迟（八九月间），那时各大学均将开课，良好教授十九均已受聘。再加以其他大学之竞争，一时想聘到多数的良好教授，确属不易。几经困难，总算请到了几位。

---

[1] 刘文典致胡适函。见耿云志主编《胡适遗稿及秘藏书信》卷三，第722页

第五章 外患内忧意何如

刘文典早已进入罗家伦的视野，且"刘文典君本已应允，以安徽大学坚留未能到校"[1]。如今，先生既已在家乡的社会争斗中被扫地出门，罗校长自然大喜过望，立即邀其入盟，担任了国文系教授。折腾经年，命运让刘文典兜了一个圆圈，1929年2月，终于又回到了自己安身立命真正应该的位置，回到给他带来过巨大荣誉和将继续带来事业前景的精神家园。在京津学术圈，与中国第一流的智者们朝暮相处，研修学问，切磋文理，何其快哉！学术上某一个观点的突破、某一种命题的创新，往往和艺术家的灵感一样，如石火电光，都是在与智者交流或独处沉思时一闪而来，稍纵即逝。大师们的大脑像云彩在广袤天空游走，随时搜集着智慧的电荷，当两片带电的浮云彼此靠近，很可能就会瞬间放电，迸发出耀眼的光芒和动地的雷声。齐聚清华的大师们就是一片片贮满电荷的云朵——即使一次小小的聚谈，一番淡淡的交流，一道有趣的题目，都无不洋溢着与众不同的睿智。

曹伯言《胡适日记全编》卷五载：1930年10月20日，刘文典宴请胡适，"遇见孙伯醇、邓叔存、张骥伯。叔雅说《西厢记》中'颠不剌的见了千万'，'颠不剌'是一种宝石之名。此说似甚当。"

又载：1931年4月12日，"刘叔雅邀吃饭，谈许维遹君所编《吕氏春秋集证》，我劝许君把正文及注均加标点。凡整理古书，所以为人也，当以适用为贵。我主张五项整理：一校勘，二标点，三分段，四注释，五引论：缺一皆不可。……

这只是有文字记载的其量极少的席间杂谈，那么，平素思想碰撞中所绽放的火光，实不知多有几许了。

清华本是留样预备学校，直到1925年2月才开始举办国学研究院，1928年正式改为"国立清华大学"，比之1905年举办、早已名满天下的北京大学，起步确实晚了很多，但起点却很高，史称"五星聚奎"的清华五大导师，每一个名字都足以镌刻在中国文化的石柱上永垂青史：王国维、梁启超、陈寅恪、赵元任、李济（一说吴宓）。1929年，先生正式进入清华教授序列，经首任校长罗家伦悉心经营，专职和兼职的高人名师已济济有人：陈寅恪、赵元任、杨树达、朱自清、杨遇夫、杨振声、俞平伯、钱玄同、容希白……次年5月，闻一多从青岛大学

---

[1] 参看章玉政《狂人刘文典》196页

辞职，也来了清华中文系……一时间，清华园内，可谓巨星云集，风云际会。

就在先生来到清华园两年前的1927年6月2日，中国现代享有国际盛誉的著名学者王国维留下遗书"五十之年，只欠一死。经此世变，义无再辱"，遂自沉于颐和园昆明湖。时值王国维去世2周年，国学研究院师生集资，在清华工字厅东南土坡下建"海宁王静安先生纪念碑"一座，由梁思成设计，陈寅恪撰文，林志钧书丹，马衡篆额。碑文云：

> 士之读书治学，盖将以脱心志于俗谛之桎梏，真理因得以发扬。思想而不自由，毋宁死耳。斯古今仁圣所同殉之精义，夫岂庸鄙之敢望？先生以一死见其独立自由之意志，非所论于一人之恩怨，一姓之兴亡。呜呼！树兹石于讲舍，系哀思而不忘。表哲人之奇节，诉真宰之茫茫，来世不可知者也。先生之著述，或有时而不章。先生之学说，或有时而可商。惟此独主之精神，自由之思想，历千万祀，与天壤而同久，共三光而永光。[1]

行走于清华校园，驻足于王国维纪念碑，总会给人无尽的猜度和沉思。作为万物之灵，人活在这个世界上总是需要理由的。动物如猪狗虫了之属，绝无此虑，它们只需要吃饱便可，而人不同，人除了活着，还需要一个活着的理由，如果失去了这个理由，他便可能主动结束生命。人是这个星球上唯一会自杀的动物。这个理由是各种各样的。生活在中国传统的伦理边界之内的广大民众，维护家族的荣誉和和谐，是足以成为维持一生的目标，而对于宗教徒，虚无缥缈的天堂之乐——这个目标足以让他们终生追寻，乐此不疲。刘文典和他清华的同事们不需要到虚妄的目标中寻找理由，灾难深重的国家和辉煌的中华文化已经给了、并正在给他们沉重而光荣的嘱托，为了完成这些注定要被历史记下的挑战，他们必得在矗立着大师纪念碑的校园里，用顽强的毅力和全部生命去为之奋斗。

---

[1] 齐家莹：《清华人文学科年谱》，第81页

27、传薪清华

清华大学的前身清华学校，自1911年建立后，其功能是为留美生做学习预热，课程设置主要学英文和一些欧美文化知识，中国传统文化知识的教学相对薄弱，可多可少。1905年蔡元培入主北大，以其独立的思路和坚韧的精神辛勤耕耘，几年来大得斩获，1921年创建研究所国学门，蔡元培亲任所长，所聘名师除了本校教授，社会上名声显赫的鸿学硕儒罗振玉、王国维等翩然来归，一时名重儒林。北大的成功让同处京师名都的清华大学不能自甘寂寞，决定奋而效法，鼎新图强了。

清华首任校长罗家伦，正是才华横溢又霸气十足的傅斯年同学，"五四"学运，二人同时呼啸于北京街头，载有著名口号"外争国权，内除国贼"的唯一一份油印传单《北京学界全体宣言》，正是出自罗家伦手笔。特殊的年轻经历铸成了他大刀阔斧，做事专断的性格。执掌清华，时年31岁，血气方刚，决定增强国学教研，传播民族文化薪火于天下。先生正是在这样的背景下加盟清华的。

当是时也，蒋介石虽已定鼎南京，但军阀争雄，神州多难，国事依旧飘摇，屯兵关外的日寇终得趁乱入侵，鲸吞东三省而虎视中原平津。清华园从此惶惶难宁，从1931年"九一八事变"，直到1937年仓皇南渡，整整6年，为了保留中国的文化种子，刘文典与和他的同事们不辱使命，在清华园坚持教书、研究、做学问，坚韧不拔地传承中华文化的萤萤薪火。

1931年8月，朱自清出国游学，由先生代行系主任职务。对于先生履行自己的责任，实践自己的想法与才干，不能不说是一次难得的挑战和机会。次年4月11日，刘文典先生在清华大学纪念周以"清华大学国文系的特点"为题发表了一篇演讲。全面阐释了自己的教学思路[1]，这篇演讲从纵的（五四以来的文化发展）和横的（中西文化交融）两个维度，全面阐释了自己的观点，应当说既切中实际，又极具世界眼光。几十年后重读，亦对人启发多多。演讲的主要观点盖如以下所

---

[1] 演讲词刊于5月6日《国立清华大学校刊》，未被收入《刘文典全集》和《刘文典全集补编》。参看章玉政《刘文典年谱》170-173页

云：（括号内为笔者读释）

第一，每个学校总有它的特点，清华的特点就是外语程度比其他学校高，我们就要利用这个特点，来实现我们的理想。因为外国文程度高，就可以多读文学作品，看清楚世界文艺的思潮，认识中国文学在世界上的地位。把这一点认识清楚了，自然献会寻出我们当走的途径，创造出我们所需要的文学来。（读释：先生演说以清华大学外国文程度高的特点起式，在中西文化碰撞交融的大时代，外文程度高实为一大优势，以此为端，挞门而入，眼前豁然开朗矣）

第二，有些大学的国文系，偏重旧文学的研究，教学生们钻故纸，做那些浮词滥藻咬文嚼字的文章，那是不合现代潮流的，不是我们所需要的。纵然做得好，也不过是些现代的"假古董"，白费精力，毫无用处，绝不能提高中国文学的国际地位。（读释：关于创造新文化，其时影响最大的口号是"发现问题，输入学理，整理国故，再造文明"。所谓整理国故，是要在引入西方学术的理性方法（即所谓科学精神），用评判的态度对国故做一番整理工夫，分清传统文化中的精粹与糟粕，去芜取菁，再造新的文明。五四后，某些学者逃避现实，闭门向古，一头砸进故纸堆，一种倾向掩盖另一种倾向。先生此论，可谓一语中的）

第三，清华的国文系，经杨今甫先生（按：即杨振声，五四学生领袖，参与编辑《新潮》杂志，五四当日组织游行并参与"火烧赵家楼"。曾任清华大学教务长、文学院院长兼中文系教授）一番规划，力求适应世界潮流，其目的和方法，都是完全对的。本人萧规曹随，继续杨先生的计划去做，一方面固然要研究我们古代的文学，发扬它的优点；另一方面是要建立我们所需要的文学。所以我们仿照英国伦敦大学、美国哥伦比亚、耶鲁等大学英文系的规模，拟定清华大学国文系的课程。（读释：回返正题，既要承袭中国传统优点，又要学习国外大学经验，创造新经验）

第四，从下学年起，本系要极力和西洋文学系、哲学系合作。人类的思想，向高深玄妙处发展就是哲学；往优美处发展就是文艺。文学既是人类思想最高最美的表现，所以每一位作家都要有他的高尚深邃的人生观、宇宙观，我们一定要真能了解人生，认识宇宙，具有丰

第五章 外患内忧意何如

富的理想，再继之以天才，然后才能把宇宙、人生描写得非常美妙，批评得十分深刻。（读释：何谓哲学？哲学是人类因好奇心而引发对宇宙规律、社会伦常、价值和生命真谛的追问。不管哪一个领域的研究家、学者、作家，离开了对研究、描述对象的哲学性认识，充其量可以成为哪一行业的优秀技术工匠，而肯定成不了大师。）

第五，各民族的文艺思想，当然都各有它的特征。然而这中间，却也没有铜墙铁壁一般的界限，所以从古至今，都是互相影响的，尤其是在现在这个世界，更是要放开眼光，作比较的研究，采取别人的长处，补自己的短处。所以本系从今以后，非要极力和西洋文学系合作不可。关于这件事，本人早已和西洋文学系里的几位先生切实商量过几次，得拟定个初步的办法。（读释：再次强调五四以来的文化主题：对中西实行兼收并蓄，相互融合）

第六，我们国文系，除研究文学外，还负了一个重大的使命，就是研究国学。现在要研究国学，也非要参用外国的新方法不可。近来东西洋的所谓"支那学"者，应用科学方法，研究中国的经史学、小学，都有极好的成绩，对于音韵上的贡献，尤为伟大。我敢断言此后要想研究中国的经史，非深通东西洋文字，参用他们的新方法不可。（读释：还是"输入学理"和"整理国故"的意思，即下功夫引进西方先进的理性判断的方法，又下功夫对中国的古典旧籍进行科学的梳理，打通中西文脉，创造真正具有现代性的中国文化）

第七，近十年的新文学创造，固然不能说没有相当的成绩，但是就全体上看起来，毕竟是很幼稚的，总不免失之浅薄，未能把民族的精神发扬起来。前几天郑寿麟博士送我一本德国百年纪念刊物，引起了我心里一点感慨，德国的诗人是谁，英国的诗人是谁，法国的诗人是谁，哪国的戏剧家是谁，哪国的小说家是谁，都是一问就可以答出来的。但是请问中国的诗人是谁呢？是杜甫么？不是。是李白么？也不是。他们都不能代表中华民族的真精神。就古人说是如此，就今人说也是如此，说起来好不惭愧，就是真正"中国文学家"、"中国民族精神的代表"，至今还未产生。我们只要纵观世界，立刻就感觉到本国文艺界的荒凉寂寞了。（读释：作为以彻底否定旧传统为旗帜的"新文化运动"先驱人物，先生在此称杜甫、李白不可谓之"中国的诗人"，多少有失偏颇。但换一个角度，亦可谓先生言新文化运动的任务，即催生真正"中国文学家"和"中华民族精神的代表"，尚任重而道远矣！）

第八，在这个青黄不接的时候，我们要努力研究旧的，才能认识民族固有精神，一面要尽量吸收新的，准备创造出一种适合潮流的新兴文学。文艺既然是民族精神的结晶体，所以文艺的盛衰，是关系民族兴亡的。现在国难临头，国家存亡之机，间不容发，我们应该加倍的努力，研究国文。这句话看起来，似乎很迂远，好像是"颂《孝经》以退黄巾贼"一般的笑话，其实是一个很切实的根本的办法。因为一个人对于固有的文化涵濡不深，必不能有很强烈的爱国心，不能发生伟大文学的国家，必不能卓然自立于世界。文艺哲学，确乎是救国的工具。德国Fichte以一位哲学教授战胜拿破仑；《最后一课》、《柏林之围》等类小说，以及许多赞颂祖国的诗歌，都能振发国民精神，大家都知道的。（读释：研究西方却忘记了中国，于是"青黄不接"，依旧一种倾向掩盖另一种倾向，令人堪忧。研究国文，研究"旧的"，始能认识民族固有之精神。文艺的盛衰关乎民族兴亡。当此在国难临头，国家存亡之机，这一点尤为重要，尤需倍加努力）

第九。我们国文系的使命，实在非常重大，一面要努力研究旧文学，以求了解我们民族的真精神和他固有的优点，一面又要往新的方向创造，求这个精神发扬光大，此外还要介绍东西洋学者的新方法，来整理国故，所以本系的学程不得不特别多，本学年新添了许多门功课，中西并蓄，新旧兼收，例如"支那学"，是专为介绍东西洋学者研究中国学问的方法和成绩的；"诗学"是要把中西的诗作比较研究的；"大一国文"添了两个特班，一个是专教学生近代著名的政治经济论文，预备他们将来好做政论家，一个专教古今有名的诏、令、奏议、文移，预备他们毕业后服公务时间用的。关于旧的方面，添设史卷文、诸子文等类的功课，阐发旧文学上说理文、叙事文的优点，这都是从前所没有的。（读释：国文不是一门简单的技术，而是把握认识一切信息的基础学科——不仅蕴含政治素质，美学修养——事实证明，在任何文化科技领域，要想成为优秀者，因中文学习而培养出的逻辑思维、条理性、美学感悟、想象力，均必不可少）

第十，至于本系的学科组织和分配，因为时间短促，未能一一例(列)举。总而言之，本系的主旨，是在创造新的；就是研究旧的也要

第五章 外患内忧意何如

用新的眼光，用现代文艺批评的原理，重新估定其价值，和那些抱残守缺的办法迥然不同，希望本系的同学不要一味迷恋枯骨，醉心旧文学词藻的美丽，想开倒车，是虽想开也开不动的。也不要把旧文学一概抹杀，一味地专去追求西洋文学的皮毛，模仿其外表形式，以为是极尽创造新文学之能事。文艺作品价值之高下，要看里面所含的质量是否充实，外表形式的新旧并不十分重要，旧八股和新八股同是一文不值。（读释：国文学习不是简单的技巧规程教育，从根本上来讲，是一种思想训练。联想当今社会，世风浮躁，名利诱人，许多人为一时之功利，迫不及待要在具体技巧上弄巧卖乖，舍弃根本，急功近利，如此作风弥漫，焉能出得了大师？一叹！）

我们的使命既然如此重大，且不要作空洞的、肤浅的、专在形式上讲求的文章，要求民族精神的复活、国家的振兴，必须要发扬我们民族的真精神，应用我们这个时代的新方法，才能产生适合需要、顺应潮流的伟大文艺作品，完成这个使命。[1]

清华八年，先生虽然担任系主任不过就一年多，但仅就这一则演讲文稿，便足以见到先生明晰缜密、与时代同步前行的教学思路，同时又可以感受到作为一个教育领导者的责任担当。正是循这样的思路，先生和他的清华同事们一道，认真教学、编辑学刊、参与学考，一路奔忙，为中国文化培养了季羡林、穆旦等许多未来的一流学者，即使一些看似小微的事件，也无不反映出他们精妙的思路，良苦的用心和渊博的学养。发生于清华国文系的所谓"对对子"试题事件，便饶有趣味又让人深思，甚至引起媒体的轩然大波，成就了一段清华园学术佳话。此事不妨一述。[2]

事情经过大体如下：1932年7月末，由先生主持清华大学夏考新生的入学考试，事前，应先生之请，由陈寅恪拟定国文试题。陈寅恪先生一改旧例，出了两道别具新意的题目，一为作文，题名："梦游清华园"，另一题就奇了：对对子。题面为"孙行者"。几十年后，

---

[1] 《国立清华大学校刊》第 401 号，转引自黄延复《二三十年代清华校园文化》，第 172-175 页
[2] 陈寅恪《〈与刘叔雅论国文试题书〉附记》，见《陈寅恪集。金明馆丛稿二编》256-257 页。生活・读书・新知三联书店 2001 年版

陈寅恪如此回述了当初出题的主旨，言：

> 三十余年前，叔雅先生任清华大学国文系主任。一日过寅恪曰，大学入学考期甚近，请代拟试题。时寅恪已定次日赴北戴河休养，遂匆匆草就普通国文试题，题为"梦游清华园记"。盖曾游清华园者，可以写实。未游清华园者，可以想象。此即赵彦卫《云麓漫钞·柒》所谓，行卷可以观史才诗笔议论之意。若应试者不被录取，则成一游园惊梦也。一笑！其对子之题为"孙行者"，因苏东坡诗有"前生恐是卢行者，后学过呼韩退之"一联（见《东坡后集·柒·赠虔州术士谢〔晋臣〕君七律》）。"韩卢"为犬名（见《战国策拾齐策·叁·齐欲伐魏》条及《史记·柒玖·范雎传》）。"行"与"退"皆步履进退之动词，"者"与："之"俱为虚字。东坡此联可称极中国对仗文学之能事。冯应榴《苏文忠诗注·肆伍》未知"韩卢"为犬名，岂偶失检耶？抑更有可言者，寅恪所以以"孙行者"为对子之题者，实欲应试者以"胡适之"对"孙行者"。盖猢狲乃猿猴，而"行者"与"适之"意义音韵皆可相对，此不过一时故作狡猾耳。又正反合之说，当时惟冯友兰君一人能通解者。

> 盖冯君熟研西洋哲学，复新游苏联返国故也。今日冯君尚健在，而刘胡并登鬼录，思之不禁惘然！是更一游园惊梦矣。一九六五年岁次乙巳五月七十六叟陈寅恪识。[1]

事过经年，陈先生重起此事，依旧感慨如之，实因未承想一件小小考案会惹出民国学界一段有趣的公案。考试结束不到10天，8月7日至19日整整两周，北平《世界日报》的"读者论坛"便陆续刊出读者投书，对陈寅恪所拟清华大学国文试题进行热议，或要求提供标准答案；批判指责者亦有之，称出题者心态复古，是向"新文化"发起挑战。陈寅恪先生几番作出回应，并顺势提出一大套西方历史语言学和辩证法的大道理，不仅在于澄清出题的意义，且欲反守为攻，惟拒绝提供标准答案。对陈寅恪的"答辩"，非但有读者不领情，其所提西学理论，也未获学界正面回应。直到三十多年后，陈寅恪重编《金明

---

[1] 同上书 256-257 页

馆丛稿》时，另写了一篇《附记》，才公开了出题时预设"孙行者"的"标准答案"竟然就是"胡适之"[1]。

局外人看来，清华如此名校，招考当是十分严肃的事情，随便来个三字对联为题，似乎太不严肃，简直形同儿戏。事实上，作为陈寅恪和刘文典这样对学问极负责任的博学之士，试题虽简为三字，但确是通过深思熟虑方才敲定下来的。为避免对世界学术无知者和社会流俗好事者讥笑，误导民众和舆论，论争初歇时候，陈寅恪在9月5日天津《大公报·文学副刊》再发《与刘叔雅论国文试题书》一文，正式回应社会各界热议，我们可以再次清晰读到，虽然短短三字，其中确包含了多么丰富的信息量：

> 昔罗马西塞罗（Ciccro）辩论之文，为拉丁文中之冠。西土文士自古迄今，读之者何限，最近时德人始发见其文含有对偶。拉丁非单音语言，文有对偶，不易察知，故时历千载，犹有待发之覆。今言及此者，非欲助骈骊之文，增高其地位。不过藉以说明对偶确为中国语文特性之所在，而欲研究此种特性者，不得不研究由此特性所产生之对子。此义当质证于他年中国语言文学特性之研究发展以后。今日言之，徒遭流俗之讥笑。然彼等既昧于世界学术之现状，复不识汉族语文之特性，挟其十九世纪下半世纪"格义"之学，以相非难，正可譬诸白发盈颠之上阳宫女，自矜其天宝末年之时世装束，而不知天地间别有元和新样者在。亦只得任彼等是其所是，而非其所非。吾辈固不必，且无从与之校量也。[2]

次年4月，陈寅恪在《清华学报》第九卷第二期再次发表文章《四声三问》，续谈"对对子"一事，足见陈、刘对试题此举是何等严肃认真。大师吴宓亦就此专发评价，称陈寅恪《与刘文典教授论国文试题书》及近作《三声四问》一文，为治国文者"不可不读者也"。吴文称：

---

[1] 王震邦：《孙行者/胡适之——陈寅恪的"对对子"争议》，台湾中正大学历史研究所博士论文
[2] 陈寅恪：《〈与刘叔雅论国文试题书〉附记》见《陈寅恪集·金明馆丛稿二编》，第255-256页

始宓于民国八年，在美国哈佛大学得识陈寅恪。当时即惊其博学，而服其卓识。驰书国内诸友，谓合中西新旧各种学问而统论之，吾必以寅恪为全中国最博学之人。今时阅十五六载，行历三洲，广交当世之士，吾仍坚持此言。且喜众人之同于吾言。寅恪虽系吾友而实吾师。即于诗一道，历年所以启迪予者良多。不能悉记。其《与刘文典教授论国文试题书》及近作《三声四问》一文，似为治中国文学者不可不读者也。[1]

清华八年，先生除了主持系务、从事教学外，对于术有专攻的古籍校勘，亦从未懈怠，发奋著述，成果颇丰，先后完成了《宣南杂识》《三馀札记》（教学和研究中积累的一部校勘笔记），《庄子补注》。至1937年北平沦陷，原已由商务馆出版一、二两卷《三馀札记》，已由同馆出版了三、四卷。《庄子补正》则因战乱等原因延之1947年6月才得以由商务印书馆出版，然书稿十卷于当时已成。先生挚友、国学大师陈寅恪1937年11月14日为其作序，对著述给予了极高评价：

合肥刘叔雅先生文典以所著《庄子补正》示寅恪，曰："姑强为我读之。"寅恪承命读之竟，叹曰："先生之作，可谓天下之至慎矣。"其著书之例，虽能确认其有所脱，然无书本可依者，则不之补。虽能确证其有所误，然不详其所以致误之由者，亦不之正。故先生于《庄子》一书，所持胜义，犹多蕴而未出，此书殊不足以尽之也。

或问曰："先生此书，谨严若是，将无矫枉过正乎？"寅恪应之曰："先生之为是，非得已也。"今日治先秦子史之学，著书名世者甚众。偶闻人言，其间颇有改订旧文，多任己意，而与先生之所为大异者。寅恪平生不能读先秦之书，二者之是非，初亦未敢遽判。继而思之，尝亦能读金圣叹之书矣，其注《水浒传》，凡所删易，辄曰："古本作某，今依古本改正。"夫彼之所谓古本者，非神州历世共传之古本，而苏州金人瑞胸中独具之古本也。由是言之，今日治先秦子史之学，而与先生所为大异者，乃以明、清放浪之才人，而谈商、周

---

[1] 吴宓：《空轩诗话》，转引自蒋天枢《陈寅恪先生编年事辑》，第83~84页，上海古籍出版社，1997年6月第1版

第五章 外患内忧意何如

邃古之朴学，其所著书，几何不为金圣叹胸中独具之古本也，而欲以之留赠后人，焉得不为古人痛哭耶？

然则先生此书之刊布，盖将一匡当世之学风，而示人以准则，岂仅供治《庄子》者之所必读而已哉！

序文非常客观地指出先生《补正》一书，"所持胜义，犹多蕴而未出，此书殊不足以尽之也。"但对于先生治学之严谨，赞曰"可谓天下之至慎矣"甚至对比评判金圣叹评点《水浒传》之误讹，充分肯定"先生此书之刊布，盖将一匡当世之学风，而示人以准则，岂仅供治《庄子》者之所必读而已哉。"[1]

坊间或有诟病，说先生较之1916年到1926年的北大十年爆发期，从1928年到1937年的清华十年，学术成就步伐似乎显得缓慢。如若事果如此，究其原因，笔者想必有如下几端：首先，北大时期，先生的学术事业刚刚起步，以初始"零"为基数，任何一点成就相对都会显出巨大增幅；其次，到清华大学后，地位确实发生了一些变化，相当一段时间担任教学行政主管负责，行政工作势必分散许多精力；第三，按照几十年后，共产党执掌政权，开展知识分子思想改造运动，先生曾作如是检讨，说"自认为在学术上已能自树立，校勘学方面更觉为他人所不及，骄傲自满情绪使得他在学术上不再像过去那样刻苦了""以己之长，轻人之短，学术上骄傲自大，是我的最大毛病。"这些，或许都是原因吧。

严加细究，其实这些均并非主因。1931年秋，日本军国主义战车轰隆隆横扫东北，虎视关内，侵华战争疯狂提速，长城脚下的古都北平，已经安放不下一张平静的书桌了。历来身在书斋而耳畔犹闻"风声雨声"、胸中难弃"家事国事天下事"的中国知识分子，面临民族危亡，要他们对政治不予关注如何可能？更何况刘文典，个人历史之帆本来就起航于民族革命，再说，年轻岁月他游学日本，对那个充满变异的大和民族知之最深。他必得花更多精力，象睿智的先知一样传播危音，呼吁自己的同胞抵御恶魔，拯救家园。他能在桃花源里安心向学吗？

---

[1] 《刘文典全集》卷二

28、书桌从兹无宁日

1931年"九一八"事变后,日本并吞中国的勃勃野心以昭然若火。刘文典有过两次赴日经历,用清华大学校长梅贻琦的话说:"刘先生对于日本文学很有研究……二十几年来,不断地研究日本的国情及其对外阴谋。"对日本的民族特性和军国主义扩张野心知之甚深。查一查先生年谱,在那一段动荡不安的北平岁月,报刊、书籍和演讲台上,我们随处都能看到先生瘦弱的身影和奋激的文笔,感受到他一腔深沉的仇恨和发烫的舌尖,清华时期的刘文典,像宗教故事里布道乡野的圣徒,向人们预言末日,警示灾难,呼吁抗争。我们不妨先读一读如下三篇文稿:

一篇:1932年2月29日,清华大学举行总理纪念周活动,刘文典应梅贻琦校长之邀,到会做题为《东邻野心侵略之计划》的主旨演讲,发表在载《清华周刊》第三十七卷第二期;一篇:9月25、10月2日,先生在《独立评论》第19、20号上连续刊登的《日本侵略中国的发动机》;一篇,11月13日,先生发表于《独立评论》第26号的《日本侵略政策的历史背景》。

在这些准确文字记载的演讲和文稿中,先生用自己了解的真实故事和深切体会,向国人频拉警报。如《东邻野心侵略之计划》演讲,先生称:"日人之野心极大,自己亦昌言不讳",演讲特别以内田养平为首的暴力阴谋组织"黑龙会"为例,警言日本种族极端分子,其丧失理智乃至于疯魔狂野,实到了让人惊悚的地步。演讲这样介绍黑龙会员的疯狂罪行:

> 彼尝派会员三百余人步行由东三省经蒙古入西伯利亚至中央亚细亚,测绘地图,餐风饮露,辛苦备尝,生还者仅四十余人耳。

这些狂徒多次利用中国内部的危机事件,企图对中国进行颠覆:策划张勋复辟,策划企图强加给中国的"二十一条"……最是疯狂者,黑龙会会员还不断攻讦日本当局软弱,甚至决定行刺外交次长。后,竟有会员购来中国地图一张,仰卧其上,以长刀剖腹自尽,血染地图之上的华夏大地!大正三年(1918年),黑龙会以民间团体资格组织企图推翻山本内阁而代之;大正十年(1925年),"彼辈又联络满洲汉奸组织同光会,定满洲建国大纲等,即现在满蒙伪国拟名永光、大同等之所由来也。"先生的结论如醍醐灌顶:"日人对我之处心积虑,由来已久""其目的则决非以获得整个中国为满足,土耳其、印度、阿富汗,均其目的物也。"

面对业已疯魔、而经济军事远比中国发达得多的怪兽,深重的危机感折磨着刘文典,他痛心疾首呼吁:"日本千百年传统的吞灭中国"是日本"唯一的国策""希望大家快快的醒觉,研究日本,认识日本,想一个死中求生的自救方法罢。"

《日本侵略中国的发动机》则用鲜为人知的事实,提醒国人:日本"侵略中国的真正发动机,并不在东京,也不在横滨、神户、大阪。而在博多湾上福冈城头一座小小的房子里。"

先生介绍道:住在这房子的主人,她的名字在中国人看来有点莫名其妙,姓高扬名乱,虽为女性,偏偏取了一个男性道号,叫"向阳先生"。日本这个特殊的民族,在那个特殊的时代,人完全变了态!一个小女人,竟然会认为"日本自觉负有并吞东亚的使命,至少也要并吞中朝,才对得起天地鬼神"。就是这个邪恶女人高扬乱,竟然抛却了世俗生活,在家广收门徒,宣扬一套癫狂邪恶之论,煽动侵略扩张,培养了一批又一批亡命之徒。这个"乱女"死后,其门徒组织了"向阳社",后改名"玄洋社",再后来便发展成了臭名昭著的"黑龙会","黑龙会"创办人头山满,正是高扬乱的弟子。

我们还得回过头来说说文化。每一个民族的民族性格,总是由一以贯之的文化滋养的。这种文化惯性,正是这个民族的"压仓石",它越深厚越沉重,这个民族的性格便越稳定。比如,中国的儒家文化,讲究的是和谐、退让与妥协;印度的佛文化,讲究的则是对欲望的压抑、对痛苦的绝望和对人世的逃避;日本是一个喜欢学习的民族,但是却从来没有自己完整系统的文化,即使引以自豪的轻视生命、提倡牺牲的所谓"武士道"精神:忠诚、信义、廉耻、尚武、名誉,也不过是背离真谛、表面地、扭曲地吸收了儒家和佛家思想杂糅而成。他们没有厚重的文化压仓石,于是精神善变,诚如中国民间俗语所说:"跟着好人学好人,跟着端公学跳神"。在很长的历史时期,他们学习中国,于是相对温良诚厚:茶道、插花、温柔的歌舞伎身着和服,手握从中国学去的折扇,随着咿咿呜呜的音乐起舞,多么阿娜聘婷!而他们一旦接受西方文化,一种放纵欲望,进攻型的、征服型的文化于是很快就被放大,变得比西方人还变态,尤其1905年在中国旅顺口大败俄罗斯,大和民族得狂妄心理完全扭曲成为战争歇斯底里。如果要说近一些,即如中国文化底蕴如此深厚的国家,先是五四新文化一冲,接下来几十年"年年讲""月月讲""天天讲""八亿人,不斗行吗?"的斗争哲学,不也如狼奶哺育,曾弄出一个全民疯狂的文化大革命吗?在那是非颠倒得日子,不是也有所谓"红卫兵"放言,要"踏平华盛顿,血洗莫斯科"吗?于是,人与人之间的关系搞得只剩下仇恨、猜忌、你死我活。以至于不得不再来讲"五讲四美三热爱""八荣八耻",不得不呼唤已经久违的传统文化,反对"民族文化虚无主义",重新提倡儒家的"忠恕"和"仁爱"之道。中国人本已拥有的厚重的民族文化,千万丢不得啊!

继续说刘文典的抗日文稿。

先生在另一则题为《日本侵略政策的历史背景》的文稿中,列举了日本大量文字记录,纠正当时通行的看法:日本在明治维新之后,由于"国家的财力兵力膨胀起来,工商业勃兴,制造品急于要有销场,加之国内的卫生医疗进步,人口激增,更要力求移民,以谋解决他们那每年增加几百万无处容纳的人田问题。美洲和其他白色人种的世界又处处不表欢迎,所以才不得已向满洲求出路的。"先生宣布他的观点"和一般人的见解是恰恰相反的",刘文典认为:"总而言之,日本这个民族,处心积虑要吞并中国,南自菲律宾群岛,北自黑龙江和俄属 极东勘(堪)察加,在八九十年前早已视若囊中之物,志在必得,日本历年的内乱和对外战争其主因都全在这一点,什么满蒙政策咧,大陆政策咧,拥护既得权咧,都不过是一时诌出来的口号罢了。"

最后,先生痛心疾首地告诫:

历史这件东西,不仅是叙述以往的陈迹,还可以用他判断现在的情形,推定将来的结果……许多料想日本决不敢与全世界为敌的先生们,万一因我这番哓舌,肯去翻翻那些明治维争前的陈编旧籍,那就是大幸了。

第五章 外患内忧意何如

1933年1月3日，日军攻破山海关，继而攻陷承德，占领热河全省，接着又强夺长城关隘古北口、喜峰口、冷口，整个平津失去了屏障。面对人心惶惶浮动，先生镇静如常，坚持照常上课，他将清华"大一国文"的课堂变成时事讲坛，撇开原定的子史文章，声情激越地给同学们开讲《万古愁曲》。"万古愁"套曲作者归庄，明代散文家归有光曾孙，清兵铁骑南下，17岁的归庄参加复社，断然投身反清抵抗运动，兵败后亡命为僧，隐居旧乡，卖画为生，佯狂愤世。《万古愁曲》共17段2400余字，可谓字字血泪。尤其唱到紫禁城破，明王朝灭亡一节，归庄连叹了6个"痛痛痛！"而后是接连三个"恨"字：

恨恨恨，恨只恨这些左班官，平日里受皇恩，沾青诰，乌纱罩首，金带横腰。今日里，一个个稽首贼廷，还揣着几篇儿劝进表。更有那叫做识字文人，还草几句儿登极诏。那些不管事的蠢公侯，如羊如豕，多押在东城奥。夹拶着追金宝。娇滴滴的女妖娆，白日里姿淫嬲。俊翩翩的缙绅儿，多牵去做供奉龙阳料。更可恨九衢万姓悲无主，三殿千官庆早朝，万劫也难逃。

联想刘文典在《日本侵略政策的历史背景》一文中无奈的劝诫"当局诸公既昧于日本的国情，又不能力图振作，把国家误到这步田地，是不足责的，今日号称知识分子的一班学者，如果不能看清楚这中间的因果关系，专在什么协定、什么条约上作精密的研究，也还是枝枝叶叶，无关大旨，决研究不出一点所以然来，和那些专讲究虚文的外交官之背诵战公约、九国协定是一样的劳而无功。"，完全可以想见先生讲读《万古愁曲》时的悲悼。毕业于清华外文系的厦门大学教授郑朝宗回忆说，这首曲，先生足足讲了一个月，"把明朝遗老的满腔亡国哀愁有声有色地传播给我们。"[1]——那情景，总会让人想起都德《最后一课》，那位阿尔萨斯的小学老师亨麦尔，正用沙哑的声音高呼：

法兰西万岁！

---

[1] 郑朝宗：《旧书读似客中归》，载《读书》1988年3月第5期

先生字字泣血的讲课，自然无法挡得住侵略者的铁骑。3月4日，日军先头部队仅以128名骑兵，兵不血刃占领热河省会承德，继而全省沦陷，举国震惊。面对悄然蔓延的消极悲观情绪，刘文典的态度，却是力主对日一战。他曾在清华园和某君有一场激辩。"此公是悲观的、消极的，认为中国是样样都不行的。他说中国绝对不可以和日本打仗，如果不度德、不量力的打起来，简直是自取灭亡。"先生如是回忆道，"我呢，自幼读过一点宋明先贤的书，相信文天祥、陆秀夫、史可法、张煌言诸公的精神永不会消灭，岳飞、曲端、李定国、郑成功现在仍然活着。从前读匈牙利史学家埃密尔·莱布氏的书，有这样的几句话：'自古无以战亡国者。能战者纵一时败亡，终有复兴之日，惟不敢一战之国家民族必然灭亡，且永无恢复之期耳。'这几句话我受了极大极深的感动，细看古今中外各国兴亡成败的史迹，确乎是如他所讲的这样，几乎没有一个例外。所以我坚决的说，纵然是战事毫无把握，必定亡国，为后世子孙光复旧物计，也不能不拼命一战。"[1]

先生于是继续呐喊。

4月10日，先生在《大公报·文学副刊》发表《荒木贞夫告全日本国民书》一文，向读者介绍同名书籍，并揭露道："最近日本大道书院，把荒木年来的论文和讲演词，编成十二篇，统名之曰《告全日本国民书》，定价一圆，这是近来日本最流行的所谓'圆本'是也。这部书是今年二月十一日出版的，过了三天就翻印到第十版之多，我从朋友处借到的一本是二月二十七日发行的第二十八版。日本这种'圆本'，每一版总在五万部上下，其销行之广而且快，真可以说是'东京纸贵'，而日本国民是怎样的崇拜他之为人，遵从他的主张，也就可以想见了。

"这部书连附录的《国民更生之根本义》，一共不过是二百四十九面薄薄的一个小册子，全部都是极其简明浅显的语体文，字大行疏，清朗悦目，拿到手中一看，仿佛是我二十几年前在日本读的小学教科书一般。我想他所以用这样的文体，这样的行款格式，也正是为要使全体国民，自大学者以至小学生，人人都能读的缘故。其所以印成'圆

---

[1] 刘文典：《中国的精神文明》，载《云南日报》1942年10月4日第2版

本',也是为要使人人都买得起(按照日本的物价说,这种'圆本'要算是最贱的书了)。这都还是就其外表而言,说起他的内容来,句句都令我们被屠宰被践踏的中国人不寒而栗,连那一班睡里梦里的欧美政治家、言论家,如果都能懂得日本文,看看这部书,包管也要吓一大跳,因为他公然说日本负有指导全世界的责任。'指导'这两个字的意义作何解说,我在《独立评论》'日本侵略中国的一个发动机'里已经说过的了。这部书篇幅无多,文字浅显,我打算在一两个月内把他译成汉文,因为希望稍通日本文的人早一天购读,不通日本文的人早一天略知梗概,所以把他的内容,尤其是荒木对于国际联盟的态度,独吞东亚的雄心,和他对于赤字问题(就是预算不敷财政恐慌的问题)的见解,先择要说个大概。还有一点要请读者注意:就是荒木决不是荒唐,他是一位沉潜弘毅修养功深的军事家,识见卓越规模宏远的政治家,他所说的话,句句都从学问经验中来,绝对不是轻躁浮夸的大口豪语,并且大多数的日本民众,又都是奉他的话为金科玉律,在他指导之下拼命向我们进攻,而且要和欧美各大强国算口的啊!"[1]

4月24日,刘文典在《大公报·文学副刊》发表《宇内混同秘策》,向国人介绍19世纪日本学者佐藤信渊的同名著作《宇内混同秘策》。此书系日本历史上第一本系统提出侵华方略的学术著作。4月24日,先生在《大公报·文学副刊》发表《宇内混同秘策》,向国人介绍19世纪日本学者佐藤信渊的同名著作《宇内混同秘策》。此书系日本历史上第一本系统提出侵华方略的学术著作。先生写道:

> 日本的文政六年,就是清道光三年(西历一八二三年),日本最有势力的一位大学者佐藤信渊,刊行了一部《宇内混同秘策》。我对于此书的内容不甚清楚,只知道他是先说要采取世界万国的长处,把世界各国的长处学会了之后,就首先征伐中国。据他说,少则五载,多则七年,就可以征服我们全国,他的理由是"皇国天然据有统一世界的形声之故也"。他要夷全世界为日本的郡县,使万国的君长都为他的臣仆。他的计划是先要把国都迁到世界上第一个形胜之地,把原有的京城作为陪都,置节度使于天下各处,统理各处的军事政治。然

---

[1] 刘文典:《荒木贞夫告全日本国民书》,载《大公报·文学副刊》第 275 期

后开发南洋诸岛，作为日本的郡县。南洋既入其掌握之中，就由满洲进兵攻取朝鲜和中国全部。他对于入统中原之后，所要颁布施行的学制、军制和财政计划，都有详细的打算，明白的规定。[1]

5月30日，先生撰写《日军陆军大臣荒木告全日本国民书》译者自序，警醒国人："军阀的意思就是日本的国策，而荒木贞夫的意思就是军阀和暴力团体的总意思。我们要知道日本统治者的意见、政策和野心，都非要知道荒木贞夫的主张不可。"文章告诫国人务必，丢掉幻想，走出误区：

> 自从沈阳的事变发生以来，当局和民众把日本误认为一个欧美式的现代国家，以致应对无方，把国事败坏到今天这样，推原祸始，全是由于对日本的认识错误。然而，从今天起痛自悔悟，也还不断过迟，所以我以一个学问知识思想都落伍的人，凛于"侨将压焉"之惧，把那些支离破碎的线装书暂且束之高阁，来翻译荒木贞夫的这部书。无论大家怎样的不了解日本，不肯了解日本，我总要尽我的些微努力。[2]

从918事变日寇全面侵华始，一直到1945年抗战胜利为止十数年间，从如何应对侵略者气势汹汹的进攻，到如何处置已经败降的寇仇，先生的年谱上刻满了这一类卓有政治见地的文字。

尚需补充的是，1936年春，华北中日战事正酣，先生作为清华大学派出的访问学者，有机会第三次去了日本。关于这次访问，现无更多史实可探，只知道先生去过大阪诸地，游过春日神社，某日，偶过古城奈良，登嫩草山，先生专门凭吊了1000年前日本遣唐留学的著名学者阿倍仲麻吕（中文名晁衡），念及晁衡与李白、王维等友交莫逆，留下许多千古诗文佳话，先生不禁沧然，曾赋诗一首。诗云：

当年唐史著鸿文，怜汝来朝读典坟。渤国有知应念我，神州多难

---

[1] 刘文典：《宇内混同秘策》载《大公报·文学副刊》第 277 期
[2] 刘文典：《日本陆军大臣荒木告全日本国民书·译者自序》《刘文典诗文存稿》黄山书社 2008 年版

倍思君。

苍梧海上沉明月，嫩草山头看碧云。太息而今时事异，不修政教但兴兵。

当年属学生辈分的蕞尔小国日本，如今数典忘祖，兴兵西侵，疯狂虐击老师中国，直欲置之死地而后快，先生除了付恨于时事变异，也只能徒叹奈何。事后还有一次交流活动：日本静安学会同仁的款待宴聚，席间先生也即兴赋诗，表达中日重修旧好、长相宾敬的的愿望——亦毫无实际意义了：

读骚作赋龚华生，又访奇书万里行。舟过马关魂欲断，客从神户自来迎。
既知文物原同轨，何事波涛总不平。记取今宵无限意，长期相敬莫相轻。

有一种说法：世界上有一种东西可以移山倒海，那就是宗教。当一个国家、一个民族的文化被扭曲成为了宗教（甚至邪教）并如毒液一般注入了人的神经，这个民族必然魔鬼附身，陷入一种全民的疯狂之中。1936年的东瀛岛国就弥漫在这种可怕的战争歇斯底之中，先生祈愿的"不修政教但兴兵"、两国"长期相敬莫相轻"，只能是良善书生的一厢情愿。面对隆隆开动的铁甲战车，先生的诗句显然太软弱无力。他能做的，除了继续向人们呼唤抗争，呐喊救亡，还有，就是为坚守自己祖国的文化，在艰难的、颠沛流离的战乱中，继续伏案前行。

29、丧子之殇

对于研究一个大师级学者的文本，花笔墨记录先生儿子刘成章之死也许无大必要——虽然中年丧子对普通人而言，这很要命——只是对于刘文典，爱子的夭折偏偏成为他一大灾难，并为改写今后人生的轨迹埋下一条非常要命的伏笔：关于那一次命运改变：发生在十多年后、1942年先生的滇南之行，我们将会在稍后的章节详作记叙。

刘成章生于1912年，病殁于1935年2月19日，其时，先生就《庄子补注》和《宣南杂识》的出版事宜正与著名出版家、商务印书馆管主王云五先生进行密集协商，而就读于辅仁大学的成章却正呼号于北平的抗日学运，卧轨请愿。成章素体弱，难耐北方二月的料峭春寒，于是顿感风寒，肺疾突发，咯血，回家经抢救无效，阖然早逝。丧祸突降，先生悲情难抑，曾数度致函好友兼老乡胡适痛诉哀曲。先生夫妇舐犊之深情，丧子哀惋之沉，心灵刺戟之深，读读这些书信便可知晓。先生致胡适信如是写道：

（亡儿）民国十九年暑假中，深夜披衣起算难题三，忽患咯血，急送往医院诊治，以X光照之，右肺锁骨下已有浸润矣。劝其休学不肯，譬喻百端，乃改入国文系，复经医士力劝，弟与秋华严谕始肯休学养疴。而病势已深，不可救药矣。百计医治，终无显效，去自始知病疾不可为，犹秘而不言，恐伤亲心也。适秋华以妇科病入协和医院施行手术，亡儿虑其母有万一危险，竟数夜未眠。秋华知之，于施行手术后第二日即归来，以出院过早，患胃痛症。亡儿每夜必数起，立窗外静听，一闻其母呻楚声，即泣涕祷天，愿以身代，又磨刀欲割股和羹以进。弟严谕止之。亡儿曰："男学数理科者，岂不知割股未必能愈母疾，惟希冀精神感应，或有万一之效，且以此少分吾母之痛苦耳。"如是者浃旬，疾乃大作，病不能兴。及秋华病愈，亡儿乃能少进食，步履如常，而肺疾愈重，声嘶骨立，延至旧历正月十六夜竟长逝矣。故谓其死于病可也。谓其死于孝可也，谓其死于勤学亦可也。[1]

4月，先生两度致函胡适，请其为刘成章撰写碑文。书函如此记叙爱子行状云：

（刘成章）计其生二十三年，未尝有疾声厉色，事亲纯孝，处朋友笃厚，同学有困乏者，必节省乘车钱午膳费以周之，犹不足则为弟言某人穷困状，自请乞弟济以资而自请减少月费以抵补其数。其月费

---

[1] 刘文典致胡适函，见耿云志主编《胡适遗稿及秘藏书信》卷三九，741-744页

只十二元,周学友之急恒六七元也。自休学后,悒悒寡欢,每谓人曰:"吾父之学足以抗手石耀,恨我病废,不能如伯申,死不瞑目矣!"呜呼!写至此事,真肝肠寸断矣!如此子之聪慧、好学,世亦多有之,独其至性过人,实为难能。其最令人伤怀者亦唯此一端也。倘蒙吾兄表扬,存殁均感。[1]【注19】

关于碑记撰写,先生向胡适提出具体细致的请求,从这些具体到碑文用句、碑石尺寸到运输方式都细细叮咛中,读者分明读到了一位父亲字字难舍的护犊深情:

亡儿成章不幸早夭,本无学行足述,碑文请注重"纯孝"一点,余皆庸言庸德,人家佳子弟多有之,不必详叙;且碑文过长则碑石甚大,运输树立皆不便也。除碑座、碑额不算外,碑身最高不过三尺(二尺半最好),宽亦不过尺五寸,文字以简为要。正面乞题"故大学生刘成章之墓",文则刻于碑阴,寥寥数行尽足尽之,不必铺叙,例如弟之所开前半段,可以"幼慧、性醇谨和厚,八岁善画,十岁能词"十五字包括之,质之高明,以为如何?[2]

甚至刘文典先生的里程碑作品《庄子补正》自序,一开篇便落笔于对亡儿的深爱与痛惜:"亡儿成章,幼不好弄,性行淑均,八岁而能绘事,十龄而知倚声。肄业上庠,遂以叩学病瘵。余忧其疾之深也,乃以点勘群籍自遣。""此书杀青,而亡儿宰木已拱矣。盖边事棘而其疾愈深,卢龙上都丧,遂痛心呕血以死也。"仅仅400字的短序,先生为亡儿用了100字!

丧子之痛让先生几乎变成了一个饶舌的怨妇,仿佛只有向人不厌其烦地反复倾诉,方能稀释心中之痛。甚至在与出版人王云五公务信函交往中,亦憋不住喋喋表白,说"弟年近五旬,仅有一子,因性好数学,用心过度致疾,于夏历正月十六死矣。……弟虽明知庄子'生乃徭役,死乃休息'几为至言,又素信德国哲学家叔本华'人生乃痛

---

[1] 刘文典致胡适函,见耿云志主编《胡适遗稿及秘藏书信》卷三九,第 744~746 页
[2] 同上注

苦'之说，颇能强自排遣，奈老妻钟爱此子，去冬即以泪洗面……"先生甚至提出要出版社将《庄子补正》《宣南杂识》《群书校记》及《三余札记续编》等汇为一册，定名为《望儿楼丛书》，以对刘成章的纪念。王云五婉转慰劝：

> 叔雅先生大鉴：奉三月十四日手书，惊悉文郎以笃学致疾，遽遭不治，痛悼实深；执事明达，尚祈勉抑悲怀，无任企祷。承示拟将尊著《庄子补正》、《宣南杂识》、《群书校记》及《三余札记续编》等汇印，定名为《望儿楼丛书》以资纪念一节。查□□书以□□，故用□科为名，俾便读者选购，尊意为文郎纪念，似可仿欧美通例，在里封面志启言，不必另定以书名目，尊意以为如何？[1]

直到成章病殁近三个月后，先生在给安徽省立图书馆馆长陈东原的函中，还禁不住如此倾吐思子之念："亡儿生性诚笃，生平未尝有疾声厉色，待友厚，事弟夫妇孝。因好数学，用心过度，民十九年夏，甫在辅仁大学附属高中毕业，已将大学程度之《代数》、《解析几何》《微积分》略治一过。图书室去弟卧室稍远，弟寝后必披衣挑灯算至天明。及患咯血，弟始知之，急尽藏其书，叮嘱静养，已无及矣。弟素来达观，自此子病后，乃以全力《庄子》自遣，去夏已杀青，现方修订，不久可以付梓，即作亡儿念刊。兴言及此，不禁流涕……"

接下来，人们非常不愿意看到的情况发生了：夫人张秋华从痛苦中挣脱出来，眼见得先生仍浸沉在苦痛之中难以自拔，日不思食，夜不能寐，遂谋友商量，于百般无奈中出了一下策，劝刘文典吸食鸦片以缓解心内愁苦，事情这就坏了。也许事情一时遂了愿，可惜从此毒瘾如幽灵附身，再也祛之不去。 本来，丧子之痛随着时间渐次冲淡，先生毒瘾亦渐次戒了去。又可惜华北沦入日寇之手，先生亡命南下，1938年到云南，特殊的环境让先生再次面临鸦片之手的罪恶召唤——这一回，毒品给他惹来的麻烦就大了，1943年6月，先生与朱自清、冯友兰等35人被西南联大上报教育部候聘"部聘教授"，皆因吸食鸦

---

[1] 王云五致刘文典函，未刊稿，见章玉政《刘文典年谱》 213页

片,先生与"部聘教授"擦肩而过[1]。更糟糕的是,也又因为这个,1943年秋,他被自己深爱的清华大学辞退;1947年,先生在第一届中央研究院院士选举中落榜,这一不良嗜好也构成了原因之一……直到大陆政权鼎革,中央人民政府明令严禁吸毒,先生这才在巨大的、全新的社会背景下,痛下决心,摆脱了跟随他命运多年的魔影——这些,我们将在留待稍后的章节交代。

30、万里浮海去

1937年的7月7日,侵华日军悍然发动卢沟桥事变,炮击宛平城,中国人民伟大的反法西斯战争亦正式爆发。斯时也,蒋介石急令河北守军宋哲元部"固守勿退",同时邀请各界人士火速前往庐山共商救国大计。北京大学校长蒋梦麟、文学院院长胡适、清华大学校长梅贻琦、天津南开大学校长张伯苓、中央大学校长罗家伦、中央研究院史语所所长傅斯年等一大批学界要人应邀参会。面对生死危机,保护和拯救一个民族的文化,其重要性,和军事对抗以保护和拯救国家土地、经济、人民的生命,变得同等迫切、同等重要。只要文脉犹在,即便国家亡了,还能再恢复,如果连文化也亡了,"娘希匹的"[2],整个民族也就没有了任何复兴的希望——这个道理,当时的蒋介石非常清楚。民国的大师们更有切身之感。

7月16日,罗隆基、潘光旦、郑天挺、金岳霖、梁思成等北平高校校长、教授、文化名人联名致电正在庐山参加会议的军政要员,吁请政府坚决抗日:"卢沟桥抗战以来,全国振奋,士气激昂……务请一致主张守土抗战之决心"7月17日,梅贻琦自庐山密电清华大学教务长潘光旦:"今日重要会议,当局表示坚决,并已有布置。"[3]

日寇非常清楚,要彻底击垮一个民族,除动用武力在政治、经济、军事诸方面予以摧毁,还必须从精神、文化上彻底加以征服。中国人的态度也同样明朗而坚决。《国立西南联大纪念碑》碑文有记:"自沈阳之变,我国家之权威逐渐南移,唯以文化力量,与日本争持于平

---

[1] 曹天忠:《档案中所见的部聘教授》,《学术研究》2007年第1期
[2] "如果文化亡了,娘希匹的,整个民族就都亡了"此语民间传闻为蒋介石所言
[3] 参看岳南《南渡北归》卷一,第20页(湖南文艺出版社)

津，此三校实为其中坚"。气急败坏的日本终于决定先从南开大学开刀：7月28日，日机对南开校园实施狂轰烂炸——日寇的精神征服毫无结果。7月31日，蒋介石约见张伯苓，表示："南开为中国而牺牲，有中国即有南开。"接下来，中央研究院院长蔡元培、北京大学校长蒋梦麟、清华大学校长梅贻琦、南开大学校长张伯苓、北平研究院院长李煜瀛、同济大学校长翁之龙、中央大学校长罗家伦、中央研究院史语所所长傅斯年等102人联合发表声明，揭露日军破坏中国教育机关的罪行，提出"教育为民族复兴之本"的口号，要求政府采取果断措施，将一些高校迁往内地办学。

8月17日，国民政府国防最高会议参议会再邀张伯苓、蒋梦麟、黄炎培、张嘉森、张耀曾、沈钧儒、梁漱溟、傅斯年、毛泽东、胡适、晏阳初等赴南京开会，从国家战略层面的高度讨论平津教育及学界前途。中共委派周恩来代表领袖毛泽东出席。9月10日，国民政府教育部发出第16696号令，正式宣布在长沙和西安两地设立临时大学。长沙临时大学由国立北京大学、清华大学、私立南开大学组成。西北临时大学由北平大学、北平师范大学、天津北洋工学院和北平研究院等院校为基干组建，尽快撤离平津，赴新校开课。长沙临时大学1937年11月成立。在新址呆了短短一学期，日寇铁蹄跟踪而至，翌年2月，不得不再迁昆明——这真是中国教育史上空前悲壮的文化大迁徙啊！为了保留中华民族的文化种子，近千名师生分批从长沙出发，经海、陆两线向昆明行进，其中陆线全程一千六百余公里，两百多名师生组成湘黔滇旅行团，在中国西南的丛山峻岭、雄关险隘间步行一千三百公里，随身所携带的无非是一只干粮袋、一个水壶，还有一把雨伞。1938年4月，参加步行的同学全部安全抵达昆明，护送师生的国民军黄师岳团长按照旅行团花名册逐一点名，确认无误后将花名册郑重移交给已经先期到达的清华大学校长、西南联大常委梅贻琦。

自1000多年前楚国大将庄蹻开滇以来，历史再一次赋予了彩云之南这片神奇高原又一伟大的民族光荣：为中国教育史留下来一个奇迹般的名字——"国立西南联合大学"。尽管它只存在了八年，而且在战云密布、国难当头的困境下艰难存在，它却凝聚了一批具有里程碑一般声望的教授与学者，培养出了一批在战后中国顶天立地的栋梁贤俊：诺贝尔奖得主杨振宁、李政道、两弹一星元老朱光亚、邓稼先、国家最高科学技术奖黄昆……西南联大，至今仍是中国知识分子内心深处最温暖的向往与记忆。

刘文典应该跟随大队伍撤离内迁的，但他却没有走。夫人张秋华身染沉疴，大夫诊断，得住院手术；还有，先生次子刘平章刚满3岁；还有，秋华乳母和乳母之子何晋及儿媳亦跟随左右，一大家子人呀！清华大学负责撤退的叶企孙教授通知先生内迁长沙，可是此去千里，沉疴难起的夫人由谁伺候？小平章交何人看管？乳母一家如何安顿？还有，先生是个"书痴""版本癖"呀！多年以来，为了学术研究，为了教学，他千金散尽，购得满柜古本、珍本、善本，几近千册！诚如先生致函安徽省图书馆馆长陈东原所称，北平二十年所得脩金，已取其半以购书！最是《笠泽丛书》，清朝雍正年刻本，此书手写上版，字迹墨黑如漆，万般珍贵，还有元朝四大名家之一虞集的《道园集》，康熙年刻本，此书之珍犹胜于《笠泽丛书》，还有乾隆年刻本：唐史家刘知几的史学理论著述《史通通释》、还有清蒲起龙纳前人校释成就而成的、唐代以降最早的刻本《史通》、还有北京故宫博物院院长、著名金石学家、考古学家马衡赠书《石鼓为秦刻古考》、著名史学家陈垣赠书《史讳举例》、《元典章校补实例》，还有著名收藏家傅增赠书《南岳游记》和学生许维遹《吕氏春秋集释》……更多的，则是他自己校勘古籍的重要参考书：《经义述闻》《吕氏春秋》《天圣明道本国语》《尔雅义疏》《书目答问》……这些典籍图书，犹如爱子绕膝，陪伴先生度过了生命中多少温暖而刻骨铭心的日夜！怎忍令它们去战乱险途经受颠沛流离？再说，这些书籍，是他的事业、工作须臾不可离开的工具和宝贝呢！更要命的，还有已经完稿的《庄子补正》和其他著作的手稿、相关资料，万一路途闪失，那可比丢生命还难以想象呢！"坛坛罐罐"太多，拖累太大，真是是难题重重，重重难题呀！先生左右无计。日军已占领了清华园，学校人去楼空，无法继续教学，先生侥幸暂留寓所，一则照顾夫人和小儿平章，二则倦伏案端，强做学问，等待命运启示一个万全之策。

身陷侵略者横行无忌之地，刘文典的日子注定是无法平静的。特高科特务无孔不入，加上还有败类、软骨头，他们很快便掌握了先生的行迹。日寇侵华，本有一个冠冕堂皇的幌子：建立所谓"大东亚共荣圈"，为了替这个"圈"豢养走狗，"北京大学"牌子于是又被他们挂了出来。日本人已经知道有一个曾留学日本的大学者尚滞留北平，让他来伪北大授课，定可大收障眼之效，于是某日，北大同事、当时已经卖国事敌的周作人来到先生寓所"拜访"，诱说先生继续去"北大"执教。结果很快捷，很简单：先生理所当然拒绝了；不日，周作人再登门，又提就职伪北大一事，刘文典道："读书人要爱惜自己的羽毛"，并断然下逐客令。之后周作人托人再来，依旧被拒。侵略者恼羞成怒，干脆直接派日本宪兵闯宅搜查，先后两次，翻箱倒柜，将名人字画、珍贵典籍弄得满地散落，还将私人信函一抄而去。宪兵鬼子叽哩呱啦用日语东询西问，先生侧目而视，不著一语，只在脸上写满轻蔑。翻译恼羞成怒，大喝："你是日本留学生，太君问话，为何不答？"先生依旧昂首吸烟，冷眼相向——他以发夷声为耻。鬼子悻悻走了。

关于周作人登门劝服先生改志卖身的细节，现已无资料稽考，想必短短对话，已足够让人判出人与狗之相异：狗永远是狗，而人，当面对着强权、暴力、危险，或面对一块可怜的骨头，有时会变得比狗更让人憎恶，摇尾乞怜，甚至助凶为恶，残害同胞：周作人便是如此，而先生，以一己之节烈，维护了人的尊严。

日寇显然是不会轻易放过他了。北平已不是久留之地，必得尽快设法离开。身陷故国旧都，先生焦急地在报纸和社会传闻中寻摸同事和学生们的冷暖与流向。得知经历千难万险，他们终于到达了晴云青山庇护下的昆明，先生断然决定了：不管前路何其荒远艰难，他必须前去归流：和祖国的文化事业同在——如同鼙鼓已响，战士闻声而起。

1938年4月14日，蔡元培的日记记录了先生出发前处境的险恶和南下的决心，日记载：

刘叔雅文典来，称在平被监视，设法离开，将赴蒙自联大文法学院上课。

准确资料记载，先生到达云南是5月22日，按拜会蔡元培的时间计算，这显然是准备就绪之后最后一次庄严辞行。别后不足两年，1940年3月5日，这位中国现代高等教育的开拓者、刘文典最为尊崇的导师便在香港阒然长逝。

第五章 外患内忧意何如

先生离平出走，得到了叶企孙教授的精心安排和帮助。为避开日本人的视线，他必须化装出境，以这样一种极具象征性的样式出发，本身就代表着前路可能的种种不祥。1943年7月，刘文典在一封信里曾这样倾吐当初选择南下的坚定心志："典往岁浮海南奔，实抱有牺牲性命之决心，辛苦危险皆非所计！"[1]船票是通过英国大使馆买的。由塘沽搭登船，乘外轮，经香港、越南海防，登陆，再沿山路北上……浮海万里，辗转一月，刘文典终于来到了哀牢山南的小城：云南蒙自。

其时，西南联大在昆明租用的校舍非常仄逼、紧张。计划中的简易新址，还在梁思成、林徽因的图纸上，为了节省一个铜板、半个铜板，两位中国顶级建筑大师，正不舍昼夜地对土坯房的每一根线条反复擦改。联大文法学院，只能先暂时栖身在蒙自这个比昆明更南、更遥远的偏远小城。

---

[1] 刘文典致梅贻琦函，《闻一多研究动态》第四十二期，2008年6月

第六章 孤旅天涯

31、边城初度时

蒙自县是滇南一个极普通极普通的小县，关于这个边陲旧城，有什么可说呢？楞次栉比的瓦房屋顶挤兑着几条窄窄的街巷，实在没有什么必要让人挥霍好奇的目光。幸好亚热带的太阳终日抚摸，一城的绿树红土，于是变得永远的鲜明，还有，县城中间还摆设着一个不算太小的天然湖泊：南湖。临水四望，一派绿柳随风，鸟鸣喈喈，很有一种诗意的宁静。五月，雨季来临，湖水盈盈荡荡，荷花最初的瓣蕊便从田田莲叶下胆怯地探出了耀眼的洁白；夕阳西下，雨燕环湖而飞，在碧波间掷下一些无声的涟漪。波光中筑一痕长堤，直伸向湖心亭台，为喜好口腹之乐的人们演绎了一个有趣的、关于"过桥米线"的传说……

时间到了晚清，1883年，法国用炮舰快枪迫使越南小朝廷臣服，取得对这个小国的"保护"权。接下来轮到中国：1885年，久患软骨病、已经习惯了在洋人面前屈膝的王朝，在一场本已取得胜利的、发生在越南北部的局部战争中，莫名其妙地，再一次匆匆忙忙和强盗签订了一份停战协议：《中法和约》，承认法国对越南的保护权，同意在中国边界内开辟通商口岸并设领事。这样，云南蒙自便在法帝国主义的刺刀下，被迫敞开门户，成为了固步自封的古老帝国最早接受西方文明的角落之一。光绪十三年（1887年），依照《中法续议商务条约》，蒙自辟为商埠，设海关、法国领事馆、法国银行、医院等，精明的希腊商人哥胪士一伙亦钻头觅缝而来，在小县城开设洋行、旅馆……一时间，国内外商人纷至沓来，争先恐后前来淘金、寻梦。离蒙自仅仅四五十公里的个旧，重岩叠嶂的群峰之下，已经发现了欧洲人垂涎欲滴的丰富锡矿与铜矿———这些，都没能逃脱淘金者和掠夺者的眼睛。1938年的蒙自小城，不算太寒碜了。

从长沙迁来云南的西南联大，一时房舍紧张，经"云南王"龙云直接协调，昆明各界人士鼎力相助，临时大学在昆明暂时租借昆华农

第六章 孤旅天涯

校与几家会馆暂付需用,地窄屋稀少,难以满足教学之需,提前赶至昆明的西南联大常委蒋梦麟,遂产生让联大师生暂时落脚蒙自之意。1938年2月底,蒋梦麟给长沙临大外文系主任叶公超拍发电称:"昆明校舍无着,工料两难,建筑需时。蒙自海关银行等处闲置,房屋相连,可容900人,据视察报告,气候花木均佳,堪作校址。"蒋接着又亲赴蒙自考察,大受当地政府与士绅欢迎,边地虽荒远,然环境人气俱佳,于是当即拍板:将联大文法学院设在蒙自,取名"蒙自分校",并派出郑天挺(北大)、王明之(清华)、杨石先(南开)前去房屋租赁等筹备等手续。作为上课用的蒙自海关旧址,租期1年另3个月,象征性收取租金一元钱。朴实的故国旧城张开了双臂,拥抱南下同胞之热切挚诚,可见一斑。

刘文典辗转来到云南,出现在他面前的,就是这样一幅古老而淳朴的图画。他向友人去函报告了平安:

弟自北平沦陷后备历艰危,次年春间始由叶企孙先生派人设法,脱离险境,经天津、香港、安南到昆明。[1]

终于回家了。一个陌生而温暖的家。时间是一个非常相对的东西,空间也是一个非常相对的东西。在苦难中历经折磨,时间会变得十分漫长,空间会变得无比遥远——再说,对于北平,哀牢山深处这个终日被阳光覆盖的小小坝子,本来就很遥远——先生在此新家和同事们再度聚首,以"两世为人"相譬喻,实不为过。何其快乐,何其温馨耶!

5月23日,经朱自清安排,先生住哥胪士洋行楼。关于居住情况,时任北大历史系教授兼秘书长郑天挺如此回忆:

当时的教授大多住在法国银行及哥胪士洋行。哥胪士原为希腊人,原开有旅馆和洋行。临街系洋行,此时早已歇业。我第一次去该处时,尚记得月份牌为192*年某月某日,说明以后未再营业。洋行中尚存有大量洋酒待售,一些清华的教授见到,高兴极了,当即开怀畅饮。我原住法国银行314号,大部分教授来后,又重新抽签。314号为罗常培、陈雪屏抽得,我抽至哥胪士洋行5号房,邱大年住4号房,于5月3日迁入。此外,住在哥胪士洋行楼上的有闻一多、陈寅恪、刘叔雅、樊继

---

[1] 刘文典致胡适函,见耿云志主编《胡适遗稿及秘藏书信》卷三九,第760页

昌、陈岱孙、邵循正、李卓敏、陈序经、丁佶等十几人。[1]

因歌胪士洋行餐饮不便，先生遂与陈寅恪、闻一多等一同包饭、轮流添菜。同在西南联大任职的浦薛凤回忆：

初到两周，三餐均在海关，往返殊不方便。后来歌胪士楼上人满，乃自己组织，由两桌增至三桌：包饭每月十四元，而饭菜不佳。味道固不适口，滋养亦缺少，且量亦递减。于是每隔一二日辄由桌上同仁轮流添菜。所添者大致不外鸡或肉。此非讲究，亦借以增加滋补营养。予与寅恪、一多、鸣岐、舞咸、仲端、（周）先庚、（刘）叔雅诸人同桌。隔座为（叶）公超、（金）龙荪、（邱）大年及毛、莫诸位，另一桌为心恒、（南开）柳无忌、李卓敏、丁拮、（北大）郑毅生诸位。岱孙与逵羽虽住歌胪士，却往海关进饭食。[2]

如此众多的中国顶级学者挤挤而居，如名士日日雅集，如手足兄弟朝夕相处，说天下大事，说家国忧思，说离怨乡愁……更重要的，还有许多智慧和知识的碰撞与交融——不需要学术会议的一本正经，不需要报告厅堂的肃穆庄严，不需要沙龙酒会刻意制造的诙谐与轻松，哥胪士洋行楼蒙满尘埃的屋顶下面，大师们的交流随时随地都在进行，即使争执与激辩，也变得随和而轻松。在这样的环境里生活，他们都像士兵一样简朴，圣徒一样崇高，诗人一样率情。多年以后，哲学家冯友兰这样回忆蒙自的难忘岁月："梅贻琦说过，好比一个戏班，有一个班底子。联合大学的班底子是清华、北大、南开派出些名角共同演出。但是步骤都很协调，演出也很成功。"郑天挺亦为联大精神发端于蒙自而自豪："西南联大的八年，最可贵的是敬业和团结精神。教师之间、师生之间、西南联大三校之间均如此。在蒙自的半年，已有良好的开端。同学初到蒙自时。我与其他教授每次都亲到车站迎接，悉心照料，协助搬运行李。北大考虑干部时，也以敬业、勤奋、团结为出发点……"战争和苦难将仄逼的旧楼变成了一个特殊的温暖的大家庭。灾难造就的特殊困境，恰恰成全了一种特殊的美好。

阅读上面这些回忆文字，总会让人想起罗素《西方哲学史》中描述过的古希腊哲学家伊壁鸠鲁学院的生活：

---

[1] 郑天挺：《滇行记》见《国立西南联合大学史料·总览卷》，第81页，云南教育出版社，1998年10月第1版
[2]《浦薛凤回忆录》中卷，黄山书社，2009年版

第六章 孤旅天涯

团体生活是非常朴素的,一部分是由于他们的原则,而(无疑地)一部分也由于没有钱。他们的饮食主要是面包和水。伊壁鸠鲁觉得这就很可满足了。他说:"当我靠面包和水而过活的时候,我的全身就洋溢着快乐,而且我轻视奢侈的快乐……"[1]

刘文典在后来出版的《庄子补正》自序中,曾经这样描述他逃出虎口时的惶恐:"五稔以还,九服崩离,天地几闭。余复远窜荒要,公私涂炭,尧都舜壤,兴复何期。以此思哀,哀可知矣"。流离途中,先生亦写诗发泄过难以排遣的惆怅:

胡骑满城天地闭,风尘澒洞窜要荒。三边鼓角声犹壮,千载文章志未偿。

新梦迷离思旧梦,故乡沦落况他乡。觚棱回首知何许,万里秋山路正长。

如今,只身脱险,备受艰辛,终于来到西南联大的怀抱,一切都得到了补偿。文法学院的教室和图书馆在海关旧址,位于南湖南岸,住宿在歌胪士洋行,位于北岸,上课下课,黎明黄昏,正好绕湖而行,先生和他的同道大师们的心情定然是十分愉快的,灵情诗绪,定然会如石火电光于心中来袭,陈寅恪曾以《蒙自南湖》为题,咏诗一首如后:

景物居然似旧京,荷花海子忆生平。桥边鬓影还明灭,楼外笙歌杂醉醒。

南渡自应思往事,北归端恐待来生。黄河难塞黄金尽,日暮人间几万程。

诗句自然有些离乱游子思乡的悲切落寞了。西南联大的大师们留给历史更深刻的,是由罗庸、冯友兰写的《满江红》,全诗壮怀激烈,振人心魄。词文如下:

---

[1] 罗素《西方哲学史》第176页。北京大学出版社1986年版

万里长征，辞却了五朝宫阙，暂驻足衡山湘水，又成离别。绝徼移栽桢干质，九州遍洒黎元血。尽笳吹弦诵在山城，情弥切。

　　千秋耻，终当雪。中兴业，须人杰。便一成三户，壮怀难折。多难殷忧新国运，动心忍性希前哲。待驱除仇寇复神京，还燕碣。

　　这首词后来被谱成了"西南联大"的校歌。

32、还是关于"五四"的话题

　　浮海云南，刘文典曾在给友人的一封信里如是说：

　　"兄四年未见了。这四年中间，家国社会的进步是抵从前四百年"

　　这封信于1938年前后，日机正频频对昆明狂轰烂炸。收信人是一贯埋头学问、超然世外的学界宗师胡适。胡适当年初返国，曾诅咒发誓"二十年不谈政治"，如今国难当头，他却欣然接受了被他痛骂过的蒋介石力邀，重出江湖，去美国当了国家大使，为争取美国朝野对中国抗战的支持而殚精竭虑，奔走呼号。其时，太平洋战争尚未爆发，美国国内弥漫着"独善其身"的氛围；而欧洲大陆，恰恰因英法绥靖政策的纵容，让德国法西斯战火得以如烈焰燎原，疯狂蔓延；于是肆意纵横的日本军人在中国如入无人之境。山河破碎，百姓蒙难，这正是中华民族以可怜的军事、经济之力和顽强精神独立支撑、最为困难的四年——那么，刘文典先生为何偏偏认为此时的中国大进步，四年"抵从前四百年"？

　　中国古语云："艰难困苦，玉汝于成"，此话对于一个人如此，对于一个国家亦何尝不如此？就哲学规律的整体把握而言，事情到了极端，总会走向反面，所谓"物极必反，否极泰来"，此之谓也；具体就国家政治而言，从1840年始，中国人民便开始在苦难中挣扎，前仆后继，整整已100年矣！新中国应该浴火重生了。先生说四年抵四百年，一则确实表达了他对时局发展总趋势的乐观认识，二则，亦表明个人心情由衷的快慰。

　　要说清这件事，我们还得再从"五四"说起。

　　知识分子，尤其传统意义上的中国文人，对于国家和民族的命运，从来都怀抱强烈的责任感、使命感与参与感，宋代大儒范仲淹名言：

第六章 孤旅天涯

"先天下之忧而忧,后天下之乐而乐""居庙堂之高,则忧其民;处江湖之远,则忧其君"可谓道尽了如此心境。18世纪俄国著名知识分子拉吉舍夫的名言:"我的心因人类的痛苦而受伤",也是同一个意思。从"五四"启程中国知识精英,一开始就面对着两大时代主题:民主自由和国家生存、思想的启蒙和民族的救亡图存——这成为横亘在他们面前的两难选择。新文化运动的领袖陈独秀、胡适始终坚持民主思想启蒙是压倒其他的主题,而同为"五四"主将的李大钊更是坚持:即使在最专制的国家受苦,也比沦为"亡国奴"为好。两年后,中共建党,陈、李作为新文化的代表,自然将这一矛盾冲撞带入还十分稚嫩的组织并引出了一轮轮路线斗争:这是后话。

当时留洋的大批知识分子,他们的血液里本已流淌着中国传统文人基因,继而又深受英美民主、理性、宪政思想滋养,自觉不自觉地习惯于以西方的价值观和政治制度为参照系,确认自己的人生价值和关于中国社会理想的取向,按照他们的判断,要实现中国的现代化,必须先得实现个人的自由和理性的价值判断,背离于此便断乎不可能有国家的民主。可惜,面对中国的残酷复杂的现实境况:军阀争雄、战乱频频、外敌环视、寇侮不断,要首先实现他们目标,显然是难以承兑的空想。他们只能在启蒙和救亡的巨大裂缝间徘徊、突围。

摧枯拉朽的五四新文化运动,将统治中国几千年、以孔孟之道为代表的传统文化打得落花流水,狂飙过后,人们顿然失去精神依托,于是更加茫然无措。五四运动中一道携手奋进的知识界很快出现分野,即前面引述过鲁迅先生的那句话:"行进中,有人落荒,有人退伍,有人叛变",这句话表述的现象背后,正是知识精英们艰难而痛苦的求索。

1920年代前后,西方的各种"思潮""主义",乘着中国精神世界的毫无设防,于是争先恐后,蜂拥而入:无政府主义、过激主义、民生主义、社会主义……光"社会主义"就五花八门,有基尔特的社会主义——又叫行会主义;否定阶级斗争,他们鼓吹在工会基础上成立专门的生产联合会;有马克思的社会主义——这当然是最正宗的社会主义了,诚如《共产党宣言》所论说,核心是通过阶级斗争,"消灭私有制";有皇室中心的社会主义——即马克思指出过的:失败的皇室贵族装模作样,为被剥削者利益对资产阶级"半是挽歌,半是谤文"的控诉；还有基督教社会主义——亦如《共产党宣言》所说，"基督教不是也激烈反对私有财产，反对婚姻，反对国家吗？它不是提倡用行善和求乞、独身和禁欲、修道和礼拜来代替这一切吗？基督教的社会主义，只不过是僧侣用来使贵族的怨愤神圣的圣水罢了。"……等等。

论争喧哗刺耳。性格一向淡定的胡适终于也"看不过了，忍不住了"五四运动刚过两个月，他就发表文章，呼吁《多研究些问题，少谈些主义》，挑起了"问题与主义"这一纯政治性争论。两年后，他又参与创立"努力社"，创办了政论刊物《努力周报》，并起草发表了《我们的政治主张》一文，希望建立一个"好政府"、一个"宪政的政府"、一个"公开的政府"……连篇累牍发表时评和政论文章，完全背弃了"二十年不谈政治"的诺言。

与胡适类似，留英归国的地质学家丁文江也一改对公共事务的冷漠，大声倡言自己的主张。发生在他与张君劢之间的所谓"科玄之争"，成为五四之后知识界又一道色彩夺目的风景。科学派以丁文江为代表，认为科学是客观、独立、不含任何价值判断、没有丝毫个人色彩、具有绝对客观标准的理论体系，足以解决世间一切问题；社会历史现象亦完全能够用科学原理加以界定和解决。以张君劢为代表的玄学派则相反，他们认为社会现象、精神现象是没有规律可循的，与自然规律完全两码事，认为"科学无论如何发达，而人生观问题之解决，决非科学所能为力，惟赖诸人类之自身而已"，从而强调返回中国传统的修身养性之学，重提儒家程朱理学和陆王心学，大谈"内省""反求诸己"，认为只有古圣人内向的精神修养方能增强道德意识，有益于世道人心。

鲁迅的态度一直坚定不移，就是沿着"打倒孔家店"的道路顽强不拔、一路呼啸而前。他也"躲进小楼成一统"，研读典坟，但那也是为"想看看古书，从而把那些坏种的祖坟刨一下。"[1]；他大量撰写杂文，抨击"汉朝以后，言论的机关，都被'业儒'的垄断了。宋元以来，尤其厉害。我们几乎看不见一部非业儒的书，听不到一句非士人的话。除了和尚道士，奉旨可以说话以外，其余的异端声音，决不

---

[1] 《鲁迅书简》《给肖军·肖红的信》

能越出他卧房一步。"[1] "孔夫子的做定了摩登圣人是死了以后的事,活着的时候是颇吃苦头的。跑来跑去,虽然曾经贵为鲁国的警视总监,而又立刻下野,失业了;并且为权臣所轻蔑,为野人所嘲弄,甚至于为暴民所包围,饿扁了肚子,弟子虽然收了三千名,中用的却只有七十二,然而真可以相信的有只有一个人。"[2] "孔夫子曾计划过出色的治国方法,但那是为了治民众者,即权势者设想的方法,为民众本身的,却一点没有。"[3] "三年无改于父之道可谓孝矣,当然是曲说,是退婴的病根。假使古代的单细胞动物也遵着这教训,那便永远不敢分裂繁复,世界上再也不会有人类了。"[4] 他还大量写小说,他笔下人物:阿Q、祥林嫂、"狂人"、孔乙己、闰土……无不通过人物的悲剧命运,揭露儒家礼教的罪恶、传统社会的残忍和丑恶……

知识界的思想交锋也绝非总是文质彬彬,纸上过招,情绪上来了,照样有拳脚相加的镜头出演。著名的民主斗士闻一多1925年从美国留学归国,自然对欧美价值观情有独钟,因为对"只懂破坏不懂建设"的无政府主义、共产主义等激进思想十分反感,从而非常热衷于国家主义的主张。闻一多如此宣称:现在北京"闹得不成话,非与他们先干一下,唱唱花脸不可",他参加过几次国家主义派在北大召开的反苏大会,几乎每次都与共产主义者发生激烈冲突。"国家主义者与伪共产主义者隔案相骂,如两军之对垒然。骂至夜深,遂椅凳交加,短兵相接。"[5]

闹嚷嚷争论不休之时,也有另类人物,如梁漱溟。他不热衷理论而偏重实践。1924年,他拒绝李大钊的说服,出走北大,离开政治喧嚣的城市,扎进山东乡下一门心思去从事教育改革和乡村建设[6]。孔子云:"礼失求诸野",清末民初的中国,正是一派"礼崩乐坏"景象。西方文化大举进入,已将中国的传统价值体系肢解得七零八落。梁漱溟相信,只有最偏僻的乡野,才是完整保存传统精神最靠得住的文化环境,于是他决心到那儿去寻找和挖掘,用中国的精髓去抵抗西

---

[1] 鲁迅《坟·我之节烈观》
[2] 鲁迅:《且介亭杂文二》《在现代中国的孔夫子》
[3] 同上注
[4] 鲁迅:《坟·我们现在怎样做父亲》
[5] 雷颐著《孤寂百年》第268-269页
[6] (美)艾恺《最后的儒家》第145页,外语教学与研究出版社2013年版

方文化，重新建构属于他理想中的文化伦理。至于政府到底是立宪还是专制？并不重要。

知识精英就是如此巴心巴肝地关注着中国社会和政治架构的重建：到底依靠科学来寻找出路？还是用"玄学"来探测方向？到底实行民主好？还是实行专制好？怎样才能建设一个"好政府"、一个"公开的政府"？其实，掌权者才不关心这个呢，他们关心的只是手中的印把子稳不稳，好使不好使。1929年，胡适在文学杂志《新月》志发表《人权与约法》等系列政论，抨击国民党当局侵犯人权："无论什么人，只须贴上'反动分子''土豪劣绅''反革命''共党嫌疑'等等招牌，便都没有人权的保障。身体可以受侮辱，自由可以完全被剥夺，财产可以任意宰制，都不是'非法行为'了。无论什么书报，只须贴上'反动刊物'的字样，都在禁止之列，都不算侵害自由了"。胡大师甚至对孙中山的《建国大纲》也点名批评，宣称"无宪法的训政只是专制。"对蒋介石的"行易知难"说更是指名道姓，大加批判，说蒋称"行易知难"的"真意义"是要众人"要服从领袖，要服从先知先觉者的指导"。胡适愤怒疾呼：

新文化运动的根本意义是承认中国旧文化不适宜于现代的环境，而提倡充分接受世界的新文明。但国民党至今日还在那里高唱"抵制文化侵略"！还在那里高谈"王道"和"精神文明"！

胡适的政论还说，虽然祀孔废止了，"但两个军人（鲁涤平、何键）的一道电报便可以叫国民政府马上恢复孔子纪念日。"他谴责国民党"天天摧残思想自由，压迫言论自由，妄想做到思想的统一。殊不知统一的思想只是思想的僵化，不是谋思想的变化；用一个人的言论思想来统一思想，只可以供给一些不思想的人的党义考试夹带品，只可以供给一些党八股的教材，决不能变化思想，决不能靠此'收革命之成功'"胡适的激烈，得到了罗隆基、梁实秋等以大批学者的欢呼和支持。[1]

手持暴力的政府以为和手持笔杆的文人们讨论孰是孰非，实在有点浪费时间，正当胡适一伙兴致勃勃地宣布："前进的思想界的同情完全失掉之日，便是国民党油干灯草尽之时"警告如果国民党不改革，

---

[1] 参看雷颐著《孤寂百年》"价值重建与道德困境"（广西师大出版社2015年版）

第六章 孤旅天涯

"那么，我的骨头烧成灰，将来总有人会替国民党上'反动'的谥号的"，国民党上海特别市党部执行委员会已经轻松做出决议，并呈请中央执委会咨国府，令教育部将胡适撤职惩办，而教育部果对胡适然下达了警告令，国民政府的动作则更干脆，也更具威慑力，不仅组织舆论对胡适痛加批判，而且干脆派人将新月书店查抄了——面对强大的国家暴力，胡适一伙自由主义知识分子只好再度噤声。

事情延续到1931年，"九·一八"事变惊雷骤起，亡国之祸迫在眉睫，中国面临的已不是理论问题，而是政府和民间（包括知识精英）真真切切的共同灾难。中华民族的生死存亡让政府和自由主义知识分子终于和解了。

于是在1932年这个时间节点，我们看到了，傅斯年、丁文江、翁文灏、蒋廷黻……这些喜欢和政府较劲的的文化精英们纷纷发表力挺政府的文章，疾呼："在这个危急存亡的时候我们更需要一个政府，而且要一个有力量能负责的政府。""我们应该积极的拥护中央……纵使它不满人望，比有三四个各自为政的好""若根本没有了政府，必成亡种之亡"……喜欢以政治独立自诩的自由派们，内心深处的中国传统文人的家国基因，使他对政府当局曾经有过的种种不满，悄然间烟消云散。

当是时也，形式上完成了"统一大业"的国民党政府当局，实际上依旧灾祸频频，恶战不歇，1929年蒋桂战争和1930年的蒋冯阎锡大战硝烟未散，前面说过的1931年南天王陈济棠的倒蒋活动胎死腹中，而1933年11月又爆发了"福建事变"，还有一个"中华共和国人民革命政府"在福建成立。事变发生在"九一八"之后，其政治寓意就远远大于了它的实际结果。本已深感无助的中国人，对于国家可能发生的进一步分裂，从而让日本强盗乘机大举入侵更是忧心忡忡。蒋廷黻《革命与专制》一文非常典型地代表了知识分子的心态：对于前景的沉重哀伤和对政府的真心托付。文章这样写道："自闽变的消息传出以后，全国人士都觉得国家的前途是漆黑的。中国现在似乎到了一种田地，不革命没有出路，革命也是没有出路。"蒋廷黻以西欧各国历史为例向性急的革命者们劝诫，说民族国家无不是首先王权专制最后再实现统一的，而"中国现在的局面正像英国未经顿头（按：今译"都铎"）专制，法国未经布彭（按：今译"波旁"）专制，俄国未经罗马罗夫(按：今译"罗曼诺夫")专制以前的形势一样"，"我们的国家仍旧是个朝代国家，不是个民族国家"。他认为各国的政治进程都得分两个阶段，第一是建国，第二步才是用国来谋幸福。而中国"第一步工作还没有作，谈不到第二步。"他还认为中国国民缺乏基本政治素养，不具备民主共和国的资格。在这种历史条件下，只能实行专制政治，瞧，他们对国民党当局变得多么巴心巴肝！

事情到了1936年，西安事变爆发，这些自由知识分子简直就愤怒了。对于张学良、杨虎城扣押蒋介石的"兵谏"，清华大学的教授们几乎毫无例外，一致予以坚决谴责，事变发生10年之后因反蒋而遭特务暗杀的民主斗士闻一多，态度最为鲜明，平日在课堂上从不提课外话题的闻一多，此时竟抛开讲义，怒气冲冲地詈骂："真是胡闹，国家的元首也可以武装劫持！一个带兵的军人，也可以称兵叛乱！这还成何国家？"他宣言："国家绝不容许你们破坏，领袖绝不许你们妄加伤害！"他与朱自清、冯友兰、张奚若、吴有训、陈岱孙、萧公权等被推举为起草电报与宣言的七人委员会成员。在《清华大学教授会为张学良叛变事宣言》中，他们愤怒谴责张学良说："同人等认为张学良此次之叛变，假抗日之美名，召亡国之实祸，破坏统一，罪恶昭著，凡我国人应共弃之，除电请国民政府迅予讨伐外，尚望全国人士一致主张，国家幸甚。"电文执笔者，恰恰又是十余年后因"宁肯饿死，不食美援"著称的朱自清。[1]

文化大师们从五四大潮中启程的人生风帆，在云诡波谲的政治波涛中如此剧烈的颠簸、变道、转向，确实是很值得研究的现象。

现在，已经没有资料能让我们看到，从1920年代至抗战开始，沸沸扬扬的学术理论及政治构建的纷争之中，刘文典先生所持何种态度？相反，大量已知材料让我们看到的是，这段时间，先生一直全身心浸淫在他的学术研究、特别是考据学之中：《淮南子》之后，紧接便是《论衡》，接下来是《庄子》……如果说有，那就是一：筹建安徽大学，和蒋介石对面冲撞；还有一件，就是拒绝加盟陈济棠反蒋——严格说，这两项都不是学术理论问题，而是实实在在的政治表态和独立的人格宣示。由此，我们亦可间接读出，刘文典虽然潜心向学，

---

[1] 参看上注《孤寂百年》之"现代知识分子闻一多的历史命运"

内心深处依旧和同辈大师们一道为国家的命运忧虑,他的政治判断并不暧昧,关键时刻还敢于断然出手。

人作为社会性的动物,彼此要和谐相处,需要具备三个条件:一是相同的社会环境,二是相同的价值取向,三是相同的利益诉求。对不同文化层次的群体而言,三者之中侧重点又各各不同,比如普通人,第三条(利益诉求)非常重要,而对于知识分子,第二条则更要命。虽然这些条件同时满足很难,但只要有了第一条,身份不同、际遇不同、价值观念不同的人就很容易找到最大公约数。生活在抗战艰难岁月的西南联大文人群体,正是有了对日本侵略者的共同仇恨,对民族灾难的痛切忧思,以及由此而构成的共同心理感受、社会环境,他们彼此间便很容易找到价值认同,彼此相处便很容易变得和谐而快乐。刘文典说中国大进步了,甚至以为"四年中间,家国社会的进步是抵从前四百年"。

云南边陲小城的古屋旧居,成了大师们心中的华宅画堂,粗茶淡饭成了珍馐佳肴。一贯生活严谨的陈寅恪先生南渡之初,曾忧心忡忡赋诗哀叹"北归端恐待来生",但生活在哥胪士洋行蒙满尘灰屋顶下的温暖大家庭,战争离乱的所有烦恼,很快都风流云散。

33、书的悬案

如果说先生还有什么焦虑,那就是还滞留在北平沦陷区的妻儿。

西南联大文法学院在蒙自开课不足半年,便迁入了昆明,局势稍事安定,先生立即写信给夫人秋华报告平安,并安排母子俩尽快来滇。时过一年,待一切准备停当,张秋华终于携刚满四岁的平章、还有大包小包的行装启程了。依旧取道海路,乘外国邮轮,从天津塘沽浮海南下。乳母之子何晋年轻力壮,张秋华行前,何晋找木匠铺订做好几口木箱,将书籍和手稿装妥备运,秋华则特别将家中珍贵文物:方苞的书法手稿、董其昌的字幅等,送去北平新华银行保险柜存妥,便由何晋陪送去塘沽港口登船了,一俟秋华母子脱险而去,何晋立即带着母亲和妻子急急返回安徽,在绿野山间的老家怀抱避难去了。这正是:"鲤鱼脱却金钩去,摇头摆尾再不回"。

还说秋华母子俩买舟南下,途经香港换船。刘文典在北京大学教书时有一学生名唤马鉴者,此时正在香港大学任教,听闻师母到来,自是高兴万分,热情接待,然后再细细安排去越南的船期。一切顺利,到越南海防了,在昆明公用事业局供职的先生六弟刘天达,特地赶去码头专接,又一路陪迎到了阳光明媚的春天之城:昆明。所有按计划进行,有条不紊,顺顺当当,家人团聚,释却了一年多的牵念之苦。一切都该圆满了吧?恰恰不。当先生将妻儿安顿妥帖,查看行李,忽然大吃一惊,行李中偏偏独缺了他最需要、最钟爱、从事校勘、教学、研究须臾不能离开的"宝贝":他千叮咛万嘱咐要夫人随行带来昆明的珍藏书典!

原来,一年前先生孤身远行,悄然离开时,为避日本人的监视搜查,他的满柜书籍和手稿暂时留存北平寓所,定由后续出发的夫人想办法随行带走。张秋华离平南下,确实如计划进行了,将书籍和手稿装箱随船托运出发,没承想香港接船的马鉴教授看到师母带着四岁的孩子风尘仆仆,万般辛苦,再看她还带一堆行李,还有四大木箱沉甸甸书籍,心中顿时犯了嘀咕。他知道此去越南,还得换船前往,到了越南去云南,还得山行千里,险路重重呢!一个女人,带个孩童,行李拖三拉四,尤其四大箱书籍沉重如山,咋行呀?为了安全计,他建议师母把四箱书籍暂存香港大学地下仓库,一俟时局安定,再设法取走不迟。当时香港尚属英国管辖,日本人暂时不会贸然来犯,藏书暂存于此应是相对妥帖的万全之策。夫人以为马鉴所计有理,思之再三,便同意了。

刘平章这样回忆了父母相敬如宾恩爱生活中唯一的一次脸红:

父亲和母亲见了面以后,只说了几句话,父亲就很生气。在我印象当中,很少听到他们两人有这种口角。那天好像是父亲责怪母亲说:"怎么不把书带出来,我以后怎么做学问?那些行李可以丢掉不要!"

对于一个大学者,用这个例子说明书籍对于生命的重要,已经足够。[1]

如果把这件事放大,文化典籍对于一个国家和民族的生命,重要性也许还远胜于此。因为文化正是他们智慧所创造的书面集体记忆。要征服一个国家和民族,就必须让他们忘记:忘记自己的历史和自己

---

[1] 参看刘平章《刘文典藏书落难记》(未刊稿)2005年8月

第六章 孤旅天涯

的文化,而要他们忘记,首先就要剥夺。尤其中国这样一个国家,历史文化久远而灿烂,正是侵略者、野心家和冒险家觊觎的最好对象。余秋雨先生在《道士塔》一文这样表述过外国冒险家偷偷摸摸盗走敦煌经卷的情况[1]:

要详细地复述这笔交换帐,也许我的笔会不太沉稳,我只能简略地说:一九0五年十月,俄国人勃奥鲁切夫用一点点随身带着的俄国商品,换取了一大批文书经卷;一九〇七年五月,匈牙利人斯坦因用一叠子银元换取了二十四大箱经卷、五箱织绢和绘画;一九〇八年七月,法国人伯希和又用少量银先换去了十大车、六千多卷写本和画卷;一九一一年十月,日本人吉川小一郎和橘瑞超用难以想象的低价换取了三百多卷写本和两尊唐塑;一九一四年,斯坦因第二次又来,仍用一点银元换去五大箱、六百多卷经卷……

在相当长历史时期里,一直靠中华文化滋养的日本人,如今以国家的名义对中国进行强盗式的暴力入侵,除了对物质资源的血腥掠夺,文化典籍必然也成了其魔爪所向。根据1946年国民政府教育部成立的清理战时文物损失委员会,对日本侵略者破坏、掠夺文物的调查统计,从1894年甲午战争到1945年抗日战争胜利前夕,日本人掠走的中国甲骨、石器、铜器、刻石、陶瓷、古玉、书画、古籍等各类文物至少有15245件。其中,仅抗战期间故宫损失文物共计2953箱,被征用铜品2095市斤,另有铜缸66口、铜炮1尊、铜灯亭91件;此外,还搬走和毁损众多书籍文献。北京大学文科研究所被掠金石古物数百件。其中北大图书馆藏《俄蒙界线图》于1911年调查绘制而成,被日本宪兵强行"借"走,甚至连北京房山周口店遗址古人类学家发现的第一颗完整的"北京人"头盖骨化石、唐玄奘顶骨舍利,也被日寇抢走……与"南京大屠杀"及各种血腥屠城同时发生的文化大洗劫,同样肆无忌惮,令人发指。

和这些可怕的数据相比,先生暂存香港大学地下仓库那四大箱书籍的遭遇也许显得有些微不足道,但对于他个人,几乎就是他生命的全部啊!特别要命的,木箱里安睡着他多年呕心沥血的著作手稿——这根本就无法用金钱来计算了。秋华夫人途径香港三年后,1941年12

---

[1] 见余秋雨《文化苦旅》

月,太平洋战争爆发,日寇悍然占领香港,躲在香港大学地下室的藏书的命运,让远在昆明的刘文典忧心如焚。抗战胜利后,先生立即致信马鉴教授询问。马的回信果然让先生痛彻万端,只能仰天长叹而已:

香港沦陷,藏书已被日寇掠走,下落不明。

还好,抗战胜利一年后,先生意外接到国民政府教育部转来盟军总部的一份通知(此通知在几十年后的"文化大革命"中被毁),称在日本发现一批刘文典藏书,可以办理有关手续予以索回,接着,先生又得到一个好消息:国民政府教育部致电云南大学转刘文典先生,说日本东京上野图书馆存放有被日本劫去的我国图书,其中就有刘文典先生的藏书。天哪,多意外的好运!又一年后,1947年7月4日,先生忙不迭按盟军总部的规定和中华民国驻日本代表团关于日本赔偿及归还物资接收委员会要求,填报了《财产损失报告单》,同年11月18日,再次填写了抗战时期个人损失的书面报告,呈报教育部转盟军总部。

可惜,就在先生第一次得知盟军总部通知之时,国共内战再度爆发。1946年6月,蒋介石政权对共产党的全面进攻正式打响。等到先生满心欢喜地填写索书报告,远在陕北的沙家店、山东莱芜和孟良崮,同属中国人的两军血火鏖战,已打得难分难解,如此情势,除了祝捷和兵败,冲锋与死亡,欢欣与焦虑,谁还关心你那几本破书?再接下来,国民政府兵败台湾,浅浅的一湾海峡,瞬间变得遥不可及,寻觅藏书之事只能搁置,一搁竟达数十年!1958年7月,先生阖然长逝,这批行踪渺然的藏书成了先生无法瞑目的永远遗憾。

值得欣慰的是,事情到了1980年代,随着两岸关系缓然解冻,经过先生后人、哲嗣平章及六弟之子明章一行的不懈努力,事情终于有了眉目,几度辗转寻觅,终于准确得知:先生遗失的书籍文稿还安然无恙,静悄悄地躺在台北科技大学的地下室里——虽然离索书公案的最后解决还有相当漫长的距离。

叙述这件事,该是另外一本专著的任务了。[1]

---

[1] 先生侄儿刘明章先生已著《我的伯父刘文典和他的藏书》(待刊),对此事有详尽记述。

第七章 铁血战火下的文化坚守

34、永念群生一涕零

夫人张秋华和孩子平章顺利来到了边城昆明——差不多同时尾追而至的,是日本侵略者挂满炸弹、呼啸而来的飞机。日机首次轰炸昆明的准确时间,是1938年9月28日。

这个时间节点,中国的历史版图是这样的:中南腹地和沿海城市、港口,已经被日寇占领殆尽。西南已经了中国生死存亡的最后战略基地。云南成了通向域外购买战略物资和争取国际援助的最后通道,随着日军的步步紧逼,越南沦陷,云南对外最后一条国际通道:滇越铁路也被日寇轰炸中断,云南快要窒息了。

日本人万万没有想到的是,另外一条国际通道:滇缅公路,竟然奇迹一般,在烽火连天的艰难岁月,在云南高原的重崖湍流之间,仅仅用了9个月时间便顺利贯通!没有筑路机械,没有配套设备,沿线近30个县,20万人——青壮年都上前线了——筑路队伍里大都是老人!妇女!孩子!……这真是世界上最奇特的筑路大军呀,他们肩挑背磨、用满是老茧的手,硬生生从悬崖峭壁上为中华民族的千年存活,抠出了一条长达960公里的天路。1938年8月底公路贯通,9月2日,《云南日报》发表社论,正式宣布:《滇缅公路修完了》。

路通了,可是没有汽车司机,没有修理工,怎么办?伟大的侨领陈嘉庚先生,立即发出"南侨总会第六号公告",号召华侨中年轻司机和技工回国参战,很快,3192名热血华侨组成"南洋华侨机工回国服务团",先后分9批回国来到昆明,去云南高原蜿蜒千里的运输线上,为祖国,也为自己,书写一段最为悲壮的历史。

面对中华民族的同仇敌忾和顽强意志,日本倭寇人肯定是气急败坏的。于是,迫不及待地开始对昆明狂轰滥炸。九月的昆明,天空透明得如同刚刚擦洗干净的玻璃窗,视线极好,从广西邕宁、西林飞过来的9架日机,非常顺利地对这座毫无设防的春天之城,进行了非常轻松的轰炸后便扬长而去。轰炸的目标也非常准确:巫家坝机场、潘家湾、凤翥街……投弹一百一十余枚，炸死炸伤无辜居民两百余人。

《吴宓日记》载：

九月二十八日 星期三

是晨，日机九架轰炸昆明。初次。联大教职员学生所居住之西门外昆华师范，落弹最多。一楼全毁。幸教授皆逃出，仅损书物。死学生二人，由津来复学者。校役三人，又教职眷属二三人。阅二日，陈福田有英文函详述此事。宓倘早赴昆明，亦必住此楼中也，幸哉。[1]

其时，刘文典全家初团聚，在省行政中心所在地五华山附近一名叫"一坵田"的街区赁房暂住，一坵田往西便是小西门，再西便是潘家湾，专为滇缅公路培训驾驶员的"西南运输训练所"即设于此，自然亦成了日机狂轰滥炸的重要目标物。哲嗣刘平章先生回忆：

（一丘田）是一个很大的四合院，大门旁边还有一块空地。没多久，日本飞机来轰炸昆明。有一次母亲在房间里，我和父亲匆匆忙忙跑出来，打算到房子外面的那块空地上，突然间，一架日机俯冲下来，飞得很低，我能清楚地看见那个日本兵戴着皮帽子和风镜，父亲马上抱住我，趴在我身上，这个场景在我印象中非常深刻。

根据1945年12月云南防空司令部编《云南防空实录》统计，敌机从1938年9月28日至1943年12月25日止，先后41次袭昆，出动飞机849架，其中每天25架以上者达17次，最多的一天达45架；投弹2723枚，其中含杀伤力大的空中爆炸弹；炸死916人、伤1541人，毁房22316间。被敌机零星投弹或扫射流弹所伤者尚不知道多少。

当时，昆明是没有任何放空抵抗能力的。敌机来了，唯一的办法就是逃跑。政府能够提供的唯一措施，就是向市民进行预警。昆明城防司令部提供的预警办法也极原始：派人脚蹬单车、手执小红旗在市区绕行示警；敌机临近了，拉响警报器；距离近了，警报声便愈发短促——等警报解除，警报器便响声长鸣，骑车报警人则改插小绿旗四处巡游。骑单车报警效率太低，后来报警方式又进行了改进：昆明市区最高处为五华山，在山上高挂灯笼以为示警，动作就快多了。1930、40年代，昆明满城平房，五华山高挂的灯笼全城都能看清：挂一个红灯笼为预袭，大家就要准备跑了；挂两个：敌机已近，辅以警报器鸣

---

[1]《吴宓日记》卷六，第357~358页

第七章 铁血战火下的文化坚守

响,市民就得携家带口逃跑;敌机再近,警报声急而短促,外跑必须加快——警报解除,绿灯笼在五华山升起,警声便长,市民终可以松口气了。面对死亡的追杀,人不分贵贱,年不论老少,这种关爱生命的共同方式,被称为"跑警报"。

刘文典用如此调侃的口吻向朋友记叙了与死神的赛跑:

所堪告慰于老友者唯有一点,即贱躯顽健远过于从前,因为敌人飞机时常来昆明扰乱,有时早七点多就来扫射,弟因此不得不黎明即起,一听警报声,飞跑到郊外山上,直到下午警报解除才回寓。因为早起,多见日光空气,天天相当运动,都是最有益于卫生,所以身体很好。弟常说,"敌机空袭颇有益于昆明人之健康",并非故作豪语,真是实在情形。[1]

正是在这封信中,刘文典很欣慰地说了,"这四年中间,家国社会的进步是抵从前四百年"。

一坯田离省政府所在地五华山太近——那儿显然是日机轰炸的重点目标,加上刘家很快发现房东乃一"恶邻"——平章先生如是回忆:"(房东)女主人抽烟的时候,经常打骂甚至用烟签子戳使唤丫头,父亲见了很生气,他觉得这个人怎么会如此野蛮,更担心小孩子经常看到这样的场景不利于成长"——孟母教子尚择邻而处,何况深爱华夏传统且爱子情笃的先生呢。

于是尽快搬家。

新址位于离西南联大更近的龙翔街,除了上课方便,跑警报亦更快捷:一出龙翔街便是如今的"一二·一大道",再出去约莫半公里便有"小虹山"隆然而起。那时的小虹山十分荒野,杂木蓊密,红土覆顶,无任何住户人家,日本鬼子的飞机是不会光顾的,实乃躲避空袭的绝佳去处。先生家每日早起,夫人就让小平章出门找高处看五华山上是否挂了灯笼?一有红灯笼即回家报告,全家三口儿便直奔小虹山。平章当时正年幼,关于避难防空洞的记忆十分深刻,他说:"我们花了点钱挖了一个山洞。在那里大概从10点左右,呆到下午一两点钟才回家。"据说,耽于那片山地西南联大师生,有课的继续上课,没课的则闭目养神,或寻友聊天,或读书、甚至做研究,真的个"日

---

[1] 刘文典致胡适函,见耿云志主编《胡适遗稿及秘藏书信》卷三九,第 760 页

出而作，日入而息"；小娃娃甚至还可以做些城里难得的郊野游戏，怡然十分快乐。平章先生还说："跑警报的时候，有时会有西南联大的学生遇到父亲，就和父亲一起跑，还到我们挖的那个土洞里，拿着书读，还在里面谈谈学问和其他什么。"这一说法，正好和吴宓教授的日记相印证。

1940年10月28日，吴宓日记：

晨，上课不久，7：15警报至。偕恪（陈寅恪）随众出，仍北行，至第二山（小虹山）后避之。12：30敌机九架至，炸圆通山未中，在东门扫射。时宓方入寐，恪坐宓旁。是日读《维摩诘经》，完……2：00同恪在第二山前食涂酱米饼（注：即当地人 称饵块者也）二枚。遇缘（明日，又遇于此）。继3——4（时）在第一山（白泥山）前土洞中，与刘文典夫妇谈。请典改润宓作寿翚诗。

真是一个非常独特的文人雅集。

只是，毕竟残酷的战争环境，黑衣死神一般频频飞临的，毕竟是凶残的杀人恶魔。灾难随时都会从天而降。平章先生回忆道："有次我们跑警报回来，家里房子虽然没倒，但是一上楼看，整个瓦面全飞掉了，没有了屋顶，家里到处都是灰尘。"

城里无法继续呆下去了。刘文典先生六弟刘天达其时供职于昆明远郊官渡古镇、一家为汽车提供燃料的酒精厂（战时汽油太稀缺，需用土法酒精代之），地名六谷村。天达找一辆马车将胞兄可怜的行李一卷，全搬乡下去了。这儿地远人稀，相对安全，敌机不会到那儿多费杀人武器的。离六谷村几公里之遥有西庄村，20世纪初由法国公司修建的米轨小铁路穿乡而过，在西庄正好设有车站。从西庄乘小火车到昆明火车南站，再步行到北郊西南联大上课，黎明即起，常常深夜才能回家，有时路上突遇防空警报，还得赶紧找地方躲避一阵儿，得等警报解除方能继续赶路——生活和工作条件虽然如此艰辛苦，联大数年，刘文典先生却从来没有落下一节课。

几十年后，昆明的城市化建设让古老的边城沧桑变化，交通可谓四通八达，即便如此，从当年西南联大的旧址到官渡西庄，还是得下下狠心、定个计划才能前往的。当年日日步行、倒车、再步行、再倒车,冒险往返,其状之苦,可想而知。

绕屋松篁曲径深,幽居差幸得芳林。浮沉浊世如鸥鸟,穿凿残编似蠹蝉。
极目关河余战骨,侧身天地竟无心。寒宵振管知何益,永念群生一涕零。

这首七律是避难西庄时期先生如歌情绪的宣泄,对于战争的蔑视,和对人民的关怀之心充溢字里行间,让人想起诗圣杜甫避难成都时留下的许多伟大诗篇:《春望》《春夜喜雨》《茅屋为秋风所破歌》……拥有伟大文化传统的国家和民族是不可征服的。同样,具有崇高文化信念的人,也总能在困苦艰难之中寻找到自己生活的诗意。再说,命运还给了先生一个温暖的港湾:家庭和孩子。每天下课归来,晚霞已沉落在滇池对岸高高耸起的西山背后,西庄被高原暮色洇染得一片迷离,此时,疲惫不堪的先生总能看见半掩的茅屋柴扉前,心爱的小平章那双等待的眼睛像星星一样明灭闪烁。那一刹那,他的所有辛劳,全部得到了报偿:

西庄地接板桥湾,小巷斜临曲水间。不尽清流通滇海,无边爽气挹西山。
云含蟾影松阴淡,风送蛩声苇露寒。稚子候门凝望久,一灯邀识阿爷还。

这也是先生仅存的关于西庄岁月的两首诗作。于是我们再次想起诗圣杜甫,他一生写了1400多首诗(清代仇兆鳌的《杜诗详注》收有1439首,清代浦起龙《读杜心解》收有1458首),其中最为深刻、最为后世赞美的,几乎都是诗圣在安史之乱后熙熙避祸的动乱之中留下的,而且直接反映安史之乱的,就有300多首。于是我们不无遗憾,在避难云南的日子里,先生给我们留下的诗作实在太少。刘文典晚年将杜诗作为了他的研究方向,并最后成书《杜甫年谱》,序言称"杜公以沈博绝世之才,生风尘溃洞之际",在自己真切的人生体验中,先生找到了许多与诗圣灵犀相通之处,亦以此了却了后世读者的遗憾。

35、也说"怪"与"狂"

说到刘文典在联大时期的教学活动和文化风习，普遍都爱用一"怪"字和一"狂"字概括。遍检在西南联大教学的许多回忆文本，我们确实可以看到很多所谓狂、怪的传闻。随便捡几则：

西南联大毕业生何兆武的《上学记》里如是记载："一身破长衫上油迹斑斑，扣子有的扣，有的不扣，一副邋遢的样子……西南联大的时候，刘先生大概是年纪最大的，而且派头大，几乎大部分时间都不来上课。比如有一年教温李诗，讲晚唐诗人温庭筠、李商隐，是门很偏僻的课，可是他十堂课总有七八堂都不来。偶尔高兴了来上一堂，讲的时候随便骂人，然后下次课他又不来了……当时像他这样的再找不出第二个，可他就这个作风。"

对此，更多学生亦有回忆，说先生走进教室，总是先往"火腿椅"上一坐——所谓"火腿椅"，指出右侧把手形如火腿，以供笔记书写之用——继而慢悠悠点上一支卷烟，深吸一口，再操安徽普通话开讲。上起课来信马由缰，或旁征博引、字考句订，为几个字可讲上一两节课；或忽来几句英文、法文、德文注释，让人感觉高深莫测；口渴了，端起小茶壶呷上几口，靠在椅背上闭目养神之后再来；兴浓时，说文论诗，挥洒无边，甚至击节而歌，物我两忘，一堂课45分钟，正课他顶多讲三十多分钟，余下就是天马行空，谈天说地，臧否人物、谈论时政……某次，正讲得入神，他忽有所悟，停下来问前排学生："好像快下课了吧？"得知下一个课程的老师已经在教室外等候了快二十分钟，他赶忙起身，胡乱收拾好教具，连声说着"对不起，对不起，然后小步跑出了教室。"类似的回忆还很多。

按一般人的行为习惯看，刘文典确实有点"怪"有点"狂"。

其实，在中国传统的文化圈内，"怪"和"狂"从来多属偏褒义的定语，往往指文化品格和人生理念之不流时俗，他们或对世事愤怒，或对使命执着，或不安于平庸，或不愿同流合污，于是个性鲜明、不复他人已开之路，而要创"掀天揭地之文，震惊雷雨之字，呵神骂鬼之谈"。说早一点，战国屈原，遭遇谗言陷害，放逐于荒蛮之地，却洁身自守，被发行吟，放言"举世皆浊我独清，众人皆醉我独醒。"最后自蹈清流，沉汨罗而死；曹魏时期的"竹林七贤"嵇康、阮籍、刘伶、向秀诸人，超然乱世，以酒解忧，命巾车于野路，途穷则痛哭而返；东晋彭泽令陶渊明"不为五斗米折腰"，挂冠回乡，东篱种菊，让灵魂归来；明朝亡，外族入主中原，拒绝与新朝合作的"扬州八怪"郑燮、金农、李鱓、汪士慎之流，于是以笔墨怪诞和行为狂狷与混乱世抗衡，慰藉精神上的孤独。

当社会生活平静得一马平川，所有溪流只会在月白风清之下静静流淌，只有被绝壁傀崖四面围困，生命的激流才会挣扎咆哮，狼突狂奔，呈现出一种汪洋恣肆的激情和怪异独特的生活行为。近代中国，国运多舛，世事动荡，人心思变，自然会若干另类思维人物出世，以"狂人""痴汉""怪杰"的姿态登台亮相。启蒙大师章太炎好慷慨陈言，发过激之论，报章每每登出《章疯子大发其疯》，学博中西的辜鸿铭，清亡多年，亦一直拖着以根小辫子，被人视为疯颠；刘师培和黄侃曾大力反满，后来又极端文化保守，二人亦常作傲然高论，被人称为"刘疯子""黄疯子"……《论语》言："不得中行而与之，必也狂狷乎！狂者，进取；狷者，有所不为也"，清末民初，王纲散乱，自由言说、纵论天下的狂怪之人屡现层出，此之谓也。

至于西南联大的大师群中，为何偏偏刘文典之"狂""怪"之名为最？笔者以为有二：其一、云南边陲旧地，民风最为古朴淳厚，少听寡闻，因而当一股脑儿涌来如此众多的大师名人，自然众心拱之，大师一言一行都会倍感新奇，即便在内地看来极其普通的轶事，也容易被好事者加料烹酿，变成一段饶有趣味的花边八卦；其二，刘文典的教学方式和行为方式，确多别出心裁、独辟蹊径之处，还喜欢自命不凡，"臧否人物"，常给人感觉新鲜甚至意外，于是讹传讹，演绎出许多并无恶意的笑话来。

一个伟大的、或者说正常的教育事业，需要培养的，是具有创造性的、对于民族和国家高度责任感的人才，而不是只会人云亦云的、循规蹈矩的驯服工具和只会照葫芦画瓢的工匠。教师的独创精神和自由思想，正是学生最需要的榜样。西南联大的教学理念和授课方式，从来主张自由、独创、百花齐放，教授们喜欢怎么教？教什么？从来没有他人过问。这样做的目的，就是要让学生养成自由精神和独立品格，联大时期，大后方基本安定的教学环境，需要南渡的大师们将中华文化的精髓，用更生动的方式刻进学生们的记忆之中，正因为如此，刘文典用独出心裁的方式构建了自己的教学风格。

先生在课堂上明确宣布："凡是别人讲过的，我都不讲！别人不认识的字，我认识；别人不懂的文章，我懂。你们不论有什么问题，尽管拿来问我好了。"刘文典讲写作，仅用5个字，便道尽其中精髓。他说，其实写好文章并不什么难事，只要大家记住"观世音菩萨"这几个字就行了。此话怎解？先生道："'观'就是要多观察；'世'就是要懂得人情世故；'音'就是要讲究音韵；'菩萨'就是要有救苦救难的胸怀。"一语既毕，满堂为之叹服。

先生讲《红楼梦》，开宗明义就宣称"凡是别人说过的，我都不讲！凡是我讲的，别人都没有说过！"他认为讲《红楼梦》讲四个字就够了："蓼汀花溆"，四字便足以暗示贾宝玉与林黛玉的爱情结局，理由是，《红楼梦》第十八回写贾元春回家省亲，看到贾宝玉给大观园各种山水楼台题写的匾额，都非常满意。唯独看到"蓼汀花溆"四个字时，便笑道："'花溆'二字便好，何必'蓼汀'？"先生以一个考据训诂专家的独到眼光，认为贾元春此语正是表明了极力反对"宝黛"结合，理由是："花溆"的"溆"字，形似"钗"而音似"薛"，"蓼汀"二字的反切则为"林"。元春留"花溆"而舍"蓼汀"，已为"宝黛"悲剧埋下伏笔。

刘文典讲晋人木玄虚的《海赋》亦最是独特。他课堂提问："你们仔细看看这篇文章的文字，跟别的文章有什么不同？"学生们无人能答，许久，先生揭开谜底："这篇文章的最大秘密在于，满篇文字多半都是水旁的字"接着慨然叹曰："这个文章嘛，不论好坏，光是看到这一篇水字旁的字，就是以令人有波涛澎湃、浩瀚无垠的感觉了，快哉快哉！"

还有一次，也是讲《昭明文选》，上课半小时，先生突然宣布："今天的课到此为止。余下的课改到下星期三的晚上再上。"地点在学校某空旷地坝——学生们全然不知"狂怪先生"又有何怪招，老师已收拾课本，扬长而去。

下周三晚，学生们按时来到校园中那一块空坝席地围坐，这时才忽然发现，原来当天是农历月十五，正值月圆之期。八月暖夜，校园寂寂，少焉，满月悄然初上，清辉很快便满地播撒。此时，刘文典出现了，夹着书本开讲："今天晚上我们上《月赋》"原来满面疑惑的学生顿然快活了。月朗景清，最宜文人咏诗抚琴，选此时此地讲《月赋》，先生真是煞费苦心矣！有学生后来写文章回忆说："那是距离人类登陆月球二十多年前的事情，大家想象中的月宫是何等的美丽，所以老先生当着一轮皓月大讲《月赋》，讲解的精辟和如此别开生面而风趣的讲学，此情此景在笔者一生中还是第一次经历到。"[1]

如此教学"怪"吗？确实有一点；"狂"吗？也有一点，但是将它们放在当时的教学环境和时代背景下加以考察，又是完全正常的。

当然必须说一说有关先生的极端信息。比如，刘文典喜欢用这样一句话作为"《庄子》研究"课的开场白："《庄子》我是不太懂的！"接下来的一句就有点刺耳了："那也没有人懂！"尤其是坊间盛传，说先生不止一次在不同场合宣称："古今真正懂《庄子》的，两个半人而已。第一个是庄子本人，第二个就是我刘文典，其他研究《庄子》的人加起来一共半个！"

还有，先生一贯瞧不起后学沈从文，联大期间，有一次跑警报，沈年轻，自然跑得快，先生于是对沈从文大声呵斥："陈先生（按：指陈寅恪）跑是为了保存国粹，我跑是为了保存《庄子》，学生跑是为了保留下一代的希望。可是该死的，你什么用都没有，跑什么跑啊！"[2]

等等。

几十年后，这些旧闻轶事已难以证实亦难以证伪。沈从文夫人张兆和的四妹张充和在北大读古典文学，老师正好是刘文典，她对于先生当时了解的。坊间传刘文典蔑称其姐夫沈从文教书的月薪只值得四块钱，充和只是淡淡觉得：先生此话不过想引人发噱罢了。刘文典藐视沈从文白话写作，充和亦淡淡以为：所有用白话写作的人不是都入不了他的法眼吗？她坚信刘先生虽主见很强，骂起人来毫不留情，却未必有什么恶意，只不过自命不凡，逞一时口舌之快罢了；刘先生都把自己都不当一回事，世人又何必正经八百地看他？[3]

对于一个学问家的研究，上面那些情节各异的"八卦""花边"，即使是真，抑或是假，其实没有什么学术意义，不说也罢了。

---

[1] 参看章玉政《狂人刘文典》235页（广西师大出版社2008年版）
[2] 郑千山《独立苍茫看落晖——抗战中的刘文典》
[3] 参看（美）金安平著《合肥四姊妹》生活·读书·新知三联书店2015年版

36、三大师

西南联大有两位大师与刘文典关系密切，走得最近：陈寅恪、吴宓。为了说清先生的故事，不妨再花一点笔墨。

都说先生狂娟傲慢，性多戏谑，爱开玩笑。还在北大时就被人称为"叫什么'狸豆乌'的滑稽家"，后来回安徽办大学，面对面与蒋介石干一仗，名声大噪，再后来，《淮南鸿烈集解》问世，又有了"狂""怪"之类称谓。即使如此，陈寅恪偏偏是刘文典最佩服的大家。先生眼里，陈寅恪不仅是朋友，更是老师，他无不尊敬地称陈寅恪是"当之无愧的大学者，是'教授中的教授'"

陈寅恪典型名门之后，祖父陈宝箴，晚期曾任湖南巡抚，父亲陈三立，号散原，与谭嗣同、丁惠康、吴保初合称"维新四公子"，戊戌变法失败，闭门制诗，有《散原精舍诗集》传世。1937年8月8日，日军攻入北平城，散原老人卧病在床，拒绝服药进食而亡，父亲之死，可谓舍身取义，求仁得仁——正如此前王国维于清华湖自沉、梁漱溟之父梁济于净业湖自沉——这都为陈寅恪一辈民国大师文化追求和价值定位竖立了最高的道德标杆。陈寅恪从小聪慧过人，博涉群书，十二岁便随长兄陈衡恪东渡日本，二十岁又考取官费留学，先后到德国柏林大学、瑞士苏黎世大学、法国高等专科政治学校就读，通晓了十余种语言，甚至包括梵文、西夏文和突厥文，这位被称为"中国最博学之人"，一旦皈依了学术文化，便如圣徒一般虔诚和执着。1950年代，陈寅恪虽双目失明，仍然以顽强的毅力写成《论再生缘》、《柳如是别传》等不朽之作，直到文化大革命被折磨而死。他的一生，犹如追日夸父，如西绪弗斯推石上山，宁肯渴死荒丘、宁可累困经年，却永远像殉道者一样生活，像上帝一样思考，高洁而冷峻，即使在在朋辈之间亦有点可望不可即，更那能有半点昵狎？

吴宓同样是一位治学严谨的人，单看他留下从1910年10月1日起到1974年1月23日止，跨度达65年、字数多达800余万的共20卷本《吴宓日记》和《吴宓日记·续编》，便知他为事如何之持恒。吴宓亦是个"二门学者"：即从一座学校门到另一座学校门，先就读清华、继而留学美国、任教东西南北多所大学，又游学欧美——这和陈寅恪多有相似之处。他虽亦学得大名，被誉为"中国比较文学之父"，但和

第七章 铁血战火下的文化坚守

刘文典一样,亦对陈寅恪至为叹服。称"寅恪虽系吾友,而实为吾师""始宓于民国八年,在美国哈佛见寅恪。当时既惊其博学,而服其卓识,驰书国内诸友,谓合中西新旧各种学问而统论之,吾必以寅恪为全中国最博学之人。"吴宓先于陈寅恪回国,1925年吴宓担任清华研究院国学门筹备委员会主任,不惜委请顶级大师梁启超力荐,将既非博士,亦非硕士,又暂无著作的陈寅恪从德国请回清华园,成为与王国维、梁启超、赵元任鼎足而四的导师之一。

刘文典没有陈寅恪和吴宓那样幸运而顺途的求学与治学人生。他是以少年人好奇的眼睛在晚晴末世开始摸索和寻觅知识与真理的,并很快激于热血青年的义愤,选择了九死一生的民族革命,在血火生死的边缘摸爬滚打,铸成了自己最初的的人生信念,而后,又以革命炼狱中修练而就的毅力,开始走上中华文化的追寻之路,并取得一鸣惊人的傲人成就。对于社会、国家和民族命运的关注,早已嬗变成顽强的基因,深埋心中,不可泯灭。刘文典可能退隐书斋,独守寒窗,埋头治学,可是他却绝不可能弃世绝俗。他的入世之心永远难以冷却,窗外但有风飙之起,他总会顿萌凌云之志,甚至本能地离席再起,再作冯妇。要他不关注社会、不关系国家、不关心民族是办不到的。

特殊的人生经历使刘文典在社会认知、生活方式和处世风格等各个方面,都显示出与陈寅恪、吴宓有太多不同。相对来说,刘文典对社会生活残酷性、复杂性的认知要更深刻些,特别是面对于政治操作、社会变乱和国家危机,他定然会有更多的、甚至潜意识的关注。他总能从已知的经历中寻找历史的例证,从而得出更实际的、变通的、于原则和实际之间找到平衡的认知方案,因此他比其他文人更显得圆通和自信。所谓"狂""疯""幽默""滑稽",只不过在这些底色上一种性格外化罢了。而且,即使潜心向学之际,如遇国难家愁,他也不排除再作冯妇。我们在下面将会讲到,西南联大期间,紧张地进行教学与学术研究的同时,先生如何不断投书报刊、发表演讲,为抗战呐喊,甚至为国家未来胜利后,如何处置国家敌人出谋划策——俨然一位政治公众人物。

下面不妨对三大师略作比较。

南渡之初,陈寅恪与吴宓曾对国家前途极其悲观,这种哀怨无助之情在南渡云南的文人大师中很有代表性,蒙自时期,以至乐观派和悲观派常常常常发生争论。

吴宓日记载：1935年5月，"阴雨连绵，人心已多悲感。而战事消息复不佳，五月十九日徐州失陷：外传中国大兵四十万被围，甚危云云。于是陈寅恪先生有《残春》(一)(二)诗之作，而宓和之"。陈寅恪《残春》二首如后：

无端来此送残春，一角湖楼独怆神。读史早知今日事，对花还忆去年人。
过江憨度饥难救 弃世君平俗更亲。解识蛮山留我意，赤榴如火绿榕新。
家亡国破此身留，客馆春寒却似秋。雨里苦愁花事尽，窗前犹噪雀声啾。
群心已惯经离乱，孤注方看博死休。袖手沉吟待天意，可堪空白五分头。

所谓"读史早知今日事"，有当时北来书生的空议为证，文人大都喜欢借用旧典推导自己观点的先知先觉，冯友兰在《国立西南联合大学纪念碑碑文》便记载了这种风靡一时的悲观："稽之往史，我民族若不能立足中原，偏安江表，称曰南渡。南渡之人，未有能北返者：晋人南渡，其例一也；宋人南渡，其例二也；明人南渡，其例三也。"陈寅恪对中原民族历史上第四次南渡前途之悲观，莘然若此，于是便有了《咏蒙自南湖》"北归端恐待来生"之叹。

刘文典对于抗战的最终的胜负显然是与此截然相反。从给胡适的写信，认为抗战时期正是中国进步最快的年代。"家国社会的进步是抵从前四百年"；即使在日本空军死神的追逐之下仓皇逃生，他还在说："敌机空袭颇有益于昆明人之健康，"即贱躯顽健远过于从前，因为敌人飞机时常来昆明扰乱，有时早七点多就来扫射，弟因此不得不黎明即起，一听警报声，飞跑到郊外山上，直到下午警报解除才回寓。因为早起，多见日光空气，天天相当运动，都是最有益于卫生，所以身体很好。"1942年11月，距离日本投降还有三年的时间，先生便在《中央日报》（昆明版）上发表"星期专论"《天地间最可怕的东西--不知道》，先生便充满信心地得出结论：日本必败，中国必

第七章 铁血战火下的文化坚守

胜。

如果说三大师中，陈寅恪像"上帝一样思考，使徒一样生活"，吴宓却相对更多一些世俗的豁达和感情生活的诗意。吴宓先生对民国才女毛彦文至死不渝的、柏拉图式的漫长痴情，在学界和社会的影响力甚至超越了他的学问。钱锺书《吴宓日记·序言》云："其道人之善，省己之严……未见有纯笃敦厚如此者。"

如此纯笃敦厚的吴宓与刘文典相处，较之与陈寅恪，二人的友谊故事自然淡去了许多超乎世俗的圣结，而多了些豁达的友情与世俗的快乐。刘文典课授《红楼梦》，吴宓会悄悄坐去教室最后一排听讲。文典先生喜欢闭目讲课，侃侃自语，直说到见解独到精辟处，需要看学生反应之时，才偶然抬头扫一扫全场——某次，他竟然发现吴宓大师原来静坐在最后一排，于是俏皮问了："雨僧兄以为如何？"吴宓立即恭敬起身，点头答曰："高见甚是！高见甚是！"

吴刘二人还常常趁空偷闲，夜逛文林街。文林街是昆明大学区一条极普通的窄逼小巷，往东下坡是云南大学，曲折北出便是西南联大。小巷两岸都是些价格实惠而环境优雅的食馆商铺，最宜囊中羞涩又喜欢体会文化温馨的大学生和教师前来消费徜徉，打发时光。文林街有一英国牧师吉尔伯·贝克主持的教堂，文林教堂常有唱片音乐会、讲演会一类活动。刘吴二人经常现身演讲台——于此，吴宓日记有录可查：

1940年5月16日，"晚7-9（时），在文林堂陪刘文典讲《日本侵略中国之思想的背景》，听众极多"

1942年3月16日，"晚，偕水（按：指毛子水）及雪梅（按：指吴女友卢雪梅）在师院7-9（时）听典露天演讲《红楼梦》"

1942年3月24日，"恒丰晚饭，访虞唐。7-9（时）偕听典讲李义山诗"……

1940年至1942年之间，西南联大曾经兴起过一阵"《红楼梦》热"，于是文林堂便常有"敦请著名《红楼梦》专家刘文典教授，演讲《红楼梦》"之举，《云南日报》还刊登消息预告。吴宓作为热心人，多次安排刘文典与"文学青年""粉丝"见面。

如果说陈寅恪是学问的圣徒，说吴宓是学问的皈依者，刘文典则属于行动的学问家。三人相同之处，是将自己的全部生命付于了文化事业，在民族危难、社会离乱的世界，他们始终为人们，也为自己守护着形而上的精神价值,如古中国的诗人屈原、古希腊哲人苏格拉底、近代的荷兰哲学家斯宾诺莎,现代中国的顾准……厄运接踵,苦难加身,甚至面对死亡,丝毫不能动摇他们的意志;只是作为一个行动家,刘文典比陈吴二人少一些"学究气",多了些"世俗气"。这些,却丝毫没有影响他们友谊的深沉与醇正。诚如刘文典这样"狂""怪"之人,对陈寅恪"为学问而学问"的治学态度和超乎常人的智慧,也老老实实地表示"十二万分佩服",便足以证明。直到1949年大陆政权易手,三大师劳燕分飞,这种友谊只能变成了遥远的的个人回忆和学界佳话。

1947年,陈寅恪随队北归清华园。仅仅一年,书桌尚未安稳,北平已被共产党百万大军团团围城,1948年12月15日,双目失明且有心脏疾患的陈寅恪,随执行蒋介石"抢救学人"计划的胡适乘机仓皇飞离,到南京后又于胡适不辞而别,去上海再辗转向南,最后隐修于广州岭南大学,依旧潜心治学,道德文章依然故我。

吴宓的激情已被多难世事消耗殆尽,离开联大便决心去巴蜀故地、四川大学幽静的林间研修佛学,"慢慢地出家为僧,并撰作一部描写旧时代生活的长篇小说《新旧因缘》,以偿多年的宿愿。"可惜川行路漫漫,"因行途不便,遂止于渝碚,而在私立湘辉文法学院任教授,并在梁簌溟主办之私立勉仁文学院讲学。此时,宓仍是崇奉儒教、佛教之理想,以发扬光大中国文化为己任。"【注6】他放弃了赴美讲学的机会,谢绝了傅斯年函请赴台任教的邀请,亦放弃了钱穆力劝赴香港筹办东亚文学院的好意,共产党军歌挺进山城,吴宓最终落脚于风景如画的重亲北碚西南师范学院,终其一生。

抗战的最终胜利自然是刘文典矢志不渝追求的鹄的,可惜曙光初露,莫名其妙的人事纠葛(也许还有春天之城和南蛮旧地好客的世风)却让他最终止步于云南。也算是塞翁失马吧,解放以后知识分子改造运动疾风骤雨之时,云南边疆的丛山高岭为他遮蔽了许多风雨。热情的边疆大地甚至还送给他许多快乐和荣光。1956年,先生被增选为全国政协委员,北上京城赴盛,返滇时曾借道四川,与吴宓有过剪烛之谈,但时过境迁,彼此处境各异,甚至心有芥蒂,已不能透心仪之语,留下了永远的遗憾。

陈寅恪的生命之火本已恹恹将灭,更哪堪文革劫难鞭笞?他此生只有责任,只有精神大漠长途的爬涉。他早已没有世俗的快乐。他的灵魂早已出俗。他是生活在另一个世界的文化精灵,耄耋之年,唯欠一死。1969年,跟随陈先生多年的助手黄萱被赶走,三个女儿均被发配四川等地劳动改造,夫妇俩被赶进四面透风、摇摇欲坠的平房居住,平房被大字报覆盖,宛如一具白色活棺,红卫兵还将高音喇叭直接置于床头,夜夜嘶叫,再加上不时乱拳相加,三百年乃得一见的史学大师只终于1969年10月7日凌晨气绝而亡。享年79岁。

吴宓也死于凌晨,时间稍后:1978年1月17日。其时他已在红卫兵的酷斗之后,左腿致残,膝关节脱臼,全身浮肿,尿血不止,只能由妹妹接回陕西老家,在孤独与惊惧中默默走到生命尽头。享年85岁。他整个一生都活在个人的世界了。这个世界是他自己创造的,是在云端,这个世界有让他快乐的学问,甚至还有梦中挥之不去的甜美爱情,这些都仅仅属于他一个人。

刘文典的日子就在这个世俗的世界上。他知道他的肩头上有命运付于他的苦难和责任、家庭和孩子,还有他从少年时代就开始为之奋斗和抗争过的国家与民族的命运。和陈寅恪、吴宓这些大师在一起遨游学问文化之间,他飞升到云端,一旦面对现实,他又必须用手去艰难地触摸土地。

37、依旧联大岁月

继续回到40年代的西南联大。

随着抗日战争的顽强推进,中国人用顽强的精神、堆积如山的疆场血肉,还有用广袤绵延的空间换来的时间,将初度云南时曾经的悲观低迷一扫而空,聚集云南的大师们和人民一道,所有的生命激情都像火山一样訇然爆发。

刘文典始终坚持着极高的教学量。他一人独开"《庄子》选读""《文选》选读""温飞卿、李商隐诗歌""中国文学批评研究"等近十门课程,其中如"元遗山研究""吴梅村研究",还是来到西南联大之后方才新开的,抗战离乱,资料奇缺,甚至连最基本的《梅村家藏稿》等必备书籍都没有,他依旧将课程准备得非常好。

除了教学,先生的学术研究计划亦有计划、有步骤、从容有序地进行。"始则整理旧稿，就《庄子》一书与日本之武内义雄、狩野直喜交战，幸胜过之；继则在《大唐西域记》、《大慈恩寺三藏法师传》与前人竞争，尝以战绩示寅恪先生，极承嘉许，为拙作制序，以为'可匡当世之学风'。近来拟治《佛国记》，惜日本东京帝国大学所刊善本无法购求，乃未动手，计算四年的成绩不过此区区耳。"【注7】联大岁月，虽然书籍资料极端匮乏，先生最终还是完成并出版了《庄子补正》和《说苑斠补》等著作。先生的佛经典籍校勘工作发轫于当年北平，为此还专门去西山碧云寺读过经，而今偏居南滇，先生最终完成了《大唐西域记》、《大慈恩寺三藏法师传》等佛典的批注。联大时期，《红楼梦》研究曾一度蔚然成风，先生于其中的成果亦可圈可点，甚至多次发表演说，成一家之言。

刘文典先生关注的并非仅仅学术，昆明岁月，战争的进程、祖国的命运，民族的未来……这些都须臾未曾离开过他的视线。年近耳顺的书生，他不可能在像年轻时代那样驰驱沙场，但深厚的社会阅历、丰富的政治智慧、宽广的国际视野，使他有可能用另一种方式呐喊，鼓舞人们的战斗精神和坚持的意志。先生一生三度赴日：特别1908年青年留学和1913年的政治逃亡，身处社会底层，接触最广，对这个国家的政治构架、民间传统及大和民族的心理结构、文化取向等，有深度接触与了解，深知"日本这个国家和世界的其他各国迥然不同"，这片奇特的东方文化土壤一旦被西方烈性的液体浇灌，于是由君主和"军阀"共同主宰的怪异畸形之树：军国主义，就蓬蓬勃勃生长起来，整个民族文化精神整个儿被迅速毒化，山上覆满圣洁白雪、空中飘飞樱花雨的东瀛四岛，于是便催生了无数可怕的杀人鬼蜮。刘文典切身的感受和认识，对于听众和读者定然是更真实、更具震撼力的。先生"身无寸铁，心忧天下"，读他的报端投书，听他的时政评讲，你会以为是一线指挥官面对沙盘兵推，甚至在盟军战略会议上出谋划策。

1943年2月23日，《云南日报》刊出刘文典的长篇文章《美日太平洋大战和小说》，从文学鉴赏的角度分析国际战争局势，眼光堪称独特：文章提到两年前的日军偷袭珍珠港，公开向美英挑战，继而迅速侵占香港、马来西亚、菲律宾、关岛、新加坡、缅甸、印度尼西亚……军事上节节胜利，一时间风头大盛，只是很快发生的中途岛之战，美国搬回一局，重新取得海上主动权——刘文典通过战争小说的分析，

第七章 铁血战火下的文化坚守

充满信心地认定:"日本在赌赛国力的长途竞走上不是美国的敌手"提出:"准备未完成的美国舰队不肯送到日本近海受它'击溃',等扩张齐备之日以压倒的优势打来"届时,加上中国等军事力量的配合,"将来直捣三岛的当然少不得我们的联军"云云,显然,这些都非书生空论,后来盟军的大反攻,直至1945年8月15日日本的无条件投降,世界反法西斯联盟取得最后胜利,战局的发展,对先生的预见加以了印证。【注7】

1942年11月8日、9日,刘文典连续在《中央日报》(昆明版)"星期专论"发表题为《天地间最可怕的东西——不知道》的文章,最是为人称道:

天地间最可怕的东西是什么?是飞机大炮么?不是,不是。是山崩地震么?是大瘟疫、大天灾么?也都不是。我认为天地间最可怕的,就是一个"不知道"。因为任何可怕的东西,只要"知道"了就毫不可怕。

泱泱大中华,为何被日本军国主义铁蹄长驱直入,先生认为,一直以来,日本设在中国各地的特务机关无孔不入,将中国社情军情摸得一清二楚,认定中国绝对无抵抗能力,所以才敢悍然发动"卢沟桥事变",以"闪电战"迅速入侵。可是,敌人万万没有想到,后来中国对日寇灭亡中华的企图都"知道"了,于是激起全民族奋起,坚韧反抗,他就绝对征服不了。先生曰:"我们替他们设身处地地想,这有什么办法呢!"

同样,美国之所以于珍珠港一役被日本人打得晕头转向,就是因为他们对日本人的"天性慓悍"缺乏了解,"如果有战争,它必然是要先下手袭击的"。反过来说,"英美固然大吃'不知道'的亏,但如今反法西斯同盟一旦形成,无论从人心、经济实力、军事实力和日本所吃的大亏也正是因为这位'不知道'。"

作为文化人,先生最为清楚,日本侵略者"最阴毒"之处,就是他们除了攻城略池,肆意杀戮中国人的肉体生命,掠夺有形财物,还千方百计从文化精神上加以摧毁,这才是日本人最为可恨的。为此,先生在《云南日报》发表专论《日本人最阴毒的地方》,痛心疾首地提醒国人加以警惕。【注8】

必须特别一说的是,1944年,正当人们在为夺取抗战的最后胜利而欢欣鼓舞时，刘文典却语出惊人，发表了一篇让人惊讶的高论：日本败后，我们该怎样对它？

日本人长期学习中国文化，算是中国最恭顺的弟子辈，可自从改换门庭，傍上了西方，明治维新、国力大增之后，立即对老师中国以武力相欺辱，1894年甲午一战，把大清朝的北洋师打得灰飞烟灭，从此后每一次西方列强入侵中国，它便少不了趁火打劫，"九一八"之后，他干脆就想中国独个儿尽吞，不仅独吞，还想和远在中欧的德国法西斯一道瓜分整个地球！对这个忘恩负义的孽种、血债累累的恶魔，中国人怎么泄愤都不算过分的，怎么处置都理所当然。就先生本人而言，这些年几千里颠沛流离，饱受妻离子散之苦，深领日寇夺书之恨，备尝日机空袭下惶惶逃命之难，可是，在抗战胜利即将到来之际，刘文典却偏出了一番有违常谱之语，称：

要从大处远处想的，不能逞一朝之忿、快一时之意。我们从东亚的永远大局上着想，从中国固有的美德"仁义"上着想，固然不可学克莱孟梭（法国内阁总理）那样的狭隘的报复，就是为利害上打算，也不必去蹈法兰西的覆辙。所以我的主张是：对于战败的日本务必要十分的宽大。【注9】

这是先生一则政论长文中的观点。文章于1944年3月30日、31日《云南日报》两天连续刊出。先生承认："论起仇恨来，我们中国之于日本，真是仇深似海，远在法国和德国的仇恨之上。说句感情上的话，把（日本）三岛毁成一片白地，也不为残酷，不算过分。"但是他公然堂而皇之地大谈关乎国家民族的事，须得施以中华民族固有之美德。先生称："基于这种宽大的态度，发挥我们中国固有的尚仁尚义的美德，那么，我们中国将来在和平会议上，不但不要用威力逼迫这个残破国家的遗黎，还要在伐罪之后实行吊民，极力维护这个战败后变得弱小的民族，这个民族自立为一个国家已经一二千年了，我们既不能把他根本夷灭，改为中国的一个省份，依然让他做个独立自主的国家，也就应该有个待国家之道。"在谈到和平条约的内容时，先生的态度更是比政治家还要慷慨大度：一是主张不向日本索取赔款；二是主张不要求日本割让土地；三是主张日本用自身拥有的文物赔偿它所毁坏的中国文物。I

几十年后，我们已经已经无法确切知晓国人当初读到这些高论时

第七章 铁血战火下的文化坚守

的反应了,但有一点可以肯定,不少读者至少在第一时间是难以赞同这种"仁义"之论的。因为,中国是一个重农主义国家,占国家人口绝大多数的农民最讲实际,日本鬼子闯进中国人的园子,杀了这么多人,扔了那么多炸弹,毁了那么多城市,直接经济损失超过6000亿美元,竟然一文不赔,实在太说不过去。中国古代礼仪,虽然主张"温良恭俭让""君子以德报怨"。仲尼之徒遇事从不言利,"唯有仁义而已矣"。可是,人们现实生活所面对的,是如此凶残、与禽兽无异的外国侵略者呀!就在此几十年前,面对事实上已经融入华夏民族的爱新觉罗统治者,刘文典不是曾那么激烈地想要"饥餐胡虏肉,渴饮匈奴血"吗?如今,他咋一下子为了自尊的、虚妄的"中华文化伦理",突然变得如此豁达大度?至少,在此后几十年的1972年,中日恢复邦交,等待万国来朝的伟大领袖,同样在自己的书房里如此慷慨地表示不向日本索赔——此举至今让许多"中国愤青"耿耿于怀,一旦不高兴,他们就骂人"汉奸""卖国贼",动辄扬言抵制日货,上街游行,砸日系轿车,用环形车锁把买日系车主的脑袋砸个鲜血淋淋……

抗日战争确实给国际和国内的政治格局提供了一个重新洗牌机会,蒋介石的威望达到了世界级领袖的巅峰,也让险些儿就被蒋介石碾为齑粉的共产党终于站稳脚跟,迅速坐大,并最后将蒋介石赶去海东的一群小岛。可是,刘文典急于表现自己的儒家风范是为什么呢?虽说"天下兴亡,匹夫有责",与毛泽东、蒋介石这些超重量级的大人物相比,先生实在过于渺茫,如此作派,只能有一种解释:年轻时代在心中种下的政治抱负,一旦春阳行天,东风化雨,于是必然要冲破岁月沉积的泥土,到阳光下来伸枝抽条了,全然顾不得它的叶片是什么模样?该不该长在它的枝条之上?

还好,在这篇极力主张"宽大对待日本"的专论中,在国家主权、民族大义和领土问题上,刘文典的态度让人欣慰,没半点儿退让:

我们早已昭告天下,绝无利人土地的野心,更不想征服别的民族。所以战事终了之后,我们只要照我们的古训"光复旧物"、"尽返侵地",就算完事,绝不想索取日本的领土。况且日本原来自有的区区三岛,土地本也无多。他的本土三岛,我们纵然一时占领,也无法享有他的土地,很难治理他的人民。论势论理都不必要日本割地给我们的。但是有一点却不可不据理力争的,就是琉球这个小小的岛屿必然

要归中国。这件事千万不可放松，我希望政府和国民都要一致的坚决主张，务必要连最初丧失的琉球也都收回来。【注10】

　　笔者有必要申明，关于战后的政治格局、走向，关于要不要战败者赔款、追索领土……这些确实不该列入本文的讨论范围。上面写了这么多，只想说明一个问题：刘文典先生虽然一直研究远离儒学的《庄子》《淮南子》《大唐西域记》《大慈恩寺三藏法师传》，甚至直接反孔的《论衡》一类典籍，但本质上，先生体内流淌的，依旧是儒家的粘稠血液。他永远生活在实实在在的社会中。他无法出世。

第八章，无奈的谢幕

38、败走普洱

  世界反法西斯战争和中国抗日战争胜利在即，一个全新的中国如天边帆樯，已在远方的海平面缓缓升起。心系天下的西南联大文化大师们，开始了新一轮的找寻与选择。1944年夏天，闻一多在罗隆基、吴晗的介绍下，秘密参加了民盟；1945年4月25日，毛泽东曾经非常佩服的新文化楷模胡适代表国民政府出席联合国大会，在旧金山与会期间，胡曾以《淮南子》的无为主义规劝同时与会的中共代表董必武，希望中共作为国内第二大党参加和平选举；7月，国民参政会的民主党派人士傅斯年、黄炎培、章伯钧、褚辅成、冷遹、左舜生六人访问延安，与毛泽东长谈未来中国的命运，其中，黄炎培与毛泽东作竟夜之谈，发表了被后世美誉为"窑洞对"的著名对话，提出走民主新路，"让人民来监督政府"、跳出"其兴也勃焉，其亡也忽焉"的王朝兴亡"周期率"……苦等多年的新中国，热切召唤知识分子"为生民立命"。

  刘文典偏偏在国内政治重建的问题上沉寂了。虽然他也发表文章，也参与社会活动，也写诗，赞美远征军的滇缅大捷，但是这些，除了表明他的存在，似乎什么都不能说明。在大师们众声喧哗的社会舞台，他似乎已经退去后台卸妆。没有年轻时代为民族解放冲刺的呐喊，没有中年前后为学术奋斗的坚韧。维持他继续生存的，只有他已经渐渐老去政治资历和文化惯性，还有一个并不光彩的声名。

  要说清楚先生的嬗变，事情还得从刘成章的夭折开始。

  前面说过了，儿子成章夭亡，他曾经万分痛苦，于是在人劝议下开始吸食鸦片——这无论如何都是不能原谅的。如果当初为消减丧子之痛，权宜吸之，犹可说也，长期成瘾而不能自拔，这就必须加以指摘了。事实上，许多案例都说明了，戒食鸦片并非办不到，地方军阀在国民党兵败如山倒之时，为了投靠共产党，而他们知道新政权不容许吸毒，都狠狠心就很快戒掉了烟瘾。先生南渡来滇之前，也曾自我戒掉的，可惜到了昆明，环境使然，莫名其妙又抽了起来，而且调侃地以"二云居士"（按：指云土和云腿）自诩。关于此节，同为西南联大教授的历史学家钱穆先生有文相记：

（刘文典）因晚年丧子，神志消沉，不能自解放，家人遂劝以吸鸦片。其后体力稍佳，情意渐平，方立戒不再吸。及南下，又与晤于蒙自，叔雅鸦片瘾复发，卒破戒。及至昆明，鸦片瘾日增。【注1】

问题在于，昆明地本偏远，在朴实而寡闻的市民眼里，西南联大这些教授学者头上个个都顶着耀眼光环，像圣贤一样格外地让人关注和尊敬，即便为了维护知识分子的荣誉，先生都是完全不该放纵自己的。如果仅仅是个普通书生，其实也就罢了，可他太出名，他的一举一动都在舆论的射灯照耀之下曝光，即便些许瑕疵，都躲不了遭人诟病，更何况这个正常人都绝不会苟同的嗜好，势必会在社会声誉、人生书写，甚至学术地位方面，产生负面影响，事实上也产生了。

自古以来，中国的文人士大夫无非两类，一类如伯夷、叔齐、陶渊明，为了信念，自甘清贫，不为五斗米折腰，甚至宁肯饿死首阳山，极而行之者如屈原，不堪于家国毁陨，怀沙自沉，以证清白；另一类则如阮籍、嵇康之流，放浪形骸，狂野不羁（当然也有一类，人数甚至不算少，为一己之私，不惜自降人格，趋炎附势、阿世取容，为权贵作走狗——这已经不能叫做文人了，充其量算是用文化讨生活的特殊匠人而已）。刘文典也许少了些前一类文人的基因，而多了些后一类的遗传，于是一出不该发生的悲剧，这时候遗憾地发生了。

过程大体如下：1942年春，滇南普洱县磨黑镇大盐商张希孟，想在家乡办一所中学，其次，处于中国社会金字塔"士农工商"最低一层的商人，一旦事业发达，都喜欢附庸风雅，向代表知识的"士"靠拢。张希孟久慕刘文典大名，于是——按照先生自己的表述，大盐商"愿以巨资倩典为撰先人墓志，又因普洱区素号瘴乡，无人肯往任事，请典躬往考察"。至于"瘴乡之游"，先生还详细说明，盐商张希孟望先生他"作一游记，说明所谓瘴气者，绝非水土空气中有何毒质，不过虐蚊为祟，现代医学，尽可预防，'瘴乡'之名，倘能打破，则专门学者敢来，地方富源可以开发矣。"瞧，很不错的主意啊！先生是接受过现代科学熏陶的，"平日持论，亦谓唐宋文人对'瘴'确夸张过甚"，明代心学大儒王阳明著《瘗旅文》一篇，对贵阳修文地区的所谓"瘴气""扣帽子形容太过"，直成了"开发西南之在阻力"。

第八章 无奈的谢幕

正因为如此，于是先生"遂允其请"【注2】。盐商的说辞固然是打动刘文典的绝好理由，而对方允诺提供巨额酬金，可保其数年衣食无忧，如此诱惑，焉能不让肉胎凡身的刘文典动心？在战时后方生活极端艰难的情况下，我们必须承认后一条理由的诱惑力。

中国的抗战已经在异常艰难的条件下，硬撑快第六个年头了。不仅芸芸市民苦不堪言，名满天下联大教授们照样困苦难熬，甚至清华大学校长梅贻琦先生的夫人，也不得不放下身段，自制糕点上街摆卖，她还给可爱的糕点起了一个非常动听的名字："定胜糕"；伟大的社会科学系教授费孝通业余时间卖起了大碗茶；物理学家吴大猷为了给妻子熬汤治病，只能到菜市场捡拾废弃的牛骨头；闻一多一家八口，生活尤为窘困，不得不房后种蔬菜，门前悬市招，为人治印收钱；最无能的算吴晗了，夫人袁震肺病投医无钱，只好把珍藏历史文献，孤本、独本忍痛出手贱卖……瞧，偏偏刘文典遇到这样的好事，凡人焉能拒绝？必须说明，大盐商还有一个还开出一对外隐秘、而对先生毫无疑问最具诱惑力的条件：另付鸦片若干。

就这样，刘文典向学校请假，踏上了磨黑之路。

消息传出，顿时在文人圈内引起轩然大波。虽然当时，教授们为生活所困，兼做一点小买卖，聊补无米之炊，这些都是能够让人接受的。糟糕的是，行遐赴远，向一个土司盐商折腰，实在有辱斯文，而以鸦片代束脩，绝非光彩事了。更糟糕的还有，刘文典此番外出超时，使正常的课程受到影响，这就让艰苦中熬煎的同事们更难以接受。西南联大的中文系是由北大、清华两校教师组成的（南开没有中文系），教授仅七人，其中陈寅恪远在香港，一时无法回校，刘文典一走，就只剩下闻一多、朱自清、罗常培、王力等几个人。这些教授不仅要为中文系开课，还承担着全校各系一年级的通课。刘文典迟迟不归，授课安排更捉襟见肘，坊间自多微词，最后简直就愤怒了。

其时，清华中文系主任偏偏正是激情豪放的"红烛诗人"闻一多。闻本楚地文胆，性格耿介，眼里容不得沙子。他本就不满刘文典去普洱，如今到期不归，满肚子怒火焉能不勃然大发？

西南联大乃三所名校合并而成，但内部仍保留各自体系，以便胜利后北归复校建制不变，因此昆明期间教师的聘任依旧由各校自主。是时，每位教师每学期都会得到两份聘书：一份联大的，一份为北大、清华、南开三校中某一校的。如果三校中无学校对其发聘，联大也就不发。刘文典为清华所聘，这年5月，按例开始给各教师续颁发聘书了，先生自然该有一聘。清华中文系主任闻一多，对刘文典独去普洱本大不满，而联大给刘送聘书前偏偏忘了与系主任闻一多沟通，闻一多旦闻此事，当即大怒，立刻给刘文典去信一封，称，即使聘书已发出，也定要收回，信函还以"昆明物价涨数十倍，切不可再回学校，试为磨黑盐井人可也"等语相讥。当时的文学院长是冯友兰，见闻一多态度如此坚定，且明确站在道德制高点发声，冯亦无话可说。冯友兰是个哲学家，哲学家是非常讲究道德价值的，刘文典此行在他看来确实不足称道，难以为人师表，于是接受了中文系主任的处理意见，决定首先对刘文典停薪，然后考虑解聘。

刘文典的厄运注定了。

性情开朗的刘文典，初接闻一多的"半官式信"，漫以为不过文人间一时之闲气罢了，未予理睬。十一年前的1931年，闻一多在青岛大学任教授，因不赞成反日爱国学潮，被学生们指为"准法西斯蒂者"加以驱逐，其后只身赴清华，时逢国文系主任朱自清出国游学年余，其职由刘文典暂代，命运使然，惶惶无计的闻一多便由先生收归旗下了——即便按照芸芸凡夫"知恩图报"的民间流俗——刘文典想必闻一多不该、也不会做得过于绝情，他没有理会当年自己施过恩惠的闻一多，偏偏又给时任联大中文系主任罗常培去了一信相询，还表示："雨季一过，必然赶回授课，且有下学年愿多教两小时，以为报塞"【注3】，先生的内怯、不安全感，还有责任感，跃然纸上。

刘文典还不知道，在昆明这个故事本来很少的边地旧城，一个名人饱受争议的磨黑行已被炒的沸沸扬扬。尤其在文化界、在西南联大，已然成了文人们热议的话题，且愤愤者多，虽然亦有不少人为之说项求情。

吴宓日记载：

（七月十五日 星期四 阴）浦江清来（注：浦江清）……翠湖小亭坐谈。浦君力劝宓，……专心著作小说……传之永久，求知音于后世……浦又述清华已将典下年解聘等情。

（七月二十一日 星期三 阴）访铮（注：查良铮，著名翻译家）……

第八章 无奈的谢幕

既散，乃以典解聘事告铮。铮命宓速函请寅恪函梅校长留典……

（七月二十二日 星期四 阴，微雨）3:00访水（注：毛子水），谈典事……

（七月二十三日 星期五 晴）……函陈寅恪(桂林)，确述典解聘详情，及铮意求寅恪函梅公挽回云云。4:30以此函交送水缄发……
【注4】

事情当然不止于吴宓日记所记录的这些。可惜，所有努力都落了空。同为清华文学教授的语言学家王力在一篇回忆中说："系里一位老教授应普洱某土司的邀请为他做寿文，一去半年不返校。闻先生就把他解聘了。我们几个同事去见闻先生，替他那位老教授讲情。我们说这位老教授于北京沦陷后随校南迁，还是爱国的。闻先生发怒说：'难道不当汉奸就可以擅离职守，不负教学责任吗？'"

7月22日，国立西南联合大学常委会第268次会议通过决议："改聘沈从文先生为本大学师范学院国文学系教授，月薪三百陆拾元。"
【注5】

滇南七月，正是萧萧密雨时，泥泞的远路和潮湿的重重青山，将昆明城阻隔得如此遥远。先生只能坐困愁城，进退无计。据平章先生的回忆，当初出发南下，坐汽车到玉溪，从玉溪步行，再换乘滑竿，每天仅能走二三十公里，从昆明到磨黑，前后共用了近半个月！雨季来临，翻山行路，其艰难险阻更是不堪。此时，先生收到朋友来信，称清华"有更进一步之事"——一切都分明了，刘文典挑起的，已不是闻一多一人的恩怨，而是中国最著名大学的一场风波！坏消息让先生更加左右失据。7月25日，他不得不向清华校长、联大常委会主席梅贻琦写长信陈情，表白自己"往岁浮海南奔，实抱有牺牲性命之决心，辛苦危险皆非所计。六七年来亦可谓备尝艰苦矣，自前年寓所被炸，避居乡村，每次入城，徒行数里，苦况非楮墨之所能详。两兄既先后病殁湘西，先母又弃养于故里，典近年在贫病交迫之中，无力以营丧葬。"不就是要挣点钱吗？不就为了解决一点儿生计之困吗？能错到哪儿去？先生坚持自己"并无大过"，只是"徒因道途险远，登涉艰难，未能早日返校"罢了。曾在学术上傲视群雄，政治上曾与国家元首对垒叫阵的当年雄才，如今满含冤屈地向清华大学校长细说了他的请假始末:"初拟在暑假中南游,继因雨季道途难行,加之深山中伏莽甚多,必结伴请兵护送,故遂以四月一日首途。动身之先,适在宋将军(按:指宋希濂,其时正领军赴滇西御敌抗战)席上遇校长与蒋梦麟先生、罗莘田(按:即罗常培)先生,当即请赐假,承嘱以功课上事与罗先生商量,并承借薪一月治装,典以诸事既禀命而行,绝不虞有他故",接下来痛切陈情道:

典虽不学无术,平日自视甚高,觉负有文化上重大责任,无论如何吃苦,如何贴钱,均视为应尽之责,以此艰难困苦时,绝不退缩,绝不逃避,绝不灰心,除非学校不要典尽责,则另是一回事耳。今卖文所得,幸有微资,足敷数年之用,正拟以全副精神教课,并拟久住城中,以便随时指导学生,不知他人又将何说。典自身则仍是为学术尽力,不畏牺牲之旧宗旨也,自五月以来,典所闻传言甚多,均未深信。今接此怪信,始敢迳以奉询究竟。典致沈君私人函札中有何罪过,何竟据以免教授之职。既发聘书,何以又令退还,纵本校辞退,典何以必长住磨黑。种种均不可解。典现正整理著作,预备在桂林付印,每日忙极〈此间诸盐商筹款巨万,为典刊印著作,拙作前蒙校中特许列为清华大学"整理国学丛书",不知现尚可用此名称否,乞并示知),今得此书,特抽暇写此信,托莘田先生转呈。先生有何训示亦可告之莘田先生也。雨季一过,典即返昆明,良晤匪遥,不复多赘。总之典个人去留绝对不成问题,然典之心迹不可不自剖白,再者得地质系助教马君杏垣函,知地质系诸先生有意来此研究,此间地主托典致意,愿以全力相助,道中警卫,沿途各处食宿,到普洱后工作,均可效力,并愿捐资补助费用,特以奉闻。【注6】

梅贻琦并没有及时作答。梅乃性情平和,古道热肠人,直到9月10日才草拟了一份复信,交清华大学秘书长沈履誊清,于次日再以梅贻琦名义寄出。梅校长如此怠慢婉转,想必有两点原因:一,因普洱之行后果已成,他不想回复太快以刺戟当事人情绪;二,系主任闻一多辞聘先生的态度如此强硬,作为校长,亦不便强其所难,于是故意拖宕,等生米煮成了熟饭,再表个无奈之态,说几句客气话,来个两面光,做个顺水人情罢了。梅贻琦信文如下:

日前得罗莘田先生转来尊函,敬悉种切,关于下年聘约一节,盖琦三月下旬赴渝,六月中方得返昆,始知尊驾亦已于春间离校,则上学期联大课业不无困难,且闻磨黑往来亦殊匪易,故为调整下年计划,以便系中处理计,尊处暂未致聘,事非得已,据承鉴原。琦。九、十。
【注7】

刘文典的清华故事只能这样落幕了。

39、题外的闲话

清华解聘对于先生也许并非坏事,某种意义上说,这恰恰应了《淮南鸿烈》中的一个名典"塞翁失马,焉知非福"。就在解聘后差不多正好一月,思贤如渴的云南大学校长熊庆来写了一封信:

叔雅先生史席:

久违道范,仰止良殷。弟忝长云大以来,时思于此养成浓厚之学术空气,以求促进西南文化。乃努力经年,尚少效果,年以为憾。尝思欲于学术之讲求,开一新风气,必赖大师。有大师而未能久,则影响亦必不深。贤者怀抱绝学,倘能在此初立基础之学府,作一较长时间之讲授,则必于西南文化上成光灿之一页。用敢恳切借重,敦聘台端任本校文史系龙氏讲座教授。月致薪俸六百元,研究补助费三百六十元,又讲座津贴一千元,教部米贴及生活补助费照加。素识贤者以荷负国家文化教育为职志,务祈俯鉴诚意,惠然应允,幸甚幸甚。附上聘书一份,至希察存。何日命驾来昆,并请赐示,以便欢迎。专此布达,敬请道祺。

弟熊庆来
八月二十一日"

如果仅仅就经济而言,清华的解聘对于先生并非坏事,相反正好应了《淮南鸿烈》中的一个名典"塞翁失马,焉知非福"。就在解聘后差不多正好一月,思贤如渴的云南大学校长1943年8月21日,经陈寅恪推荐,云南大学校长熊庆来就正式致函先生,盛情邀请刘文典担任云大教席,所给待遇,大大高于清华:"月支薪俸六百元,研究补助费三百六十元,又讲座津贴一千元,教部米贴及生活补助费照加。"

熊函客气有加："久违道范，仰止良殷。弟忝长云大以来，时思于此养成浓厚之学术空气，以求促进西南文化。乃努力经年，尚少效果，年以为憾。尝思欲于学术之讲求，开一新风气，必赖大师。有大师而未能久，则影响亦必不深。贤者怀抱绝学，倘能在此初立基础之学府，作一较长时间之讲授，则必于西南文化上成光灿之一页。用敢恳切借重，敦聘台端任本校文史系龙氏讲座教授。"熊庆来最后表示："素识贤者以荷负国家文化教育为职志，务祈俯鉴诚意，惠然应允，幸甚幸甚。附上聘书一份，至希察存。何日命驾来昆，并请赐示，以便欢迓。"

这样的结局应当圆满了吧？是的，应当圆满了。最重要的还不是当时，云南大学的高薪礼聘解决了先生现实的经济需求，避开了闻一多等清华同事之间的矛盾，更重要的是，几年之后，大陆政权鼎革，阳光普照大地，留在大陆的学人在新政权的礼遇下刚刚各安其位，事情就发生变化了：知识分子改造运动如风暴来袭，铺天盖地，洪流滚滚，顺之者昌，逆之者亡。那些曾经心高气傲、敢于与国民党叫板的文人，吓得仿佛一夜之间就被抽走了脊梁骨。而刘文典，幸好有云南高原与政治中枢北京之间遥远的距离阻隔，将风暴悄悄儿消减，他一直没有受到更大的冲击。这是后话。

如果从更深层次分析，这个结局对先生也未必算圆满的。云南大学的高新礼聘并没有消解某些持负面观点的清华同事的愤懑，恰恰相反，如闻一多者，对云南大学的决定更是挖苦有加，甚至而坊间有传，说闻一多与刘文典之如何矛盾似乎更加激烈。是年秋，国民党教育部高教司司长吴俊升邀集西南联大、云南大学、中法大学文法学院主任讨论《部颁课目表》修改问题，不知为何，不依不饶的闻一多在会上再次提起刘文典，说"幸得将恶劣之某教授（典）排挤出校，而专收烂货、藏垢纳污之云大则反视为奇珍而聘请之"，而"云大在座者姜寅清无言，徐嘉瑞圆转其词以答，未敢对闻一多辩争"。知识分子之间因自尊心过于执拗引发的矛盾，注定不会因为经济问题而解决。

同样，年岁虽已届耳顺、而性情依旧狂狷的刘文典，也做出了与这个年龄和身份不该有的失态之举。返回昆明，他就到清华文科研究所找闻一多论理。闻一多之子闻黎明访问王瑶先生的文稿有载："两人都很冲动，闻一多正和家人一起吃饭，他们就在饭桌上吵了起来。朱自清先生也住在文科研究所，看到这种情况就极力劝解。"【注8】

几十年后，我们实在不愿意继续写下这些让文人蒙羞的轶闻。历史上的知识精英，曾给我们留下过为数不少的故事：当价值坚守和个人利益发生冲突之时，他们都能最终成功化解困境，留下佳话美谈。对于让历史骄傲的智者，人们从来都满怀虔诚的仰望，容不得半点贬损，更不能想象他们身上也有可能的俗人缺损，不希望他们偶然失足，让形象遭受玷污和损毁。其实人们并不知道，执着坚守于文化信念的人，固然不能见容于流俗，有时却也不能见容于与他同样执着坚守于自己信念的人。闻一多是这样的人。刘文典同样是这样的人。二人之间的故事，不幸成了中国文人交往史上让人失望的独特景观。

现在，我们已经找不到刘闻交恶后，闻一多在两人关系上还做过些什么。幸好云南省档案馆为我们保存了这样一份资料：1947年11月6日，记录闻一多牺牲前最后一次演讲的云大外语系学生何丽芳被捕，刘文典先生积极参加了营救。档案记录了一份云南大学的教授们的电报，称："国立云南大学快邮化电：云南省警备总司令何勋鉴，查逮捕乱期共党及为共党工作人员，在此戡乱期间自无可议，惟逮捕方式不慎，颇足引起疑虑，如本校学（生）何丽芳被捕后……教授刘文典等戌元叩。"【注9】闻一多先生如地下有知，应当为此感到欣慰的。

先生被清华解聘，偏居云南，虽然经济情况好多了，却留下了让人不能不慨叹一大遗憾：刘文典失去了取得更大成绩应有的文化环境。古往今来，人取得成就，一般应当具备三个条件：才能、环境、机会。如果不讨论先生的才能，单就环境而言，必须承认，离开清华便必然失去了中国顶级学术交流的群体环境，对于学术的继续发展，注定会失去许多可能遇逢的机会。太史公史记《李斯列传》有记，说李斯年少时"见吏舍厕中鼠食不洁"，而"仓中鼠，食积粟，居大庑之下……于是李斯乃叹曰：'人之贤不肖譬如鼠矣，在所自处耳！'乃从荀卿学帝王之术。"历史有时是很偶然的。人的命运甚至整个社会的命运，有时往往会因为一个偶然的事件而彻底改变方向。辛亥革命，如果不是名叫熊秉坤、金兆龙那两个普通士兵在命悬一线的危机关头大喝一声："造反就造反！"继而开枪打死巡查的连、排长，中国那一场推翻几千年封建统治的革命首义，很可能不是发生在武昌城头。卢梭的命运，有两件事至少是致命的：如果他人生中没有遇到华伦夫人，得到她的关爱和鼎力相助；如果1749年那个炎热的夏天，卢梭没有去范塞纳堡看望狄德罗，没有在途中的草地上那一躺，于是偶然看到第戎学院的征文通知，于是写出了让他一举成名的著名论文《论艺术和科学》，这位改变了整个法兰西命运的伟人，他个人的命运将很可能是另外的样子。

历史总是拒绝假如的，但行笔至此，笔者总会无奈地如是猜测，假如不离开清华，此后先生学术成就和影响，定然会更大的，命运也可能会更好些——当然也可能相反。总之，我们不能不遗憾地再次引用李斯那个不恰当的比喻：留在云南，他不再是一只粮仓里的老鼠了。

40、不得不说的一个的政治投影

刘文典普洱之行，还有一个连刘文典本人全然不知的背景。

1941年1月4日，就是刘文典抹黑之行的前一年初，远在中国东部战场的新四军军部及其所属皖南部队9000余人奉命北移，从云岭驻地出发绕道而上。6日，部队到达安徽泾县茂林地区，突然遭到国民党军队七个师8万余人的包围突袭。新四军指战员英勇奋战七昼夜，终因寡不敌众，弹尽粮绝，除约2000余人突出重围外，其中一部被打散，大部均壮烈牺牲或被俘。军长叶挺在和国民党谈判时被扣押，政治部主任袁国平牺牲，副军长项英、参谋长周子昆在突围中被叛徒杀害。1月17日，蒋介石诬新四军"叛变"，宣布取消新四军番号，声称将把叶挺交付"军法审判"——这就是震惊中外的"皖南事变"，这一事变让共产党军事力量蒙受了重大损失，国民党顽固派发动的第二次反共高潮亦由此开始。在这一次新的反共高潮中，蒋介石集团在云南也开始了对共产党员和进步人士的大搜捕。

为了适应新的斗争形势的需要，西南联大党组织在中共云南省工委的领导下，根据党中央关于"隐蔽精干，长期埋伏，积蓄力量，以待时机"的方针，借滇南盐商张希孟筹建磨黑中学并招聘教师的机会，于1941年10月派地下党员吴子良、董大成到磨黑中学，以教师这一公开身份，暗地开展地下工作。

第八章 无奈的谢幕

先生哲嗣刘平章介绍,陪同刘文典先生去普洱的,正是地下党所安排去普洱做教师的地下党员和进步青年,以陪同大师的身份离开昆明,自然就隐蔽得多也安全得多。这些热血青年认真执行南方局关于"三勤"(勤业、勤学、勤交友)指示精神,深入群众,培养学生,为党在磨黑扎下了立足之点。私立磨黑中学创办于1941年3月,为宣传共产党的主张培养了不少成员。成为了"思普革命活动中心"

下面照录刘平章先生对于此一事件的回忆,供研究者参考:

1942年,有西南联大的学生请父亲到普洱的磨黑教书。当时邀请父亲的西南联大学生的身份及背景,当事人前些年已发表文章说明了,但那时我们是不知道的。1943年初,父亲、母亲和我便动身了。我们先从官渡到昆明,住在火车站旁边一个小旅馆里面。大概过了两天,联大的四个学生就来接我们,他们分别是萧荻、吴子良、许冀闽和郑道津。我们一行七人先坐汽车到玉溪,从玉溪开始步行,一路上很艰辛。张孟希派来的大队马帮在前面带路,我们各坐一副滑竿,因为许冀闽是女生,特加照顾,也坐了一副滑竿,那三个男学生就走路,一天下来,只能走二三十公里。我们经过元江时,在一些路段上会看到白骨,甚是荒凉,这样前后走了大概半个月,千辛万苦才到磨黑。

到了磨黑后,我们就住在磨黑中学大厅旁的小耳房里,在我印象中还带有一个小院子。有一次听我父亲跟母亲闲聊,我才得知,那个时候日本人已经打到了怒江,父亲见磨黑如此偏僻荒远,心想日本人恐怕不会来到这种深山老林。这个时候生活比较稳定,父亲偶尔去给学生讲课,有时也到张孟希那里。张孟希虽然是个军人,但也懂些古文,经常来找父亲,两人在家里谈这些东西。当地有些士绅,也是盐商,他们有些文化底子,慕名来找我父亲,还请父亲给他们讲过几堂课。

这样过了两三个月,普洱专署长胡道文请父亲去,我们便到了普洱。胡道文是个有文化底蕴的人,他和父亲经常说古论今,相谈甚欢,还特别请父亲做过几次演讲,由当地的士绅一起陪同。在普洱,我们住在一个很大的四合院里,院内还设有一个电台,是专门用于报警的,看见日本飞机经过普洱就立即发电报到昆明,不过那个时候已经没有

多少日本飞机了,因为美国飞行队来了,管电台的人平常也没有什么事情。【注10】

再看当事人、先生赴磨黑的同行者之一萧荻先生的回忆:

> 吴子良和董大成原都是西南联大地下党领导的进步团体"群社"的成员,延聘教师的事。有"群社"同志的支持,并不为难。于是我和许冀闽(我俩和吴子良又都是1939年"民先"解散后成立的秘密组织"社会科学研究会"的成员)、郑道津("群社"社员)决定和吴子良同志同去磨黑。至于礼聘名教授则并不容易,于是想到有"二云居士"雅号(因他"阿芙蓉"癖甚深,又嗜云南火腿)的国学大师刘文典(叔雅)教授。当时通货膨胀,物价飞腾,教授生活已大不易,叔雅先生鸦片烟瘾甚重,张孟希当时既以厚礼相聘,表示保证供应他鸦片和全家三人生浩费用,会昆时再致送"云土"五十两作为谢仪,当时他又正在休假(清华制度:教授每工作四年可休假一年),所以磨黑虽然山遥路远,但有滑竿代步,也欣然充诺了。【注11】

磨黑中学为日后中国夺取云南政权培养了大批骨干。磨黑镇成了思(茅)普(洱)区人民革命斗争的摇篮。1949年,共产党全国完胜,创办磨黑中学的大盐商——张孟希,被中共思普特支任命为思普临时军政委员会主任委员;再后来,他又反水叛乱,被共产党生擒,就地正法(一叹!)1997年4月,曾由张孟希投资倡办的磨黑中学,被云南省委和云南省政府正式命名为"爱国主义教育基地"。

于是,历史为我们留下了许多假如,比方:假如先生没有十多年前那一场殇子之痛,假如他戒掉了丑恶的嗜好,假如没有发生在家乡泾县茂林地区的军事事变……先生未来的学术命运会不会依旧光辉灿烂?是好得多?还是糟一些?

依旧是那句话:历史拒绝假如。重要的是,写历史,最后的笔墨最重要的。几乎在刘文典被解聘一事弄得舆论缠身,诗人气质的闻一多感于对蒋介石《中国之命运》愤怒,已在罗隆基、吴晗的介绍下秘密参加了民盟,作为同盟军,开始对国民党大张挞伐,并最后死于敌人的枪口之下,他的死感动了争取民主、反抗独裁的中国亿万斯人。

第八章 无奈的谢幕

在中国近代历史变幻莫测的政治棋局之中，闻一多的立场选边虽然曾那么真诚地、狂热而坚定地在跳来跳去，但最后，他以义无反顾的壮烈一死，成就了被万人景仰的伟大人生。他太光明了，刘文典先生本带有污点的普洱之行，只能被沉重地掩盖闻一多红烛热血的阴影之中。对于刘文典先生接下来的人生际遇，只能表示一声叹息。

还需要补充的是，还有一个与闻一多政治色彩完全相反的人，对刘文典的磨黑之行，亦表示了绝不宽容的斥责：傅斯年，五四运动学生游行的总指挥。中央研究院，史语所所长。1949 难大陆政权易手，年初一月，他毫不犹豫地追随蒋介石政权去了台湾，就任了台湾大学校长，次年 12 月，傅斯年在台湾省议会答复教育行政质询时过度激动，"突患脑溢血逝世于议场"，享年 55 岁。蒋介石亲临祭奠，各路大佬陪祭主持，送葬日数千人送行，备享了一个失败政权的哀荣。关于这个，我们在下面再说。

41、院士落选始末

必须承认，清华辞聘事件对先生的打击是沉重的。他的情绪为此久久难以从磨黑败绩的泥沼中拔出来。磨黑归来次年，先生已正式就职云南大学，虽然依旧一个非常体面的职位，但他已经没有了西庄岁月，日日黎明即起，远赴昆明北郊西南联大上课时候的责任和激情。《吴宓日记》卷九第载，3 月 22 日晚，先生在该校以《诗缘情以绮靡》为题演讲，吴宓偕友专程前往聆教，刘文典偏偏迟到一小时乃至。且"始到。烟癖累人，行事早草，"连老朋友吴宓在日记里也憋不住喟然一叹：可哀也已。

在大师和朋友面前尚且如此，在学生面前的表现自然就更加随意，行无遮拦。云南文史学者吴棠有一段 1948 年的听课回忆如下："其他先生讲课都是站着，刘先生则要坐着讲，靠木椅还不行，要藤椅，学校专门买了一把腾冲出产的'太师椅'……刘先生身体十分瘦弱，面容枯槁，头发蓬松从不梳理，夏天还穿丝绵长袍，玄色葛绸的衣领和袖口，变成了发亮的黑色……讲桌上还要备一把江西瓷小泡壶，一包精装'重九'香烟。他的烟瘾极重，基本上是一根接一根的抽，只有擦火柴时稍有停歇。"【注 12】

人们一定见过自然界的植物群落，在茂密的森林里，每一株树木都必须非常用力地将根须抓住大地，深入泥土，并伸开自己的枝叶去天空里呼唤阳光，于是巨树林立，阔叶葳蕤，便有了万木欣欣的丰美图画。离开清华的刘文典他已不是巨大丛林中的一株树，而是一株旷原孤树，他巨木独伟，绿叶婆娑，可枝叶旁溢斜出，甚至叶枯皮蜕……美的，不美的，统统都暴露在人们的视野之中，谁都可以看得清清楚楚，同样，一旦风暴袭来，一切都得由他自由承受了。

果然，第一波打击很快来了，磨黑之行果然再一次付出沉重代价。1943年年底，国民政府教育部推选第二批部聘教授，初选阶段，刘文典以高出第二名胡光炜4票的高票，名列中国文学类第一名，可惜到了终选，所有14个门类都以初选时的第一名出线，唯有中国文学类的第一名，终因"有嗜好"而落败，第二名胡光炜替补。【注13】

接下来的打击，对于一个学者来说更为致命：院士落选。1947年11月15日，"国立中央研究院"第一届院士遴选，候选人名单，人文组共55人，先生入围候，先生名下脚注为"治校勘考古之学"。

翌年3月正式投票。投票前，素有"大炮"之称的傅斯年致函朱家骅、翁文灏、胡适、萨本栋、李济，向候选人名单公开放炮，毫不客气地要求将先生从院士候选人名单中删除。其理由，首先是"刘君以前之《三余札记》差是佳作，然其贡献绝不能与余、胡、唐、张、杨并举。凡一学人，论其贡献，其最后著作最为重要。刘君校《庄子》，甚自负，不意历史语言研究所之助理研究员王叔岷君曾加检视（王君亦治此学，发现其无穷错误，校勘之学如此，实不可为训，刘君列入，青年学子，当以为异。"学术是如此不堪，而先生嗜烟片，自然又成另一否决重因，傅称："更有甚者，刘在昆明自称'二云居士'，云腿与云土，彼曾为土司之宾，土司赠以大量烟土，归来后，既吸之，又卖之，于是清华及联大将其解聘，此为当时昆明人人所知者。斯年既写于此信上，当然对此说负法律责任，今列入候选人名单，如经选出，岂非笑话？学问如彼，行为如此，故斯年敢提议将其自名单除去"【注14】

傅斯年信中提到的"历史语言研究所之助理研究员王叔岷君"，正是命运安排给刘文典的一位年轻挑战者：王叔岷那一年刚满33岁，才气横溢，正当年华。王叔岷系成都简阳人，毕业于国立四川大学中

第八章 无奈的谢幕

文系,后又考取北大文科研究所就读硕士,师从傅斯年、汤用彤等,深得器重。王叔岷的研究方向正好也是校勘训诂,也是《淮南子》及《庄子》。狭路相逢,王自然毫不客气地对长他十三岁的前辈成果竭尽挑剔之。学术上的争论是非常正常的,而且,学术本来就是因比较而发展,相论争而趋于至境。王叔岷要对先生的成果提出质疑,甚至言辞尖刻过头,也纯属正常,完全没有必要去评鉴和猜度作者内心的意图,只是,事情偏偏出现在那个敏感时间、敏感问题,这只能说是先生的不幸了。鉴定刘文典的学术代表作《淮南鸿烈集解》与《庄子补正》时,王氏以非正式评议员身份出席评议会,称"刘文典先生之《淮南子》及《庄子》,校勘考据皆甚糟糕,"并称:"傅先生如出席,必不推荐为候选人"王所指"傅先生",正是史语所首任所长、王的恩师傅斯年。王自进入史语所,便受到傅斯年的特别看重和关照,为了帮助他做好《庄子》校注,傅在抗战最困难的时候,用极其稀有的金条去为王氏买来宋版善本《庄子》供研阅。傅、王二人关系之特别,可见一般。

其时,傅斯年正在美国医治高血压,得知王叔岷会上的表态,继而遂有了上面那封措辞坚决、甚而至于愤怒的否决信。

行文至此,我们不妨暂且打住。因为刘文典最为得意的著作被人如此贬低,且后果对刘文典事后的人生走向,影响又太重要,笔者不能不就此多说几句,傅斯年怒气冲冲从美国来函对刘文典大张挞伐,到底真是因为学术和人品?抑或还有别的原因?刘文典后人及一些研究者亦别样的说法,不妨录以备考。一种说法是:1938年,西南联大历史系学生王玉哲旁听刘文典《庄子》后,写了一篇读书报告,题为《评傅斯年先生"谁是齐物论之作者"》,该文得到刘文典的高度肯定,并被刘文典推荐给其他联大老师阅读。冯友兰、顾颉刚都给予高度评价,甚至罗常培还打算将此文发表在《读书周刊》上,并请傅斯年做个答辩。傅斯年看到那篇文章后十分生气,不但没有做个答辩,而且对王玉哲意见很大。这个事件后来在西南联大广为流传,傅斯年认为是刘文典在学术上挑战自己,企图用学生挑战自己,用学生打败自己,给自己的名誉造成巨大影响,因此两人也结下了梁子"【注15】

两位大师是否因为一个学术问题分歧便结下梁子、并必欲报一箭之仇而后快?对于这个"西南联大广为流传"的说法,和当初同样"西南联大广为流传"的其他传言,如刘文典挖苦沈从文报警报之类一样,现在我们实在难以证实,也难以证伪,暂录备考可也。另外一些说法,笔者认为,先生后人的说法则当属可靠的。傅斯年信中所云"土司赠以大量烟土,归来后,既吸之,又卖之"刘平章先生当时正当少年,普洱之行,他是全程跟随的,他对笔者说,父亲吸烟土,这是谁都清楚的,但称"又卖之",实属杜撰了。父亲朋辈绝无吸烟者,莫非到市场上卖去?显然实属"莫须有"了。

还有一个事实是:就学术地位和学术影响而言,其时傅斯年如日中天,刘文典决然是无法与之抗衡的,因此,半月之后,3月25日至27日,"中研院"评议会第二届第五次年会在南京召开。全体评议员以无记名投票方式进行了首次院士选举,五轮投票,先生果然一票未得。最后胜出院士81人。人文组当选院士名单如下:

吴敬恒、全岳霖、汤用彤、冯友兰、余嘉锡、胡适、张元济、杨树达、柳诒徵、陈垣、陈寅恪、傅斯年、顾颉刚、李方桂、赵元任、李济、梁思永、郭沫若、董作宾、梁思成、王世杰、王宠惠、周鲠生、钱端升、萧公权、马寅初、陈达、陶孟和。【注16】

其时,国共内战已拉开大幕,中国人民解放军正由战略相持转入战略反攻,山东、苏北一带鏖兵正酣,"中研院"院士遴选投票刚刚过去一个月,1947年5月,离南京不过数百里之遥的孟良崮,陈毅和粟裕带领解放军对国民党精锐张灵甫的王牌74师实施毁灭性的围歼。再两年后,蒋介石在大陆全线败局,只得仓皇辞庙,败走台湾。知识精英们因政治立场和价值观念彼此相异,于是飞鸟各投林。上面这些兖兖大师有的去了台湾、更多的选择了留在大陆,接受属于他们的故园宿命。这些原"中研院"的留陆院士,郭沫若的日子该是最滋润了,可惜除了留下些颂圣俗诗和差强人意的口碑,几无任何值得记忆的学术成果;深惧政治险恶的陈寅恪,一直避居岭南顽强地潜心治学,直到文革风雨大作,才难逃劫运;马寅初因为被历史证明完全正确的《新人口论》,在全民大疯狂的大跃进高潮中被批得臭不可闻;将中国古建筑视作生命的梁思成,因为反对北京古城的大撤大毁,于是很快失宠;钱端升没有能逃过在1957年那场知识分子毁灭性的厄运,直到1972年,前来访华的美国汉学家费正清坚持相邀叙旧,驿

第八章 无奈的谢幕

馆独对孤灯,早被政治风雨吓得如惊弓之鸟的钱老亦噤若寒蝉;其他的:冯友兰、汤用彤、陈垣……如果都写下来,应该是一部不该出现的知识分子苦难史。如今他们许多人都已作古。幸耶?灾耶?留给更为久远的历史学家来评说吧。

作为刘文典故事的讲述人,笔者有必要将个中渊源再稍作梳理。

在民主推选既定程序下诞生的"中央研究院"院士,登陆上面这个名单应该是名至实归的。中国如此地大物博,人才济济,这个名单或难免有遗珠之憾,也属正常。甚而至于——如考古学家、中央研究院历史语言研究所研究员夏鼐所说"中研院的所长和专任研究员,因为'近水楼台'的关系,他们的工作和贡献,院中同人自然比较熟悉。又加以人类到底是感情的动物,朝夕相处的熟人之间多少有点'感情'的关系。所以同等成绩的学者,也许是院内的人比较稍占便宜。"这也无可非议。1947年,刘文典已经远离核心学术圈,偏居云南,自然已无楼台近水,在人情大于理性的中国社会环境,他的落选也无可遗憾,再说,先生那个多遭诟病的磨黑之行,确实已授人以柄。

如果就事论事,事情也确有凑巧,王叔岷寒窗多年完成的《庄子校释》1947年9月由商务印书馆初版(一书共6册,被列为"国立中央研究院历史语言研究所专刊之二十六"),而刘文典的《庄子补正》亦同样由商务印书馆初版,时间仅比王著早3个月。两本书同一年由同一家出版社先后出版,真有点故意制造同台竞技的刺激与热闹。更有意思的是,王叔岷将附录"评刘文典《庄子补正》"作为《庄子校释》压轴之戏,几乎占了第六册一半篇幅,更似有意要挑起读者的好奇心,并惹出围观。实事求是地说,出版社作如此处理,以期引起学界和读者的关注自有他的道理,让各方观点均得到关注,再引出讨论和争议,亦不无好处。王文对先生的评价明确且直截了当:

昔年治庄子,闻合肥刘文典先生有旧稿《庄子补正》,于宋槧唐写诸本,及前人著述可资比勘者,均已收采。说者谓其不止复庄书唐人或魏晋之原有面目,并复先秦之旧。又闻先生亦极自矜工苦,常语人曰:"欲与我谈庄子,须庄子复生可也"。其自负既如此,人誉之复如彼,则补正一稿,应有观止之叹。岷复孜孜讨治庄书,不亦泰多事乎?然因积稿甚多,不忍弃置。去岁仲秋,已成校释五卷,凡一千五百六十九条,虽颇惬私意,尚未敢问世,常思得先生旧稿,以资参证。厥后垫江张君怀瑾,自昆明来书,称先生补正,已由云南大学杀青。既而赠岷一册,得之大喜,如获珍宝。但翻检一过,窃有所疑。刘先生之说与岷宿昔所见虽不无暗合,然其武断处实未敢苟同。其于庄子唐钞、宋刊、元明翻刻各本,并未遍加涉猎;征引类书,亦仅《御览》稍备,即其所已收采之各条,又复讹误层出,先生持是以为正,似未能复先秦之旧也。庄书中疑义,先生所未发正者尚多。

王叔岷治学之认真和尊崇先进的拳拳之心跃然纸上。王对刘著《庄子补正》一书的批评,说先生说话太满太过,有自矜之嫌,先生所言版本涉猎之全之广实属言过其实,而由于版本不全,征引古籍便"讹误层出"。刘文典《庄子补正》一书本是要纠正历代校勘庄子类著述的错讹,以期提供一部可"复先秦之旧"的经典之作,可惜世事总难完美如愿,既生周瑜,何又偏生诸葛亮?王叔岷对先生之作进行逐条逐字摘谬与纠正,最后结论:

《补正》中引书之疏漏,尤不可胜举。所引而无关校勘或义理者,又不知翦裁,且多徒事钞录不下断语,貌似谨严。其一下断语,便决然无疑,貌似正塙。故说者多称先生治书精严有法,不知其可商榷之处甚多也,此稿所论,已可窥其大略,非敢有意攻先生之短,治学不得不求真耳。

或曰,王叔岷用语过于尖刻,有文人相轻之嫌;还有一说,"评刘文典《庄子补正》"落款为"三十四年初夏脱稿于李庄栗峰",即"中研院"因避战火而迁至四川省宜宾李庄镇之时,则王氏所评《庄子补正》并非1947年6月商务印书馆正式版,而系1939年之后刘氏流寓云南期间土纸石印初稿本,校印不精,或多错讹。可是经专家比勘,王氏针对石印本所拈出的错讹,1947年的"商务"正式版依然荦荦在焉。陈寅恪序《庄子补正》,称刘著"一匡当世之学风",看来也有点言过其实了。

《庄子补正》成稿于30年代,其间丧子之痛未消、继而国破家散、流离之苦交相逼,早已完稿的《庄子补正》与战火中风雨动荡出版社多年谈判未果,从1939到1947,八年离乱飘泊,避居滇乡远地,

第八章 无奈的谢幕

家庭重圆，勉力维持生计……先生很难如当年北平岁月意气风发、夜伴黄卷孤灯，闭门苦著。最为遗憾的是，精神困顿之时、鸦片烟瘾如魔鬼附身，最终被清华大学解聘，从而已经失去了中国最优秀的学术资源平台和良好的学术氛围。不管是精神环境和物质条件，要继续在原有学术成果基础上跃上新台阶，已经变得更加艰难。而 1914 年出生的王叔岷，1945 年恰是他生命的黄金岁月，雄心正盛，又得傅斯年用金条换得的宋版书全力相捧，如果要将 31 岁他的《庄子校释》和 52 岁、老态已显的刘文典《庄子补正》两相较量，实在是一场物质环境、精神状态、生活阅历各个方面都极不对称的竞技。我们虽然不得不遗憾，却又应该高兴是：人类世界、包括属于他们的文化世界，终归是要让位于年轻人的。

自"中研院"院士评选三年后，王叔岷随恩师傅斯年去了台湾；几十年后，王叔岷由大陆而台湾，由台湾而南洋，六十余载始终倾力于字句之学，终成学界泰斗。1993 年 3 月 8 日，已是八十岁的王叔岷在台湾傅斯年图书馆二楼研究室里，为自己 1947 年 9 月初版的《庄子校释》一书的重印本作序。王序如是坦陈，说当年在评议会上否定刘氏所撰"评刘文典《庄子补正》"实乃少年气盛之作，"明于人而暗于己，实不应对前辈作苛刻之评，常引以为戒"。"评刘文典《庄子补正》"正是王叔岷著《庄子校释》一书的压轴附录。如今治学经年，名满天下，王叔岷早已心谷虚怀，耄耋之年回首旧事，年少时代的咄咄逼人终为自责与愧悔所替代，因此决定将《庄子校释》五卷的最后附录"评刘文典《庄子补正》"一篇删去【注 17】民国文人之间一段历史公案，终以一个让人释怀的结局划上了句号。

第九章 天亮前后

42、去留之间

1949年初，辽沈战役的硝烟已经悄然散尽，国共内战接下来最大的两场大战事：淮海战役和平津战役，也即将在国军悬念不多的失败中落下帷幕。国民党败局已定，蒋介石只能布局退守台湾，以期他日东山再起。对国民党来讲，黄金、贵重文物的搬迁不是问题，成问题的是那些士林名流的去留。国民政府发出训令："科学教育界能搬迁的人、财、物尽量搬迁，先以台湾大学为基础，而后慢慢站稳脚跟，以达'求生存、图发展'的目的"。作为保存文化实力的重要举措，蒋介石将此重任委托给在文化界拥有巨大声望的胡适。争夺重点是当时中国教育文化的重镇平津地区。

在蒋介石的直接领衔之下，时任国民政府教育部长朱家骅和傅斯年、杭立武、蒋经国、陈雪屏等要员在南京紧急磋商，谋划了"平津学术教育界知名人士抢救计划"，拟定了"抢救人员"名单，名单包括：一，各院校馆所行政负责人；二，因政治关系必离者；三，中央研究院院士；四，在学术上有贡献并自愿南来者。【注1】

整个中国大陆，战争之火正在熊熊燃烧。被抢救者盯上的学者、教授定然是内心惶悚的——因为这是失败者的关怀。再说，挤压于势若冰炭的已知当权者和未知当权者之间，选择注定是艰难的。知识分子习惯于按照自己的精神价值和人生信念来确定取舍，面临訇然而至的、完全陌生的命运，实在是一场太过意外的考验。结果很快出出炉，毕竟人心的天平总是愿意向胜利者倾斜。再说，共产党建立民主自由新中国的一系列宣示，是那么的动人；再说，战场胜负是个硬指标，中国不是自古就有箪食壶浆以迎王师的故事吗？战场胜负背后正是人心向背，王耶？寇耶？在国军兵败如山倒的硬环境下，结论实在太容易得出了。

"中央研究院1948年3月选出的81名院士中,最后选择留下的：59位。只有10人选择了台湾。其余12位远走了美欧诸国。

第九章 天亮前后

对照上面那张"抢救人员"范围，刘文典显然不属于第一类和第三类，第二类似乎与他也无大关联，因为他一直超然于两党之外；至于第四类："在学术上有贡献并自愿南来者"似乎也不对，先生学术上有贡献，但是否自愿被"抢救"却大可存疑。虽然"偏安"西夷南蛮之地，早已淡出平津要地，但先生一副狂傲不羁的德行，在新政权治下，很难说有好果子吃；至于台湾，对于先生也绝非佳处：并不是因为二十年前他与正如日中天的蒋介石在合肥干了一仗（那段恩怨早已消弭），而是：两年前断然将先生的名字从院士名单中淘汰出局的傅斯年，已在台湾执掌学术之牛耳，担任了台湾大学的校长；而那个风头正盛、与他在庄子研究题目上同台竞技的王叔岷，也随"傅大炮"去了海峡对岸。先生不能想象在他们的泰山石下如何尴尬度日？只是作为抢救学人主持者的胡适，出于几十年的私人友谊、老乡关系和学界朋友，刘文典的名字自然当在抢救名单上赫然在列。胡适想方设法要将刘文典抢救到美国去。他为先生一家三口人办好了入境签证，还联系好了在美国的具体住所——可是，刘文典接到了胡适的通知，却迟迟不肯出发——有文章如是解释先生拒离的原因："我是中国人，为什么要离开祖国？"【注2】

在解放以来难以胜数的、赞美归国学者献身祖国建设的新闻故事里，类似的豪言壮语读者早已耳熟能详，听得太多，因此反而让人对这类豪言壮语的真实性有点不放心，只是读者都是局外人，无法证实，也不愿去证伪。按照刘文典先生的思想逻辑和性格逻辑，我们可以判断的是，当时他肯定身处两难之间，只能忐忑不安而又无奈地、随遇而安地等待命运安排。

为了探求先生的深层动因，说一说同样怀抱"一动不如一静"心态的陈寅恪，也许不无参考之用。陈寅恪从围城北平出走，几经辗转，却于广州止了步。冯友兰在《怀念陈寅恪先生》一文如此写到："静安（王国维）先生闻国民革命军将至北京，以为花落而春意亡矣；不忍见春之亡，故自沉于水，一瞑不视也。寅恪先生见解放军已至北京，亦以为花落而春意亡矣。故突然出走，常往不返也。其义亦一也。一者何？仁也。爱国家，爱民族，爱文化，此不忍见之心所由生也。不忍，即仁也。孔子门人问于孔子曰：'伯夷、叔齐怨乎？'孔子回答说：'求仁而得仁，又何怨。'静安先生、寅恪先生即当代文化上之夷齐也。"留既堪虞，出走亦不易。以冯氏叙陈之言判刘，庶几更近乎真实。

刘文典曾将自己关于去留的想法告知了云南大学校长熊庆来。熊正在外地开会，当即给先生捎信，要他"暂时别动，等我回来再做决定。"其实，云南当局，包括当地的百姓士绅，多年以来一直与蒋介石多有芥蒂，对蒋氏政权企图吞噬自己家园的种种企图，历来心怀戒备。熊庆来作为云南籍学者，需要和家乡父老保持一致，就非常自然了。熊要先生等他回来，其实就是要他把事情搁置下来，一直拖到留滇现实无法改变。

对于未去美国一事，先生后来曾在后来的两次"思想总结"里写道：

直到解放前一年，美国的官吏叫熊庆来和我说"向（像）你这样的人，不能落在共产党的手里，请到美国去教书"，要抢救我到美国去。我很高兴的答应去，虽未去成，但精神上是(想)去为他服务的。【注4】

经过一个多月来大家的帮助，我自己多少也有点思想斗争，现在把十年来的事实和当时的原始思想一齐摊开来，向党交心。解放前我过的是腐化堕落的生活，共产党一来，这种生活就过不成了。我一向过的是自由散漫的生活，最怕纪律，最怕老大；所以我对解放是十分惧怕的。我之所以没有去美国，并不是不愿做洋奴，而是不愿戒烟，迟疑观望，没有去成。【注5】

1949年12月9日，"云南王"卢汉在昆明翠湖14号私宅，借宴请美、英、法国领事之名，将前来赴宴的国民党蒋系大员张群、余程万、李弥、沈醉等一网打尽，宣布云南起义。31日，云南大学发出通知，定于今日恢复上课。再两个月，1950年2月20日，昆明万人空巷，箪食壶浆，迎接解放军的威武阵列，鸣鼓入城。

刘文典终于留下来，继续在长满法国梧桐，砌着高高石阶的云南大学继续授课，随遇而安地地等待新生活的到来。

43、陌生的文化狂欢

非常有趣的是，新中国的故事还没有在云南正式启幕，刘文典就

第九章 天亮前后

遭遇了一场始料不及的文化围观,这场围观让曾经的文化偶像刘文典哭笑不得,甚至不知所措。

事情是因为一次演讲惹起来的。来滇十年了,刘文典在联大校园、在文林教堂及昆明其他地方都作过演讲的:关于国事、关于学术、关于战争、关于历史,次数当是无法数计的。往次演说的结果都是些赞美和称颂,偏偏这一回有点特别,两小时的演讲,竟然惹出了整个昆明的惊讶,招致一场莫名其妙的围观,继而一通口诛笔伐和挖苦嘲弄,其热烈与快活,很像一场多年难逢的通俗剧,亦悲亦喜,甚至还有点像是后来中国连篇累牍上演的政治运动微缩版。

事情发生在1949年7月11日。5个月前,1949年的2月,北平和平解放,曾在西南联大任教而后投奔延安的吴晗和钱俊瑞(左联成员、老共产党人)一道受中共中央委托,先后接管了北京大学、清华大学很北平师范大学,继而以军事管理委员会名义接管其他学校和文化机构,基本完成了对文化系统的掌控。其时,云南还在民国政府的掌控中,省政府主席依旧是蒋介石任命的地方军阀卢汉。既然是地方军阀掌握实权,那么多年以来,他们必然会如阎锡山、李宗仁等一样,为抵抗国民党中央势力的蚕食鲸吞,对蒋介石借反共"削藩"的种种作法虚以为蛇。说早一点,云南地方势力的代表人物的龙云(卢汉的表兄),1927年他刚刚在地方内斗中取胜,为了巩固地位,曾向同样刚刚在北伐战争得手的蒋介石宣布效忠,也搞"清共",还杀了几个云南地下党领袖,此后便再无下文了。1935年红军长征过云南,龙云对蒋总司令的剿共命令干脆阳奉阴违,表面上"尾追堵截",私底下则"礼送出境",到了抗战,龙云干脆利用共产党的群众动员能力,将云南建成模范的"民主堡垒",蒋介石自然难以容忍了。1945年10月3日,抗战胜局甫定,蒋介石便密令驻滇中央军杜聿明部包围云南行政中心五华山,发动政变,强行将龙云逼去重庆赋闲——所有这些,极大刺激了云南民众和地方实力派对蒋中央的不满,对于共产党的发展自然亦争得了极好的民意基础。卢汉审时度势,遂借助共产党的地下力量动员民众,与蒋抗衡以巩固自己地位。到了1949年秋,蒋介石的战场连连败绩和共产党的凯旋之声频传,云南社会俨然已是共产党的天下了。

就是在这样的情势之下,刘文典应云大文史系之邀,走进了大学的"泽清堂",开始了一场倒霉的演讲。

先生演讲的题目是《关于鲁迅》。讲了大约两个小时,演讲的现场效果是不错的,听讲的人挤满教室,笑声不断。可惜这次演讲没有留下文字稿,世史变迁,草稿提纲也丢失无踪。几十年后,我们只能根据当年披露相关信息的云南旧报,还原先生在云南大学"泽清堂"那个温暖的七月之夜,到底说了些什么?

先生演讲次日,7月12日,昆明《大观晚报》刊登了未署名文章《刘文典谈鲁迅》,副题为《说鲁是一个具有"迫害狂"心理的人……》,此文是为先生"关于鲁迅"讲演摘录,要点如下:

其一、刘文典教授昨晚在云大泽清堂讲演"关于鲁迅",他与鲁迅是幼时同学,又曾在北大同事,谈鲁迅许多人所不知的琐事。由这些琐事中,他认为鲁迅是"斗士"而不是"思想家"。他佩服鲁迅写的小说,但认为有不少的疵点。

其一、刘认为鲁迅是具有"迫害狂"心理的人,正如他被陈独秀所促请在《新青年》杂志上所写的《狂人日记》中人物的心理,认为世界上的人都在迫害他。住在绍兴会馆里,认为全会馆里的人都在迫害他。在厦大教书,认为把他的寝室放在三层楼上是迫害他,"把他供在楼上"。顾颉刚曾骂鲁这所著的《中国小说史略》是抄袭日本人某的著作,刘为鲁迅辩护,认为鲁取材于此书则有之,抄袭则未免系存心攻击。

其一、《鲁迅全集》中曾提到刘,经黄某看到后告诉他,刘自认为是"嘉奖"。

其一、刘讲到鲁迅"以牙还牙,以眼还眼"的人生态度,是太过于小气和褊狭,并举例说:"人被狗咬了一口,人是否也还咬给狗一口呢?"

其一、刘先生认为鲁迅先生说:"中国革命绝对不成功"是错误的,不对的,刘先生言下很想说出"今天我们不是眼看革命就要成功了"的话,其实鲁迅先生所指当日的革命者,今天又在被人家革命了!现在被革命的人纷纷逃窜,鲁迅先生所指那批人干的"革命"不成功,算是正中了,而刘先生所指则又是另一回革命。

其一、刘指出鲁迅在其著作中,用的"典"读者看了不懂,不能"放诸西海皆准",并举"引车卖浆者流"为例,说此典是出自林纾给蔡元培的信。其实,刘既认为抄段把书都可以,为何用别人的典又是不该?

其一、刘说中国人的思想,自古以来都是"左"的,从来没有"右"的思想,鲁迅的思想也是继承中国的传统,所以,是"左"的。

其一、刘将鲁迅比喻成武松,把围攻鲁迅的人比作《荡寇志》中实行车轮战术的人,以致鲁迅许多时间都耗在刘认为无意义的笔战中。

总之,刘昨晚演讲"关于鲁迅",虽有褒有贬,然仍有点儿"鞭尸"的意味。【注6】

鲁迅作为一个作家,其文其人,读者说好与不好,都是读者的自由,很正常;作为鲁迅的同事和朋友,刘文典要对其人其文说评头论足,也是他的自由;作为演讲的听众,要对于此事说是道非,也是他们的自由。如果由于某些非正常原因,比如追逐新闻效果、进行政治表态、甚至其他非学术原因,故意煽动群众围观,病态发泄,制造过激狂欢,以至于伤害了当事人的自由,就不正常了。先生的演讲遭遇的,就是一种自由遭遇了另一种不自由。刘文典本一达人,他的演讲又确乎与众不同,还有,名人之间的纠葛从来最能吸人眼球,对刘文典关于鲁迅的演讲加以针砭论辩,自然就很具新闻价值了。果然,报人瞅准机会,在昆明即将进入新的社会形态时,迅速挑起了一场热闹剧。

仅从文稿的副标题:"说鲁是一个具有'迫害狂'心理的人",便知道此文带有很强的倾向性。文章一出,果然便热闹起来,先是有署名"滔天浪黑人"者,在13日昆明《朝报晚刊》刊发《与刘叔雅先生论鲁迅》一文,针对前文,力挺先生,此为论争中仅有的、支持先生观点的两篇文章之一。文章称鲁迅之为文,不是"热心匡时,出于至诚"而所叙不拘何事,只有暴世之短,而无补事之长,故难免落于纤巧刻薄之流,立文不能补时,为典型绍兴师爷刀笔之作,深文周纳,性喜报复,此尤为吾浙东部山水池形之所限也,读书人到了胸无敬怨,志不匡时,当然尽有毛泽东可以拿去做脚爪,阁下指其有迫害狂,吾且知此病实由社交胆怯症而起也。【注7】

"滔天浪黑人"的文章立即引起巨大反弹。7月14日,《朝报晚刊》立即发文《论废话一堆》《矛与盾》等,批判先生谈鲁迅是在"翻陈账""有'盖棺'还不准'论定'的气概",是"鞭尸论",因为

"昆明'捧鲁迅的人'"没有"比鲁迅学问还高"因此"刘老先生会感到"没有敌人"的空虚";同日,昆明《正义报》发文《听刘文典讲〈关于鲁迅〉,》作者"白听"情绪更为激动:"够了!也不必和刘先生逐条讨论了(因为牛头不对马嘴,无从讨论起)!我相信,只要是(对)鲁迅著译有一点相当了解的人,对刘先生这一通所谓的讲演,如果不认为他是信口开河在胡乱讲说,那我真认为奇怪了!"作者断言:"充其量他(按:指刘文典)看了一本《呐喊》,就来讲什么《关于鲁迅》,还说是了解得最清楚,真是领教!领教!呜呼!"【注8】《正义报》方凝文:《鲁迅与刘叔雅》直接说人不说文了:

"刘叔雅先生……一直受着御座的恩宠,视为"国宝"看待;不仅此,他尚舒服地躺在床上吸阿芙蓉,青烟缭绕,说不出的魏晋风度。他不知道中国有多少人没有饭吃,多少人在灾难中呐喊,他只知道在象牙之塔里做'逍遥游'……难怪他要说鲁迅的杂文是雕虫小技,毫不足奇,难怪他要说鲁迅的为人太刻薄,缺少胸襟大度,他本来便是鲁迅思想及意志的敌人。"【注9】署名"筱柏"的文章《鲁迅·"国宝"·坤伶》挖苦"我们的教授是多此一举了!小的在这里不揣冒昧,愿作一忠告……鲁迅的骨骸早已'返元'"奉劝先生"不如还是瘾足饭饱,约二三'知己'到光华街的围鼓茶室,评定一下:其坤伶人才,嗓子是否可打'九十分',这样来得'实惠些啊'!"【注10】还有的文章,只用听听标题,就知道离开学术讨论有多远的距离了:《警惕刘文典嘴里的毒液》,作者署名也挺有趣味:"刘武典"【注11】。

先生简直就成落水狗了。人人都可以上前抢枪使棒,混打一气。多家昆明报纸纷纷跟进,围观、嘲讽和凑热闹,一时蔚为大观:

《平民日报》刊发《献给刘文典先生》,《昆明夜报》刊发《鲁迅底〈药〉及〈中国小说史略〉》,昆明《正义报》刊发《与无论什么人》,《观察报》刊署名"白通"的《斥刘文典的〈关于鲁迅〉》专门拿先生"短处"开涮:"我看,刘教授固然很'大气'、很'正阔'的了……那么又几曾见刘教授做墓志拒收报酬?做寿序却谢稿金?真是'自经于沟渎而莫之知也'";还有文名《呜呼,"国宝"!》者,干脆"劝刘垃圾还是多烧两口大烟,讲讲宝哥哥如何勾引丫头的故事为佳"(7月18自《观察报》关于刘文典教授的〈关宁鲁迅〉》)还有文章将刘文典描绘为,一个"得意洋洋,忘其所以""爬到那铜像的脖子上"的"瘦骨伶伶、满身污腻的乞丐""从铜像滑下来,掼个四脚朝天!"(黄弟:《铜像显圣》,载《观察报》1949年7月19日),最后,快板书也参加到文化论战中了,题目叫《话说刘教授》。处于亢奋状态的读者正在观看一场热热闹闹的肥皂剧,这个快板书带来快乐是不言而喻的。快板书全文如下:

年年有个九月九/云大有个刘教授/谈庄子 讲红楼/目空四海/眼光如豆/小烟三口 精神抖擞/脑筋一转嫌不够/一心要把鲁迅咒/鲁迅说以牙还牙/你说他自贬咬狗/鲁迅著小说史略/你说人骂他抄偷/人人尊他是文豪/你说他气量不够/人人说他是斗士/你说他彻底落后/人人说他创造好/你说他满篇污垢/空中楼阁/机械机构/一心想骂倒文豪/稳坐泰斗出风头/你说——/讲交情,谈往日/我和他同学同事/多年相处好朋友/没有说的是——/你们这些晚生猴/既不能动笔/更休想开口/呜呼哀哉刘教授/你只合——/歌功颂德/低眉卖笑/喷云吐雾 敲烟斗【注12】

事情总会让人想起几十年后,满世界流行的《文化大革命就是好,就是好》《混蛋的刘少奇,我来质问你》"要是革命你就站过来,要是不革命,就滚他妈的蛋,罢他娘的官"之类的歌曲 "三句半" 和 "数来宝",这已经不是学术讨论了,而是一边倒的群体无意识骚动。据云南大学蒙树宏先生在《鲁迅史实研究》一书中考证,当时发表批判刘文典《关于鲁迅》演讲的报纸至少七种,包括《大观晚报》《正义报》《朝报》《朝报晚刊》《平民日报》《观察报》、《昆明夜报》,共发表批评或批判类的文章二十七篇,而支持刘文典观点的文章仅有两篇。其中,《观察报》和《正义报》表现最为积极,隔三岔五就有与这场演讲有关的稿件刊出,一连"炒"了半个多月。【注13】

这场"恶战"中也有另外的声音,如7月22日,署名"羊五"的作者在《正义报》上发表了:《也谈〈关于鲁迅〉》。称"我们治学不是信宗教,也不是读党义,如果囿于一家之言,会永远关在小圈子内打转转,看不见更大的天,认不清更大的世界,鲁迅会有他真正的价值、分内的光荣。他的好坏,不在我们一味的捧,恶意的踢。我们希望一个百家争鸣的时代,不欢迎'唯儒独尊'的董仲舒!一个中国的罪人!所以,我也希望不要硬把鲁迅塑造成一个新的圣人"。非非的《杂谈百家争鸣》:"鲁迅不是完人,自有其短处和缺点的,真令有人能够将他的无论属于哪一方面的短处和缺点"提"了出来，只要真实，稍有理智者，我想是万不会瞎说一句的。"【注14】……只是这类声音很快就被围观的巨大声浪掩盖了。

继续将这些批判之言（还有嘲讽和谩骂）摘引下去，已没有什么意义，因为它们早已超越了文化讨论的边界。当学术问题遭遇舆论暴力，便没有自由好谈了。让人感觉纳闷的仅仅是：这样一场语言暴力活动，怎么会发生在民国末年，偏远的云南边陲之地？怎么会发生在国民党全面溃败、政权纲纪解钮之时？那么多人用一致的文化暴力对付一个毫无招架之力的学者？当思想认识被民粹般的狂热绑架，只能结出恶之果，而不可能出现争艳的百花。回顾刘文典这一段旧事，我们难道不能从中总结一点什么吗？

44，由文化暴力引出的思考

对一个人（包括名人）、一件事（包括文化事件）的看法出现歧异，于是进行讨论、争辩，甚至大吵大闹一场，实在是再正常不过的事了。毛泽东不是说过吗，真理总是相比较而前进，斗争中而发展。其实，每一个读者都权利表示对于鲁迅的看法，不管赞成还是反对，同样，刘文典自然也有这个权利，也不论赞成还是反对。不同的是，一般读者，只是从鲁迅的作品，还有相关的文章来对这位大师进行评价，因此他们所评价的对象只是平面媒体上的一个抽象的符号，一个已经被抽象、提炼过的、将凡间因素过滤掉的一个庄严的传奇，一尊神。神是只能膜拜，不可亵渎的。而对于刘文典来说，鲁迅除了是许多不朽作品的书写者，还是一个与他共同生活、工作过的同事和朋友，是一个立体的、活生生的人，他有圣徒的超脱与伟大，同时也有凡人的欲念和悲欢，甚至还会因为家庭琐事闹矛盾，刘文典眼中的鲁迅，就是这样一个和他吃过饭，一起进行过教学交流，还知道他和弟弟周作人闹过家庭纠纷而形同陌路的凡人——认识差距这就发生了。1949年7月11日刘文典的演讲涵盖的内容本来十分宽泛，除了谈鲁迅小说，谈鲁迅思想，还谈到了鲁迅的为人……现在，读者已无缘看到演讲记录稿全文，只是按照逻辑推断，作为鲁迅的朋友和公众演讲者，先生很可能为博取掌声，在演说内容和用词上确有卖弄之嫌——其实这又算的什么大问题呢？有何必要如此大张挞伐？

现在需要讨论的是：围观事件为何偏偏会因鲁迅这个特定人物而起？事件为何偏偏发生在共产党即将取得全国政权、进军云南前夜这个特定时间点？

先说第一个问题。

鲁迅何许人？在中国可说几乎妇孺皆知。虽说早在1936年便已作古，然著作荦然于世，其人其文确实值得反复研读探讨的，可是在相当长的时间里，特别是大陆政权鼎革之后，经过十余年文化整肃，到了文化大革命，泱泱中华，除了毛泽东和马列著作，鲁著竟然成了唯一得以存活并大张旗鼓登堂入室的经书典籍，其人亦俨然天下圣贤，谁能敢闲多言语？奇怪的是，还在1949年7月，共产党军队尚未进军云南，舆论便一边倒了，称鲁迅已盖棺定论，不能再说，否则有鞭尸之嫌，刘文典先生不过以同事之名说了几句并非大不敬的话，便被骂了个狗血喷头。如今，又几十年过去了，中国的文化生活经历了太多的大风大雨，人们这才发现，关于这个话题，其实还大有因缘可说呢。

事情还得回到五四：这个被称为"中国的文艺复兴运动"的划时代里程碑事件。

西方的近现代文明，肇端于14世纪意大利文艺复兴，这个运动冲破了让人窒息的一千年宗教统治的黑暗时代，为西方现代文明拓开了大踏步前行之路。用哲学家罗素的话说："文艺复兴运动摧毁了死板的经院哲学体系；这体系已经成了智力上的束缚……更重要的是，文艺复兴运动鼓励这种习惯：把知识活动看作乐趣洋溢的社会性活动，而不是旨在保存某个既定的正统学说的遁世冥想"【注15】同样，在以儒家正统学说控制指导之下，经过几千年的反复耕耘，中国的文化土壤也早就板结铁实，已经难以长出鲜活的花朵和丰饶的果实，必须需要引进现代文明的犁铧来彻底翻耕了。这个现代文明的犁铧，就是五四运动大声呼唤的"德先生（民主）"和"赛先生（科学）"，而让人振聋发聩的"打倒孔家店"口号，则如一把冲天火阵，将阻挡"德""赛"两部犁铧前行的、延续了千年的旧文化、旧形态，统统来了个焰烧火焚。尽管在群众运动的显性事件结束之后，就如何创建新的文明，知识精英们有过不同路径选择的分歧争议，但总体来说，五四运动所倡导的以"科学""民主"为代表的新文化，始终是现代知识分子的旗帜。五四运动的发动者之一胡适说过一句话："我所谓的打倒，是打倒孔家店的权威性、神秘性，世界任何的思想学说，凡是不允许人家怀疑的、批评的，我都要打倒。"【注16】对比罗素对西方文艺复兴的评介，不是大共其趣吗？

从 1920 年代以后，对待五四的态度，已经成为争取自由、独立和解放的现代中国判断革命与倒退、前进与守成的一条重要文化标准。鲁迅作为五四思潮中横空出世的文豪，他的思想旗帜已然成为最为激进的导向，他已然和陈独秀、李大钊、胡适、傅斯年等一样，理所当然被人视为五四运动的光荣代表之一。国民党和共产党，恰恰在这个问题上，表现了不同的态度，从而决定了他们能否占领新文化的制高点，能否争取知识分子，从而在争取天下人心方面取得主动以至取得事业最后的成功。

先看毛泽东。

一九三七年鲁迅逝世周年，毛泽东延安陕北公学的纪念大会上讲话，曾做过一个演讲：《论鲁迅》。在演讲中毛泽东第一次定下基调：孔夫子是封建社会的圣人，鲁迅则是现代中国的圣人。毛泽东为何要对鲁迅"封圣"？因为毛认为中国有两种人，豪杰和圣人。前者是在某一领域取得非常成就的人；但圣人，是要影响人的思想、成为人的精神导师的人，毛本人认为的最高人生实现，是既当豪杰又当圣人，而且对历史影响更深的，应当是圣人。1970 年 12 月 28 日，文化大革命正闹得难分难解，毛泽东会见美国友人斯诺时，曾如此说过："什么'四个伟大'，讨嫌！总有一天统统辞掉，就保留一个：'导师'"一九三七年那会儿他还没有成为"四个伟大"，但他非常清楚一位"大成至圣先师"对于成就政治伟业的极端重要性，他知道需要一个圣人来对知识分子进行号召，鲁迅在知识分子当中的巨大思想影响力，因此便先将鲁迅作为一面旗帜举在共产党手里。

又过了 3 年，1940 年在陕甘宁边区文化协会第一次代表大会，毛泽东发表《新民主主义论》，对鲁迅又做了两个重要评价：第一，将鲁迅定义为"中国文化革命的主将""他不但是伟大的文学家，而且是伟大的思想家和伟大的革命家。这就完全接过了五四的旗帜，占领了意识形态的制高点。其实开初，中共党人对五四的评价并不高，以为那是胡适一伙自由知识分子领导的一场学生运动，现在就不一样了，毛泽东明确将旗帜递给鲁迅，称鲁迅是五四新文化运动的主将，鲁迅的方向就是中华民族新文化运动的方向。这也就表白了毛泽东对于五四的评价，而且在这篇文章里，毛泽东还明确了五四运动是由共产主义知识分子，如李大钊、陈独秀所领导，还说，五四运动在思想和干部上，准备了中国共产党的成立。这样共产党理所当然就成为了五四新文化运动的合法继承人，这样做，显然非常容易便赢得了知识分子的拥护。接下来就顺理成章：鲁迅代表的"五四"流派代表了所有激进派的诉求，谁要败坏他们的情致，他们就和谁过不去。

第二，毛说："鲁迅的骨头是最硬的，他没有丝毫的奴颜和媚骨，这是殖民地和半殖民地人民最可宝贵的性格。鲁迅是在文化战线上，代表全民族的大多数，向着敌人冲锋陷阵的最正确、最勇敢、最坚决、最忠诚、最热忱的空前的民族英雄。鲁迅的方向，就是中华新文化的方向。"对于身处民族灾难的广大老百姓，"民族英雄"这个定义是非常具有号召力的。一方面，既举起了新文化的旗子、一方面举起民族主义的旗子，不仅赢得了很多的知识分子认同，而且也赢得了习惯喜雄崇拜的芸芸众生认同。

再看蒋介石。老蒋虽然也心雄万夫，急于一统天下，可却偏偏像一个精明却固执得不近人情的农夫，太钟情于历史悠久却极端保守的东方文化，以至于让自己也陷入这种"文化惰性"而不能自拔。如此僵化的传统"卫道士"的形象，显然只能被五四唤醒的鲜活灵魂、渴望变化的知识界嗤之以鼻。

蒋介石个性倔强，倔强到了刚愎自用，一意孤行的地步，以至于完全排斥辩证法，不懂得变通。其实，政治家为了达到目的，历史都是可以篡改的，更何况现实理论！完全可以根据需要进行变通甚至修改。胡适被蒋介石称颂为"最令人敬佩者即为其个人之高尚品德"，算是蒋非常认可的自由知识分子和学坛盟主了。1958年4月2日，移居美国多年的胡适从纽约回到台北，去"史语所"考古馆出席"中央研究院"院长就职典礼并发表演说。为显示对学术界的尊重并襄助胡适，蒋介石亲率"副总统"陈诚、张群等一干大员专程赴会并致辞，鼓动"中央研究院"一干学者为复兴民族文化担当大任，清算大陆"以仇恨与暴力……消灭我国家之传统历史与文化，而其重点则为毁灭我民族固有之伦理与道德"诸端不是。讲话还特别说到"我对胡先生，不但佩服他的学问，他的道德品格我尤其佩服。不过只有一件事，我在这里愿意向胡先生一提，那就是关于提倡打倒孔家店。当我年轻之时，也曾十分相信，不过随着年纪增长，阅历增多，才知道孔家店不应该被打倒，因为里面确有不少很有价值的东西。"

欢迎会本是皆大欢喜的事情，不料蒋介石竟不顾"五四运动"的发动者局近坐身旁，大讲"五四运动"与"打倒孔家店"有功亦有过，让被欢迎者大为不快，胡适原本笑容可掬的脸很快晴转阴，等到他致答谢词时憋不住毫不客气地对蒋予以了驳斥。据当时在场的"中研院"民族研究所俊李亦园回忆：

胡院长就职时蒋老总统特别亲自来了，来了之后还讲话，在他的讲话中不知为什么忽然说到共产党在大陆坐大可以说与五四运动的提倡自由主义不无关系，这样的说话对胡先生来说当然是非常尴尬的，因为五四运动跟他有密切的关系，他是重要的推动者。结果老总统讲完之后，胡先生站起来继续答话，他的答话让大家脸色都凝住了，他一开始就说："总统你错了"，在当时那么威权的时代，他这样讲使全场的人脸色都变白了，气氛非常紧张。【注17】

仅此一端便可看出，蒋介石和毛泽东的差距有多大！当初手握百万兵甲，为什么竟稀里哗啦败给了偏居陕北一隅的毛泽东？仅观此一端，也就够了。

接下来是第二个问题：这次舆论围观为什么会发生在云南被共产党接管前夕？

通过上述分析，其实事情已经很明确了。鲁迅是民族英雄，是圣人，那么，信奉鲁迅为圣人的共产党就注定就该是民族英雄，同样，共产党的领袖又不是圣人而何？中国是农业社会，小农经济土壤上生出的芸芸众生，从来对自然力量的反复无常深感恐惧，对命运的摆布从来深感无力，于是总是寄希望于强人、神仙与救星。鸦片战争以降，中国已经乱了将近百年，他们太渴望一个让海清河晏的英雄、圣人，给他们制造亦个太平盛世，一个古代理想中的"大同世界"，他们宁做"太平犬"，也不愿长做离乱人。理想国总是需要完美偶像的、需要绝对权威和整齐划一秩序的，总是需要乌托邦的诗意点燃众人激情的火把——因此，一旦确认了偶像，其余所有的都得成为异端。按照

第九章 天亮前后

古希腊哲人柏拉图认定的标准,理想国必须由哲学家(即中国人说的圣贤)为王,毛泽东就是这样的圣人。他带领的共产党军队正在中国大地高歌猛进。人民感觉到真正的救星已经降临,这个救星如此虔诚地称鲁迅为"现代中国的圣人",怎么还容得了区区刘文典来说三道四呢!

再说,1949年7月的云南,事实上已基本是共产党的天下。不管出于普遍的正义感,抑或出于地方主义的情结,云南人对于蒋介石的独裁做派一直都很反感,在这场"大批判"中表现最为积极的《正义报》和《观察报》,虽为民办报纸,但在整体倾向上一直比较激进,读者中亦不少是青年学生和知识分子。李公朴、闻一多在昆明被枪杀,这两份报纸都及时报道,全面揭露国民党的卑劣行为。1949年9月9日,蒋介石要求云南省政府主席龙云"整肃"全省,查封了三份报纸,其中两份就是《正义报》和《观察报》。如今好容易盼到圣主带领吊民伐罪的仁义之师,云南人要用这种极端的方式,表示自己对于新政权的向往,于是便有了这一场颇显病态的文化狂欢。此事虽让刘文典感觉委屈,事后多次对儿子平章诉苦,说"我很佩服鲁迅,怎么可能攻击他呢!"但作为一种历史现象,不管愿意不愿意,他都必须要尽快适应:因为,新社会需要绝对的权威和整齐划一的秩序,只能有一个集体的声音,再也容不得个体的批评家肆意发言了。

7年后的1956年10月,云南大学举行"鲁迅先生逝世二十周年纪念会",刘文典应邀与会,再次作《关于鲁迅》的演讲。他已经完全习惯了在新秩序下如何做人做事。这一次,"他不用讲稿,侃侃而谈,讲的内容,是鲁迅小说如何揭露国民劣根性,比如国人看杀人时的麻木、祥林嫂的砍门槛以及阿Q的精神胜利法,其实质一致"。【注18】刘文典完全服输了。

再过十年,席卷全国的"无产阶级文化大革命"爆发。鲁迅成为中国唯一的、依旧享受着偶像膜拜的知识分子,他的的语式和文凤,直接变成了"拿起笔作刀枪,集中火力打黑帮"的红卫兵们的亦步亦趋的学习模板,何也?

在一个崇尚斗争、崇拜英雄的病态社会,人们的思维和语言总会变得简单、粗糙、武断、野蛮、非黑即白,因为不如此,便不足以表现自己的正确与革命——回顾"鲁迅风波"的极端和夸张,难道不值得人们深思吗?

第十章 春之变奏

45 时间开始了

刘文典遭遇"骂鲁风波"不到半年，1949年12月9日，国民政府云南省政府主席卢汉发动云南起义。再两个月后，1950年2月20日，人民解放军金戈铁马，鸣鼓入城。

从1840年鸦片战争开始，中国经过多年苦难，分裂，战争，终于有一位强人领导的强势政党完成了对中国大陆的军事统一，为中国历史揭开了全新篇章，实在是一个值得大书特书的伟大历史性胜利。

云南起义两个月前，1949年10月1日，毛泽东在天安门城楼上用浓重湖南口音宣布"中华人民共和国中央人民政府成立了"。当日，左翼文化名人胡风，激情似火地写下了长达4600余行的交响乐结构的著名政治抒情诗：《时间开始了》——虽然时间仅仅过了4年，该胡就被毫不留情地一巴掌打入了地狱，但丝毫不影响他对于新中国的渴望和激情，及对毛泽东真诚的崇拜。据资料介绍，几十年后出狱，胡风对毛的崇拜依旧痴心不改。

长诗开篇之章《欢乐颂》，如此激动万分地呐喊：

时间！时间！
你一跃地站了起来！
毛泽东，他向世界发出了声音
毛泽东，他向时间发出了命令
"进军！"
……

胡风，作为深得鲁迅赞赏的朋友、助手和继承人，他对于新社会的态度，定然非常典型地代表了左翼知识分子的想法。相比之下，对于民国岁月成长起来的知识分子群体，胡风所代表的比例应该是少数。持相反态度、即所谓自由知识分子，特别是从英美留学回来的知识分子（典型代表是胡适），肯定也是少数，他们的观点，正如胡适对劝其留陆的吴晗所言："在苏俄，有面包没有自由；在美国，又有面包又有自由；他们来了，没有面包也没有自由"【注1】当属极而言者也。更多的知识分子，传承中国士大夫家国情怀，忧国忧民之心，对国民党的统治早已由失望而愤懑，对离乱生活早已由难忍而恐惧，于是对共产党民主自由进步的主张由衷地举手赞成。不管怎么说，新政权呵护下的安定环境，提供了大量的就业岗位，人民生活安定了，渴望多年的国家建设开始大踏步开始了，对芸芸百姓来说，幸福的时间确实从此开始。著名翻译家傅雷参观了淮南煤矿、佛子岭水库、梅山水库之后——当时，政府组织名人、作家、党外人士参观建设成就的活动非常频繁——曾感动万分地给儿子傅聪写信说：

  祖国的建设……人民那种急起直追的勇猛精神，叫人真兴奋。各级领导多半是转业的解放军，平易近人，朴素老实，个个亲切可爱。佛子岭的工程全部是自己设计、自己建造的，不但我们看了觉得骄傲，恐怕世界各国都要为之震惊的。科技落后这句话，已经被雄伟的连拱坝打得粉碎了。

  我们社会的速度，已经赶上了原子能时代。谁都感觉到任务重大而急迫，时间与工作者是配合不起来。所以最主要的关键在于争取时间。……勇敢些，孩子！再勇敢些，克服大大小小的毛病，努力前进！【注2】

  政治巨人毛泽东纵横捭阖的文采和哲思，亦让这些文人由衷折服。还是这个傅雷，在他当面听过毛泽东在最高国务会议上的演讲（即后来整理成著名的《关于正确处理人民内部矛盾的问题》之后，在给傅聪的私人信件中，对毛的崇拜之情更是溢之言表，甚至连毛讲话时的语速也让他如听仙乐一般陶醉。显然。他已在这种崇拜中找到了自己的心理归宿：虽然一年之后他就被打为资产阶级右派，再十年后，不堪红卫兵折磨和羞辱，夫妻二人非常高贵地选择了自杀。

  毛主席的讲话，那种口吻，音调，特别亲切平易，极富于幽默感；而且没有教训口气，速度恰当，间以适当的pause（停顿），笔记无法传达。他的马克思主义是到了化境的，随手拈来，都成妙谛，出之以极自然的态度，无形中渗透听众的心。讲话的逻辑都是隐而不露，真是艺术高手。（一九五七年三月十八日深夜于北京）【注3】

第十章 春之变奏

刘文典先生此时的心情当与傅雷这类知识分子相似。他也多次这样真诚地表白和赞美:"出于反动统治的旧社会,走投无路,逼我抽上了鸦片,解放后,在共产党领导下,社会主义国家蒸蒸日上,心情舒畅,活不够的好日子,谁愿吸毒自杀呢?""今日之我,已非昨日之我,我新生了"【注4】

下面这一段话,摘自1956年4月刘文典先生在云南省到北京参加政协一届二次全体会议上发言,我们同样有理由相信确属发自肺腑之言。他是当年一月被政协第二届全国委员会第二次会议增选为全国政协委员。同批增选的还有陈寅恪、沈从文、卫立煌等人。他说:

我离开北京将近二十年了,这一次才回到祖国的首都。回想卢沟桥事变后,北京沦陷,我在敌伪压迫之下逃出北京,是什么情况!二十年后,感谢共产党、毛主席领导中国人民把日本人赶走,解放了北京,解放了全中国,我以中华人民共和国主人的资格,又回到祖国的首都来:心里的感动、兴奋真不是语言文字所能形容的,一下火车后,先到天安门,看看那一对华表,真是悲喜交集、落下泪来,要不是共产党几十年的奋斗牺牲,毛主席的英明领导,从敌人的手里夺回北京、解放北京,我能够以政协委员的资格回来吗?

我这一次走过了广西、湖南、湖北、河南:、河北、四川六省,看见祖国建设事业突飞猛进,处处出乎我想象之外。火车经过大站,工厂烟囱像树林一样,车站上排列着无数的列车。车上装的全是建筑材料、钢管、新式农具、拖拉机,这是我有生以来没有看过的景象。

我最喜欢小娃。从前在北京街上看见的孩子们,多半都是一身破衣、满脸灰尘、营养不良,看了心里十分难受。这回在北京住了一个月,所看见的孩子个个都是衣服鞋帽整齐干净,脸上颜色好像苹果,健康活泼,可以说满街都是拉非尔画的小天使,我一面羡慕这些毛泽东时代的儿童真真幸福不浅,一面也庆幸自己赶上了这个时代。

今天的新北京、新市区在西郊、北郊,我没有出城去看,单就城里说,市容的改变并不太大,最使我感勃的不是外表上、物质上的变化,而是人与人的关系:和从前根本不同了。旧社会,人对人总是尔诈我虞:你想剥削我,我想对付你:或是肉麻的恭维,虚伪的温情。这一次我所接触到的每一个服务员、医生、看护、司机、三轮车工人、店员都给我极直诚的温暖。人对人都能推诚相待。【注5】

同年 4 月 17 日,刘文典参加云大中文系座谈会,报告赴京开会观感,他介绍谒见毛泽东并与之握手、谈话的情形,其语调的真诚与激动,与傅雷毫无二致。他说:"在等待着毛主席的接见时,二十三个专家都很紧张。但是等到了跟前,却一点也不紧张,如同最亲近的人到了跟前一样,除了尊敬之外,还感到非常地爱他。"

"你最近在研究什么?"毛主席问他。"我在研究杜诗,研究完杜诗,再研究白居易。"他回答。毛主席说:"很好。"【注6】

我们没有理由怀疑刘文典这些讲话的内心真实。国家的统一与战后的安定使饱受离乱之苦又深具家国情怀的知识分子,在经历国共两个不同政府的比较中自然而然地选择了一种现实的政治认同。而世俗的利益(不啻基本的生存需求,还有对高级知识分子明显超乎普通百姓的特殊优待)和权力给以他的荣誉(包括虚名),使刘文典先生翅膀已经变得格外沉重,他不可能像陈寅恪那样隐修于尘世,继续让思想在个人的学术云端自由飞翔。胡适离开大陆时的预言,说知识分子在大陆共产党政权之下"没有面包也没有自由",显然属于妄言了。事实恰恰相反,刘文典作为高级知识分子,那年月在云南大受礼遇,"面包"充足得很、丰美得很。知识分子正式纳入体制供养起来,使他们衣食不忧,从而对共产党不无怀揣感恩之情。1956 年 9 月全国教授评级,刘文典被评为一级。同类学校的全国一级教授仅 116 人,而云南高校则仅此一人【注7】,月薪 345 元,与国家部长等同,相当于普通技术工人的将近 10 倍,真乃贵矣乎!工作条件随之配套,大学图书馆在参考室为先生专设一研究室,配备古书典籍,还特地买来朱砂、朱笔,供先生批阅之用,专门礼请先生为二十四史断句标点。参考室位于风景如画、柳浪戏莺的翠湖之畔一幢法式小院。据工作人员张传回忆,"只记得他断断续续来过不多的几次,没有固定的时间,他批点了那几部史书,我没有见过。"刘先生"因为教学工作很忙……他来去我都只和他打个招呼而已。"【注8】

我们很快还会看到,政治待遇也很快紧跟而来。正如后来他给儿子刘平章的一封家书所言:

我的工作几乎全是政治,今春在京一月,回昆后即开省政协,接着是人民代表大会,会毕后是整风,反击右派,教学和科研都搁下,大约今年是不得完的。【注9】

刘文典的时间，也开始了。

45、又是风吹雨打处

只是，这些并非事情的全部。

共产党掌玺大陆，不是简单意义上的改朝换代，而是一场政治制度、经济制度、价值观念、文化风习的全面鼎革。毛泽东要彻底改变中国人的人性，成就"六亿神州尽舜绕"从而实现理想中的共产主义殿堂，必须塑造一代全然"新人"，奠定全新的文化柱石。中国历代王朝不管如何往复更替，朝云暮雨，为什么终能千年不倒？就因为儒家意识形态通过政治灌输和礼俗浸淫，早已化为人们潜意识的精神气质、生活方式、社会风俗和社会韧带。毛泽东通过土改、镇反、肃反等系列运动，确立了毋庸置疑的政治权威，与此同时，同步并不间断进行的，是建立一套全新的价值体系、社会文化体系和话语体系，以彻底颠覆和完全替代延续千年的中国社会传统——即所谓"四旧（旧思想、旧文化、旧风俗、旧习惯）"。毛泽东晚年总结自己的一生，说他做了两件事：一是把蒋介石赶到一群海岛上去；二是发动了文化大革命。此话确实道出他内里最大的心结：他渴望当"马克思+秦始皇"，也即"文化圣贤+政治领袖"，如是，即便他离世而去，中国仍旧"百代都行秦政事"，他的政治遗产思想遗产亦如孔孟之道那样，指导中国于千秋万代。

毛泽东所做的两件事中的后一件，虽然被他的后任者们在十一届六中全会关于《建国以来若干历史问题的决议》已经明确地彻底否定，判之为"十年浩劫"，事实上，这场"革命"却并非简单地发生于1966年至1976年的偶然事件，而是从北京建政就开始构思、经过不间断推而前进，并愈演愈烈，只是到1966年，终于推至于断崖之巅罢了。

再广而考之，近代以降，世界上所有充满理想主义色彩的革命，总是试图用国家权力对全民文化进行改造，从而用集体的道德性存在取代个人的物质性存在，塑造所谓"新人"以确保革命成果千秋万代长期续存。毛泽东的做法绝非孤例，更非"始作俑者"，只是其做法更成功，时间更长，手段更极端，规模最大而已。法国大革命雅各宾专政时期的罗伯斯比尔，就被人称为"挥舞着大棒灌输美德的教师"；

第一个社会主义国家创建者列宁，对塑造"新人"亦力有独重，他的名言是："工人阶级不会自发地产生或接受革命思想，因此革命的意识形态必须从外部由先进分子灌输进去"【注10】；他还就广大农村小资产阶级狠发重话："千百万人的习惯势力是最可怕的势力"；连有"红色罗宾汉""共产主义的堂·吉诃德"之称的切·格瓦拉，在古巴弹丸之地执掌权柄后也明确宣布，自然人都是些不合格的"半成品"，革命要想最后成功，必须想办法把他们通通改造成为"有觉悟的、有自己特点"的、革命车轮上的一只"幸福的齿轮"。他的宏图几经努力而不可得，于是翻然顿悟，发觉只有在"战争"环境中方可造就如此革命"新人"，于是切·格瓦拉慨然舍弃高位，重归山林游击，直至饮弹身亡。

毛泽东作为创建共产主义理想社会的操盘大师，在改造旧人、塑造新人方面，更给予了特殊的关注。中国的儒家传统一贯强调自我修养，士林官绅所谓"君子"的道德境界"仁"与"孝"，无不通过自我反省来得以实现，在如此现成土壤之上来塑造新人，只需把修养的内核换掉，把对应忠君孝祖的个人目标换成对于某党、某事业、某集体的忠诚驯服就可以了。要实现这一置换，当然得先将原先那一套目标内核破掉。毛泽东本喜欢"大破大立""破旧立新""破字当头，立就在其中了"。现在，他首先需要破的，就是旧社会遗留下来的几百万知识分子头脑中旧的文化和旧的思想观念，然后再让这些随风飘飞的"毛"（毛泽东很喜欢把知识分子比喻为必须依附在某个政治集团身上的"毛"），让他们重新附着到无产阶级身上。他非常清楚，像斯大林那样靠肃反和暴力征服肉体是赢不了知识分子人心的。延安整风运动的巨大成功，让毛泽东总结出一套完整而成功的改造之术，这样，一旦执掌了全国政权，对知识分子"改造、团结、使用"一连串组合拳便劈头盖脑来了。

在享受新政权给予的良好物质待遇的同时，刘文典和他同时代的知识分子们，不得不在接踵而至的政治运动面前，接受思想意识形态领域的炙烤。这些运动有：

1950年，清理亲美、崇美、恐美思想运动；

1951年，对电影《武训传》的批判运动；

1952年，知识分子思想改造运动；

1953年，批判梁漱溟的反动思想运动；
1954年，批判俞平伯、胡适资产阶级学术思想运动；
1955年，反对胡风反革命集团运动；
1957年，反右运动。
1958年，全民整风、"插红旗，拔白旗"运动……

接下来，1959年的反"右倾"运动、1962年开始愈演愈烈的的阶级教育运动、1963年开始的"四清"运动——这些虽然已成为全社会的运动了，可是，哪一次运动被追究与责问的位置，知识分子缺席过？哪一个运动不是为文革的最终引爆作铺垫呢？ 即便1962年提出阶级斗争"年年讲""月月讲""天天讲"，文章"起式"，劈头盖脑一句话也是"利用小说进行反党，是一大发明"。文革标准口号更加清晰响亮，除了政治上"打倒'党内走资本主义道路的当权派'"，更为宏观和微观的就是"破四旧""立四新""斗私批修""灵魂深处闹革命""狠斗私字一闪念"……八亿人口，人手一册"小红书"（《毛主席语录》）铺天盖地舞动，俨然新时代的《论语》。红卫兵暴力狂飙横行，扫"四旧"、砸文物、斗"权威"、焚书籍……三坟五典、八索九丘，所有曾经的文化，眼见得已绞杀殆尽，"用毛泽东思想统帅一切"的曙光似乎已在中国的天空喷薄而出。

面对如此气象，知识分子扎堆的思想文化教育领域，焉能安静得了？刘文典身处的高等院校，天象所示，又是风吹雨打处。

47、表态文化是怎样炼成的

很快就轮到刘文典了。

解放后知识分子思想改造开篇之笔，正是声势浩大的"胡适思想批判运动"。炙手可热的红色文人郭沫若宣布，"中国近三十年来，资产阶级唯心论的代表人物就是胡适，这是一般所公认的，胡适在解放前曾经被人称为'圣人'，称为'当今孔子'。"这个"最危险的思想敌人" 必须拽下神坛，人人得而诛之。【注11】1949 年 5 月，中华人民共和国尚未正式立国，已由共产党接管的北平教育界就揭开了"改朝换代"崭新一页，第一篇章就是炮击"美帝国主义走狗胡适"。11 日，《人民日报》发表时任辅仁大学校长、著名历史学家陈垣的《给胡适之一封公开信》，打响批胡第一枪。接下来开火的，身份更令人震撼：胡适的宝贝儿子胡思杜。1950年9月22日，胡公子在香港《大公报》发表文章《对我父亲——胡适的批判》，称父亲是"反动政权的忠实走狗"，除了思想上划分敌我，胡思杜还明确宣布在个人关系上划分敌我，与胡适脱离父子关系。北大、清华等大学更是闻风而动，开始了对昔日圣人的集群声讨，胡适曾经的好友、同事、学生俞平伯、朱光潜、沈尹默、杨振声、顾颉刚、冯友兰……一个个争先恐后，纷纷发难，揭批"反动罪行"，发誓与这条"丧家的、美帝国主义走狗"彻底决裂。

胡适作为新文化的旗手，"五四"的先驱，在民国知识分子中享有巨大的声望和影响力。江山易色之际，胡适理所当然成了共产党争取的对象，可惜，他那一句太过武断的"没有面包也没有自由"，实在太让新的当家人寒心，不痛下杀手而何？

在全国知识界一片讨伐中，刘文典很快被逼到了墙角。因为，胡适偏偏是刘文典最重要的朋友兼恩师，与其他人相比，胡适对于刘文典的个人命运来说，重要得多也深刻得多。几十年间，刘文典但遇困厄相求，胡适从来援之以手，从无推诿。1924年，正是得到如日中天的胡适鼎力相助（甚至为稿酬之事，胡适亦代为多方讨价还价），刘文典终得因《淮南鸿烈集解》而一夜成名。某次，刘文典不知咋就听人说起胡适责怪他，急得马上致函恩人，认错不迭，函云：

你是弟所最敬爱的朋友，弟的学业上深深受你的益处。近年薄有虚名，也全是出于你的"说项"，拙作的出版，更是你极力帮忙、极力奖进的结果。所以弟之对于你，只有敬爱和感谢，决不会有别的，听见说你怪我了，弟心里十分的难过。因为你如果怪我而绝我，是我学业上、精神上最大的损失。或者弟此外有开罪的地方，也是弟诸事不留神的结果，你的性情素来是不存芥蒂的，总都可以原宥的罢？弟本想到你家里当面说开，又恐怕你或者不见我，所以才写这封信。你如果认为弟是不成东西，那就无法了；如果可以释然，务乞复弟一信，免得弟心里十分的难受啊。【注12】

事实上，胡适对刘文典的帮助确是非常真诚的，学术上更是难得的"畏友"，他很快回函，除说明他的帮助"只图救人之急，成人之名，丝毫不想及自身，并且还赔工夫写信作序，究竟所为何来？为的

第十章 春之变奏

是要替国学家开一条生路，如是而已。"同时，胡适还真心拳拳，坦率地指出了刘文典为学、为人的缺憾：

我确有点怪你，但从不曾对一个人说过。我怪你的是你有一次在信片上说，你有许多材料，非有重价，不肯拿出来。我后来曾婉辞劝你过，但我心里实在有点不好过：我觉得你以"书贾"待人，而以市侩自待，未免教我难堪。校一书而酬千金，在今日不为低价；在历史上则为创举；而你犹要玩一个把戏，留一部分为奇货。【注13】

二人的关系何等亲密，斯事足见一斑！面对声势浩大的"胡适思想批判运动"，刘文典的处境何等难堪，可想而知。

1950年，第一次"批胡"，中心是清理知识分子中"亲美、崇美、恐美"的糊涂思想，刘文典先生是何态度？至今未见资料，一个极有可能的原因是，云南离政治中心北京太遥远；还有，云南地处边陲，山高林密，残留在国境内外的国民党兵匪不时武力作祟，加上少数民族聚居地区的安抚和新政权的建立也非易事……特殊的政治、经济、军事、社会问题，让刚刚立足的云南权力当局暂时还顾不上知识分子的文化问题。刘文典于是得以侥幸躲过一关。

第二次"批胡"就不行了。时间已到1954年，以毛泽东"写给中央政治局和其他同志"的《关于〈红楼梦〉研究问题的信》为发端，支持"小人物"批判"资产阶级红学权威"俞平伯资产阶级学术思想运动，和以后连续不断的政治运动一样，已然巩固的新政权威效率已非常之高。一旦北京打喷嚏，所有地方都得感冒吃药。刘文典再难侥幸。毛泽东说得很明确："看样子，这个反对在古典文学领域毒害青年三十余年的胡适派资产阶级唯心论的斗争，也许可以开展起来了。"名为批俞平伯，靶心所在，实则还是"资产阶级唯心论的代表人物"、知识分子心目中曾经的"圣人"、"当今孔子"：胡适。

"批红""批胡"飓风席卷全国。刘文典所在的云南大学，文学家、副校长的李广田自然清楚运动真谛所在，1954年12月29日，李广田在校刊《云大》发表《从〈红楼梦〉问题开始，深入开展对于资产阶级唯心论的斗争》，正式打响发令枪，称："虽然论争是从俞平伯的《〈红楼梦〉研究》开始，但其范围决不限于《红楼梦》和俞平伯，这乃是整个思想战线上工人阶级唯物主义对反动的资产阶级唯心主义的开火，为了使火力集中，为了通过对于具体的人与具体的反动言论的批判使斗争得以深入而获全胜，故'斗争的火力不能不对准资产阶级唯心论的头子胡适'"。

刘文典无路可退。中文系先后3次举行全体教师会，学习有关批评《〈红楼梦〉研究》的文件并进行座谈。作为系里资格最老的教授、而且谁都知道的胡适好友、"红学"专家，再不表态，咋都说不过去。于是，先生略带安徽口音的普通话留下来如下发言：

谁都知道我们中华人民共和国是以工人阶级为领导的向社会主义前进的国家，我们的文艺理论和一切研究学问的方法都必须是以马克思列宁主义思想为指导的，这本是天经地义的、毫无问题的。

但是要树立马克思主义的文艺观点并不如此简单，必须经过长期艰苦的斗争，才能得到完全的胜利。我们政治上、军事上的敌人现在是跑到台湾岛上去了，解放大军一发动，指日就可以消灭得了。但是思想上的敌人却顽强的盘踞在我们的脑子里，要想彻底肃清不是那么容易，但就《红楼梦》这一部书的研究说，毛主席发表《延安文艺座谈会上的讲话》距今已有十几年，而全国解放已有五年了，才由李希凡、蓝翎两位同志发现了它的根本错误，可见我们大家思想上麻痹到什么程度。这也就说明一般研究文学的人并没有真能以马克思列宁主义武装自己，而是让资本主义的思想在脑子里安然不动的盘踞着。

就我个人而言，这情形不只是中国有，就是在苏联也还难免。在语言学方面，几十年来都崇奉马尔为权威，对他的说法也没有看出错误，一直到斯大林《马克思主义与语言学》的论文发表出来，才像太阳出山一样把马尔的这一座冰山融化了。从这里更可以看出资本主义的残余思想是如何的顽强，而随时提高警惕，加强政治学习又是如何重要。【注14】

批判会上，所有人都指名道姓将"资产阶级唯心论的头子"胡适骂个狗血喷头，偏偏刘文典的渔网撒得很大，撒得很开，却压根儿就不准备捞鱼。通篇发言，声色俱厉，洋洋洒洒，从詈骂"研究古典文学的人"（包括他自己），一直骂去远在北京的俞平伯，一直骂去远在苏联的马尔，恰恰就是只字不提"胡适"二字，接下来，网越撒越宽，什么牛肉里的"寄生虫"啦，牛奶里的"结核菌"啦，统统一股脑儿捞将起来，真是"杂草烂泥无巨细，捞入网中便是功"：

我看这一次运动既不是专对俞平伯这个人，而是一场思想斗争，

第十章 春之变奏

尤其是要对每个人自己的资产阶级思想作斗争。因为研究文学的人，尤其是研究古典文学的人，年纪一般都较大，谁也不敢说自己脑子里没有资本主义唯心论的残余渣滓。就是研究自然科学的人也不例外，因为在资本主义、帝国主义国家学来的那一套多少总带有些毒素；不过我们研究古典文学的人身上带的细菌最多，中毒也最深罢了。

我常常说，古典文学好比一条牛，我们要吃牛肉、喝牛奶，吸取牛肉和牛奶的滋养料，来强壮自己，建立我们社会主义的文艺。也就是说，要"撷其精华，弃其糟粕"。但是这件事"谈何容易"。牛肉里可能有寄生虫，牛奶里也可能会有许多的结核菌，何况我们自己就是带菌者，或者竟是害着传染病的人，稍微大意，就会把毒素散布给学生。现在的教育工作者固然不会有意去毒害青年，但是，我们都是从旧社会来的，我们自己的杀菌消毒工作做得不完全，就会贻害无穷的。

还是不见"胡适"二字，然姿态果然积极，情绪十分愤怒，上纲上线亦非常到位，只是调子越跑越远。且看结尾如何：

思想上的消毒杀菌工作，说难是千难万难，只要你自己知道是患病人、带菌者，肯去治病，不"讳疾忌医"，这里就有一剂百发百中的灵丹妙药，那就是马列主义。辩证唯物论是摧毁唯心论的炸药，马列主义好比是太阳，它一出来，什么妖魔鬼怪都完了，什么细菌都可以消灭。但是话又说回来了，太阳光有晒不到晒不透的地方，就是细菌毒素隐藏的处所，也就是我们的思想的深处。这个地方的消毒杀菌工作颇不容易，要我们忍得痛苦，舍得刮骨开刀才行，所以我说这是一场尖锐的思想斗争，而且我也愿意尽最大努力参加到这一斗争中去，和大家一齐向反动思想进行斗争，和大家一同学习，一同进步。【注15】

据云南大学同事后来写文章回忆，凡是系里举行的批判学习大会，刘文典一般都参加，但是很少发言。别人讲话，他要么装着记录，要么闭眼休息，靠在沙发上睡大觉。想必是新社会改造知识分子的决心和招数他还太陌生，确实尚有消极对抗、以期蒙混过关之侥念。后来运动频仍，风雨越发急骤，沉默不得不被剔出了选项。好在，刘文典毕竟不是学校进学校出的迂腐书生，他在社会斗争的枪林弹雨中摸爬滚打而来，对于政治游戏的诡秘早已见怪不怪，面对泰山压顶般的社会压力，他懂得首先需要选择活下去，于是乎，政治犬儒主义哲学就自然成了最佳选择。果然，先生很快适应、并且熟练掌握了领导喜欢、社会流行的一套话语系统——从上面批胡适的发言可以看到，一旦巧舌如簧，你简根本就不知道他到底是在批谁？真批还是假批？是批判还是作秀？其中多少是发自内心的真实？多少是迫不得已的表态？多少是身不由己的说词，多少是为迎合领导意图、蒙混过关之言？——这实在表态岁月司空见惯的奇葩现象。

从12月2日至6日，中文系接连不断开了三次座谈会。先生的发言总是那么玄妙而饶有兴趣。不妨再引几段：

我看这一次运动既不是专对《红楼梦》这部书，更不是专对俞平伯这个人，而是一场思想斗争，尤其是要对每个人自己的资产阶级思想作斗争。因为研究文学的人，尤其是研究古典文学的人，年纪一般都较大，谁也不敢说自己脑子里没有资本主义唯心论的残余渣滓，就是研究自然科学的人也不例外，因为在资本主义、帝国主义国家学来的那一套多少总带有些毒素，不过我们研究古典文学的人身上带的细菌最多，中毒也最深罢了。

我常常说，古典文学好比一条牛，我们要吃牛肉、喝牛奶，吸取牛肉和牛奶的滋养料，来强壮自己，建立我们社会主义的文艺。也就是说，要"撷其精华，弃其糟粕"。但是这件事谈何容易。牛肉里可能有寄生虫，牛奶里也可能会有许多的结核菌，何况我们自己就是带菌者，或者竟是害着传染病的人，稍微大意，就会把毒素散布给学生。现在的教育工作者固然不会有意毒害青年，但是，我们都是从旧社会来的，我们自己的杀菌消毒工作做得不完全，就会遗害无穷的。【注16】

声势浩大的二次"批胡"，刘文典公然又顺利过关。从社会斗争大风大浪中摔打过来的主儿，情况就是不一样，世面见得多，应对办法亦多矣。年轻时候，他想拯救祖国，舍身东渡，到日本寻找真理；二次革命，枪林弹雨中奔走呼号；北伐初定时，面对气势如虹的军帅党酋，他面无惧色，厉言相斥护学子……而现在不行了。新政鼎立，所有政治意图都以群众运动的形式出现，轰轰烈烈，排山倒海，势不可挡，你和谁对垒去？和谁抗衡去？人毕竟属于社会性动物，你总不能和整个社会为敌吧？总不能和所有人都说"不"吧？或曰：那就保持沉默！也不行。你必须向众人表个态，必须在世俗生存和文化坚守之间做出选择，必须在怯懦与尊严之间做出选择，在"yes"和"no"之间做出选择。刘文典是选择了世俗和怯懦，对运动的一切要求都唯唯诺诺——虽然还有点儿遮遮掩掩，真真假假，云里雾里。这也就是表态文化的疾症所在了：除了自己心知肚明，至于群体无意识语境之下的发言，是诚心拥戴，还是曲意迎合？是真心膺服？还是违心认错？是阳奉阴违？还是无奈对付？甚至假面相向，彼此欺骗？落得皆大欢喜、人人过关了事？谁也不知道，谁也不愿意知道，甚至不敢知道。只是有一点可以肯定，随着这一类运动的多次历练，假话会越来越多于真话，接下来便有假话王国出焉，最后，到文化大革命了，全中国成了假话大赛场。

总之，第二次"批胡"，刘文典接龙斗榫，虽说不上严丝合缝，过关基本已经够了。想当年集解《淮南鸿烈》、补正《庄子》，其难度不过如此罢。

48、表态文化记趣

知识分子群体作为文化的传承者和社会价值的捍卫者，理当以怀疑与批评精神对社会公共事物进行观察与评价，为天地立心，为生民立命。而现在，面对完全无力招架的一波波政治运动，他们能够做的，就是为生存而表态。初级阶段还好，只要说 YES 或 NO 就可以稀里糊涂过关，唱唱颂歌就万事大吉。事情继续发展下去，如此表态就不行了，内容必须更加具体，还必须有针对性，尤其是对于自己个人的针对性。这就很麻烦了，知识分子从来最在意自己的面子、或曰虚荣、或曰人格自尊。要对知识分子进行思想改造，首先就得打掉这种虚荣。延安整风时期流行一个口号："当众脱裤子，忍痛割尾巴"——就指这件事。许纪霖先生在《读书人的面子：评<故国人民有所思>中》一文中披露，说北京大学教授冯友兰和金岳霖几次全校检讨都没有通过后的私下见面，两人竟然抱头痛哭。足见失去尊严的痛苦何等不堪！

刘文典却不。他不是那种娇滴滴，弱不禁风的无用文人，他不怕自我作贱，懂得如何让自己既可应付外力挤压，也让自己的内心不至于过分难堪的方法。说到自己，反正他就一个劲儿检讨，正如歌颂圣贤绝对正确一样，反正诅咒自己也绝不会错。他遇事就自我检讨，批胡适，他自我检讨，批俞平伯，自我检讨——下面我们还可以看到，系上人事关系不和谐，他自我检讨，学习苏联教学经验，他自我检讨，总而言之，反正就检讨，检讨，检讨……屡检不爽，绝无闪失。下面不妨举例：

　　1952年年末开始的思想改造运动，先生受到学生控诉，"胡崇斌、任修武（按：刘的学生）在大课堂的控诉，全场流泪，一片哭声，"为了表示自己认错确属真诚，刘文典干脆将几千年前那位他一直钟爱的偶像温庭筠拖来陪绑，当众宣布"温诗"为黄色诗："我确乎讲说过温飞卿的《偶游》诗，毒害了不知有几多人？我虽然没有说过诗是神秘的，但是主观唯心论的话不知说了有几多……从此以后，我就没有教过一首黄色诗。【注17】

　　1953年思想总结，先生称说，因为"经过大半年的学习"，"初次感到党的温暖"，于是，"立场初步的站住，敌我界限也初步的有点分清。……回头再看自己六十几年，思想是一团黑漆，行为是一塌糊涂，所谓知识学问也是乱七八糟：对人民不但无益，而且有很大的毒害。在大学教学卅多年，简直是人民的敌人"这样一个敌人下决心要"仇恨自己的过去、否定自己的一切，从头学起"。，最后，先生干脆宣布："站稳立场，努力为人民服务，靠拢党，靠拢人民，希望有一天能达到八项标准，尤其是第五、六两条，克服自私自利、自高自大""决心争取做一个光荣的共产党员。"

　　何等激动人心！

　　接下来还有：

　　"我自己检讨我的思想，因为家庭出身的关系，从资产阶级思想、机械唯物论就发展为极端的个人主义，又由机械唯物论转入唯心论，"于是"悲观厌世、堕落腐化、脱离群众、自高自大、权威思想……"刘文典宣布："只有辩证的唯物论、毛泽东思想可以把我从深渊里救拔出来。今天祖国政治上、社会上一切的黑暗、一切的不平，都已经一扫而空，全世界的解放也很快了，所以我心里是毫无悲观厌世的了，生活渐渐也没有抵触了，精神身体都很好，国家和个人的前途都是一片光明，所以很乐观、很愉快，只要把已有的一些进步巩固起来，时时检讨自己，不让旧的思想冒头"最后，先生再次宣布："我自信，

我可以做一个新社会的新人。【注18】

为了提升发言的马克思主义水准,他痛快将自己定性为"庸俗唯物论者,一味追求物质享受的人"为了证明检讨之真诚,先生甚至对自己大揭其丑:"掌握批评与自我批评,都是我新学会的欺人之说,我的口头和内心,是完全两样的",甚至最遭人诟病的吸大烟,也被先生自己扯出来当众大晒。【注19】虽然抽大烟与政治并不直接沾边,毕竟丑事一桩,先生毫不迟疑,主动拉出来就暴晒,真有"置之死地而后生"的豪杰之概,你还能对他的自我批判有半点怀疑吗?其实,解放前夕先生就已痛下决心将不良嗜好戒了,戒了就戒了吧,谁也没再说什么了,先生偏偏还把丑闻主动昭告众人,目的无他,证明其心之至诚也。

接着继续加码,先生自暴1953年3月曾作诗一首以对恶习大加怀念,以此表白自己为事为人如何之不堪。诗题《姬人杨嫣逝三载矣,寒夜无谬,诗以悼之》,"杨嫣"乃"洋烟"之谐音也。诗云:"人去情怀空寂寂,燕来音信更迢迢。屠龙画虎成何用,剩有寒灯媚永宵。"【注20】此外,先生还自暴填词《鹧鸪天》一阕云:"情脉脉,思悠悠,碧空如水月如钩。诗人老去莺莺死,折尽琼枝咏《四愁》。"先生自我解读,此亦为怀念吸大烟之不堪也:"琼枝是比烟枪。由这些诗词,就看见我对于过去社会腐化堕落生活,是如何的念念不忘,同时,也可以看出对新社会是如何的不满。我说过:'我之所以能熬书著书,全靠姬人杨嫣,共产党来了,夺去我的爱姬,等于要了我的命。试问这是什么立场?从这句话上,可以看出对党是如何的不满了。'"其实,反正事情早过去了,再骂它千遍也无妨。【注21】

总之,凡遇运动便自我检讨,凡遇开会便自我检讨,凡遇事情便自我检讨——这一招很灵。云南地本偏远,人本敦厚,云南大学思想改造运动本来采取"启发自觉,不追不逼"政策,人心都是肉做的,偌大一名教授,老巴巴的,身体又弱,这样没完没了的自我损咒,谁还好意思让人过不去?不好意思了。得!一切顺利,过关。

后来我们知道的,已是1953年夏天,高教部部长杨秀峰率领清华、北大、南开等十所高校人员赴云大观摩学习研发高水平物理实验仪器成果。先生跟之也开始对光学类仪器产生浓厚兴趣,多次与云大物理系主任、同乡张其睿讨论自然科学与哲学。接下来,图书馆在参考室专设一间研究室，请先生为二十四史断句标点。再接下来，他怎么又开始有点神气了，还和中文系主任刘尧民闹点不愉快，愤愤向人说："不要把我当作中文系的人的了，中文系的课我不高兴开了"，【注22】本来私下牢骚，小池微澜而已，不知咋就被人捅了出去，语文小组就召开了组织生活会，先生马上就非常痛快地开始自我检讨——检讨已经成了先生生活中不可或缺的部分——承认道："中文系闹不团结，绝大部分责任要由我来负的，文人相轻的恶习，以我为最重""我又是个极端的个人主义者，十分的自高自大、自私自利，一恭维就高兴，一挑拨就爆炸。""许多年来，因为闹宗派，给系上带来的灾难，真是无法估计"刘文典发誓："我和尧老再不合作，那简直是罪恶。"【注23】——后来的事实证明，二刘矛盾绝非小池微澜，而是迟早将发生爆炸的定时炸弹。

1955年，2月，云南大学副校长李广田作报告，要求进一步学习苏联先进经验，先生自然又习惯性地开始检讨，说自己课堂讲授"是失败的"，"把自己的教书当作观音菩萨在云端上洒杨枝水一样""只怪学生'太笨'"。通过学习苏联的先进经验，这才"发觉过去四十年的经验并不可靠……教书是卖弄自己学问的好机会，可以像开展览会似的把自己自以为了不得的东西都摆出来，从未考虑到学生是否受益，更谈不到如何培养合乎规格的社会主义文化建设干部……（学习苏联先进经验），认识到纵然你有天大本事，假若你所教的东西学生不懂，你对国家就毫无贡献，甚至还有害处"。刘文典最后宣布："苏联专家政治水平高，业务也好……和苏联专家比，他们有三十多年的社会主义教龄而我们还是五岁的小娃娃，处处都要向他们学习。学好的关键问题在于立场，这是思想问题，是政治问题。……没有高度的政治水平，业务是好不了的……应该站在马克思列宁主义的立场上去对待古典文学……就是在古典文学方面我们也要向苏联专家学习。【注24】

即使一些与思想作风、教学业务没关系的——只要运动一来，刘文典也马上找理由自我检讨。1955年7月，根据中共中央《关于展开对暗藏的反革命分子清查和打击的指示》精神，云大开展"忠诚老实运动"（即"肃反运动"）。先生自是很少批判同事，但检讨起自己来依旧毫不留情：

第十章 春之变奏

　　肃反的时候，我表面看好像很起劲的，事实也不尽然，我对叶德均的斗争，就并不激烈……现在回想起来，我每天早起拿一把小茶壶，走到大组上，一把藤椅上一躺，单凭这个态度的不严肃，也就给人家很不好的印象……我还有个错误的想法，反革命分子恐怕很少吧！……等到后来，清出来很多的反革命分子，我才大吃一惊。这说明我政治水平太低，也更说明我的政治立场不坚定，所以才毫无嗅觉。【注25】

　　不可否认，成天生活于这种群体无意识的惯性之中，言出行随，人的行为除了有意识、必然也会下意识、或者无意识地发生改变。通过上述一系列改造运动，刘文典曾经有过的大牌之傲，真的亦慢慢有所收敛，在学生眼里亦不再高不可攀，难以接近。学生张文勋有文回忆如下：

　　我经常到先生家里求教，每次去刘师母必以烟茶招待。如遇阴冷天气，就和先生在卧室围炉而坐，炭火取暖，聆听先生谈学问、谈治学。他多次以某大学生把"荀子"读成"筍子"为例，教育学生读古书要认真，不能望文生义，似是而非。"一字之微，征及万卷"……中文系有一位同学，平时衣袋里总装着一本小字典，受到另一些同学的嘲笑；刘先生说："口袋里装一本字典，这才是好学生，他就不会把'荀子'读成'筍子'了。我师从先生多年，在课堂上已受益匪浅，而在课堂下的教诲虽是只言片语-往往更能深入人心，于读书做学问之道，确可终身受用。【注26】

　　学生傅来苏亦有文可证：

　　1954年7月余毕业于云大中文系，将至北方工作。临行之前，与同级同学范克庄君前往文典先生寓所辞行。时先生住云大农学院晚翠园教授宿舍。见面后，先生十分高兴，以清茶、香烟相待。我们一则谢恩辞行，再则希望今后仍请先生赐教。先生面无难色，当即表示，如今后我们读书时有什么疑难问题，仍愿尽力为我们解惑，还勉励我们要认真学习，勤奋上进。临别之前，我们坦诚地提出一个请求，请先生给我们写点文词作为纪念。先生慨然应允，即取出纸笔，略加思索，为我和范君各写了一首七律。用其印章后，亲手递给我们。当我们看到题款中称我们为"×××贤友两正"时，愧不敢当，立即表示愿永执弟子礼，先生却说："青出于蓝而胜于蓝，焉知来者之不如今

也!"先生谦逊平易,寄望晚辈,其学者风范,长者赤心,于斯可见。【注27】

就在傅来苏、范克庄毕业这一年秋天 9 月,刘文典先生被遴选为云南大学科学研究委员会委员,同时进入的,还有云南名满天下的达士文人:王士魁、张其睿,方国瑜、寸树声、朱彦丞、杜棻、秦仁昌、赵雁来、诸宝楚、梁家椿、方仲伯,等。【注28】

毛泽东对知识分子"团结、教育、改造"的方针十分有效。再说,新中国政权已经巩固,"三大改造"已经完成,经济建设的第一个五年计划进展顺利,急需人才呢。经过几番风雨,这些旧知识分子已经改造得差不多,现在可以使用了。

刘文典的日子渐渐春和景明。

第十一章 云上的日子

49、"茶壶"的快乐时光

1956年是大陆知识分子最怀念的季节，就是大翻译家傅雷所称"谁都感觉到任务重大而急迫，tempo［节奏］快得大家追不上。"的"原子能时代"，是他要爱儿傅聪"勇敢些，孩子！再勇敢些，克服大大小小的毛病，努力前进！"的季节。就是傅雷慨叹毛泽东"马克思主义是到了化境的，随手拈来，都成妙谛"的难忘岁月。

这是共产党大陆建政的第6个年头，政权更替带来的各种矛盾、危机已基本化解，社会重归秩序，生产迅速恢复，人民安居乐业；朝鲜战争结束，国际环境趋于和平；苏联二十大对"个人迷信"的批判，将斯大林拽下了神坛，从而毛泽东得以放开手脚，天马行空，创建属于他的社会主义发展模式。这年九月，中共召开了执掌全国政权后第一次代表大会："八大"，明确提出了中国的基本矛盾是"先进的生产关系和落后的生产力之间存在着矛盾。因此要发展生产力。"对知识分子的重视，对科学文化的重视，很快达到前所未有的程度。

新年钟声尚未远去，1月14日，中共中央就召开了"关于知识分子问题的会议"。中共建政以来，每年开门办的第一件事，往往都以"一号文件"发布以传达对事情重点关注的暗示，正如改革开放以来多年的"中央一号"文件都针对所谓"三农（农业、农村、农民）问题"的极端重视。1956年中央的第一个会议正是罕见地讨论和解决"知识分子问题"。周恩来在会议开幕当天作了《关于知识分子问题的报告》，宣布中国知识分子的阶级属性已升格为无产阶级——此前，知识分子身份的基本估价属于"资产阶级"或"小资产阶级"——周恩来报告强调：中国的建设与发展，"除了必需依靠工人阶级和广大农民的积极劳动以外，还必须依靠知识分子的积极劳动"。

10天之后，1月30日，《人民日报》发表会讯，称："会议的最后一天，毛泽东同志讲了话。他号召全党努力学习科学知识，同党外知识分子团结一致，为迅速赶上世界科学先进水平而奋斗"，接下来召开的全国宣传工作会议，中宣部长陆定一传达毛泽东鼓舞人心的著名指示，号召"百花齐放、百家争鸣"……

1956年，对于刘文典个人，也是吉祥丰瑞之年。开年伊始，先生便被政协第二届全国季员会第二次会议增选为全国政协委员，同时被增选的，还有他最尊敬的师友陈寅恪、解放后一直运不顺的沈从文、曾被共产党宣布为战犯的国民党高级将领、先生好友卫立煌等人。2月，先生担任云南大学学术委员会委员，接下来，2月14日，刘文典正式启程前往北京出席全国政协会议……

在云南大学校园，刘文典先生如此表述自己的生活方式："每天早起总是手拿一把小茶壶，走到大组上，一把藤椅上一躺"，定格在学生眼里，他总是"踱着方步""穿一件蓝布长衫，黑布鞋，手里拿着一把瓷茶壶，两包'大重九'香烟。"【注1】真可谓惬意之态可掬。私底下，便有了他对儿子刘平章的如是自况：他说自己就像一只"茶壶"，现在被共产党捧得高高的，太高了，一旦摔下去，就是个粉身碎骨。先生此喻至少可说明两点，一是，对不期而至的好日子有点不放心，于是诚惶诚恐；第二，他的确是被捧起来了，被捧起来心情当然应该不错。

且看在北京开会期间致夫人张秋华的两封信。信一：

北京近日下雪严寒，我正忙于参加最高国务会议，日日往怀仁堂，可以看中南海雪景。政协到今天尚未开会，据说要到三月旬才可以完事，虽然有些疲倦，但是身体十分强健，每天饱食西餐，人都说我胖了。"陀子"来信向我要钱，我未理他。【注2】

信二：

彭国珍十日直飞昆明，我托她带的人参一两，你可煎服，这不是参须，要用小火煎，外有老鹳草两包，可送一包给李太太。彭国珍原来是全国民主妇女联合会中委，并非是以唱滇戏资格来的，我到北京后才晓得，章行严已收她为女弟子矣。我大约二月底方可离京，三月初返昆明，在京详情彭国珍想已细说。我在成都不多住，"二毛头"本学期考的不及上年。这并不是退步，去年的五分今年都只能考四分，这是科学院工作人说的。【注3】

先生对得以参与国家高层活动的自豪和个人生活的快愉溢于言表。信中所称"陀子"及"二毛头"，皆为为先生对其子刘平章所用昵称。先生在京期间写给正在成都工学院读书的平章，用时髦的苏联

第十一章 云上的日子

名字"科里亚（**Kolya**）"相称，（当时流行苏联名，凡小伙子，都以"伊凡""彼得""安德烈"一类名之），落款则戏谑称自己为"擦皮鞋者"。据说"kolya"和"擦皮鞋者"均来自苏联漫画。满信洋溢轻松快慰之情，甚至还顽皮地要儿子倒给他"经济资助"：

Kolya：

我在京用费极大，所带的钱早已用完，正是两袖清风：你要电汇几文来救济我，解除我的经济危机。

我的旅费用尽，只好步行回昆明，不能从四川经过了。

我连日参加最高国务会议，开会地点在怀仁堂，得以饱看中南海的雪景，真是兴奋极了，愉快极了！你很可以乘我在京的机会来北京一游，我可以买最精致的玩具给你，带你游览名胜，吃前门饭店精美的西餐，包管比成都永兴巷的更好。【注4】

五十年代的首都北京，全中国人人向往的梦中天堂哩。著名诗人闻捷，虽然后来运遭文革，不堪凌辱，自杀身亡，我们还是必须承认五十年代他那一首感人至深的诗《我思念北京》完全出自真诚："像白云眷恋着山岫/清泉向往海洋/梦中游子偎依在母亲膝下……/我日日夜夜思念着北京啊！"来自云南西北高原的藏族青年诗人饶阶巴桑，他的激越更是毫无疑问发自肺腑的真诚心跳："来到北京城/我想跳个弦子/舞步高，舞步低/步步向太阳"寻找"周身发光的毛主席。"

刘文典北京开会归来，成了云南大学难得的盛事。中文系立即召开座谈会，要先生报告赴京观感，尤其是伟大领袖毛泽东接见之盛况。时间是4月17日。先生已然成了众生瞩目的偶像，其情定然特别神气，语调定然非常激动，尤其说到会上几次见到毛泽东，还同领袖握手交谈，真是绘声绘色，激情难抑。煞是教人羡慕得要死。好像先生自己也周身发光了。原话如下：

在等待着毛主席的接见时，二十三个专家都很紧张。但是等到了跟前，却一点也不紧张，如同最亲近的人到了跟前一样，除了尊敬之外，还感到非常地爱他。

"你最近在研究什么？"毛主席问。

"我在研究杜诗，研究完杜诗，再研究白居易。"刘答。

"很好。"毛主席说。

在场的老师张友铭如是说：刘教授谈到这里，眼睛中透出闪闪的光芒。他进而表示说：他当时就坚定了献身给社会主义文化建设事业的誓愿和决心。【注5】

同月，先生在云南省政协一届二次全体会议上的发言主题也是这个：赴京开会沿途见闻、在京开会情形以及对文字改革运动看法等，内容依旧从卢沟桥事变、北京沦陷、孤身南渡说起，然后说到毛泽东英明领导，共产党奋斗牺牲，祖国社会主义建设日新月异。从"我最喜欢小娃。"说道如今所见孩子"都满街都是拉非尔画的小天使"，等等。具体演说内容前章已有详摘，兹不赘述。【注6】

昆明与北京距离太遥远，民谚"云南十八怪"有云："铁路不通国内通国外"，其时，除了有世纪之初法国人修建的滇越铁路，昆明确无半寸铁路与内地相连，行路之难可想而知。去邻省四川、贵州尚山路盘盘，举步维艰，遑论首都！晋谒祥光笼罩的北京金山，怎能不光彩夺目？刘文典再次成了公众达人：凡有开会都恭请他作报告、专题活动都恭请他写文章，凡政治活动都恭请他表态，以增加号召力和公信度……当然，每次表态他都会真心实意地大颂圣代雨露之温润丰沛。

刘文典不是圣贤，不过阅历丰富的凡人而已，他没有必要拒绝世间的荣誉和实利。

50、云端上

6月，九三学社云南大学小组成立。经小组长、生物学家曲仲湘力荐，刘文典加入了九三学社。

8月，《云南日报》开辟《笔谈"百家争鸣"》专栏，先生文章《我国学术界的大喜事》以头条位置刊出。刘文典以阶级斗争起式开论，说明先生已深谙真谛："共产党的哲学就是斗争哲学"，亦深谙在新中国的词典里，所谓学术，只有唯物主义和唯心主义两家，势不两立，你死我活，道理很简单也很无情。文章如是表述：

解放六、七年来，在党的领导下广大的知识分子都要求用马列主义来武装自己。武装起来干什么？为的是斗争。要斗争就必须有敌人，假使没有敌人，斗争就无从斗起。在学术思想领域中唯心论和唯物论

第十一章 云上的日子

是对立的,如果没有唯心论存在?开展斗争就成了无的放矢。实际上,唯心论是存在的,许多年来,唯物与唯心这两个阵营就一直是在进行不可调和的斗争,直到现在,一般人(包括知识分子在内)的头脑中总还或多或少地残留看唯心论的思想影响,要是不准他们说出来,岂不是等于叫有形的敌人隐蔽起来,变作无形的敌人,叫我们看不见,而这种敌人却是最可怕的。

哪里是在提倡"百家争鸣"呢?分明是举起思想讨论的大旗挥舞,要大家来消灭异己而已。古往今来,无数智慧的灵魂为人类创造的思想流派本来异彩纷呈,世界上的里程碑思想家:西方的苏格拉底、柏拉图、笛卡尔、康德、黑格尔……中国的朱熹、陆九渊、王阳明……不是都被贴上了唯心主义标签吗?可是马克思主义的哲学重要思想来源之一,正是黑格尔;青年毛泽东不无叹服地说过:"余于近人,独服曾文正",曾国藩正是王阳明精神上的嫡传弟子。如果把这些所谓"唯心主义"的东西统统消灭干净,很难想象人类的精神世界会多么苍白!再说,唯物主义本身也处于一个不断发展的过程,自牛顿提出力学三定律和万有引力定律,人们曾坚信世界所有的一切均可用经典力学解释,但等到相对论、量子力学、热力学第二定律出现,却把上述观点颠覆了。把两种学术观点定义为两个阵营,打杀一种流派来证明另一流派的正确,本身就扼杀了争鸣。更简单的例子,长期以来,我们正宗的唯物主义者,不是一再宣称要"精神变物质",要"灵魂深处闹革命"吗?试问:"精神"和"灵魂"属于物质吗?

上面这种颇有杀气的表态,肯定不是刘文典先生个人独创,不过属于表态文化的一次传声而已。年轻时候先生探求革命真理,什么理论都追寻过了,最后在海格尔和浅丘次郎的社会达尔文主义怀抱里找到了安宁。后来,"五四"的感召让他加入了"整理国故""再造文明"的队伍,潜心进入"老庄"世界,老、庄讲出世,应当算是"唯心主义"了,那么与老庄相对,讲求入世的儒家自应贴上唯物主义标签了。可是,考察一下儒家发展的高峰:宋明理学和心学的形成过程,不是恰恰大量吸收了佛道的唯心之论吗?要用非白即黑的原则来说唯心、唯物,而且必须有我无他,物存心亡,这还叫开展百家争鸣?说不通嘛。刘文典的发言,我们只能认定为又是一种表态。

接下来就说的很清楚了"最近我听了有关的报告,看了有关的文件，才认识到。'百家争鸣'的重大意义。这一方针的提出使我深受鼓舞，进一步体会到党的英明和正确。"凡是经历过那个时代的人，对这些毫无个性、只有共性的话，应该说是人人都耳熟能详了，由大师说一样，由老百姓说也一样，"我们为唯物主义思想所武装，就有十足的把握去战胜它。""'百家争鸣'这一方针可以说是人类学术思想史上一个划时期的号召。"

颂圣总是和自贬共生。先生最后没有忘记附带烧一下自己："回想我在解放前曾听有人说过：在共产党领导下，思想上是没有自由的。当时我也有过一些错误的想法，认为共产党是不会容许思想上的敌人（唯心论）有自由的。到今天我才晓得新中国的人民在学术思想上是获有最大的自由"只是"那种提倡资本主义复活的学术自由是不容许的"最后再次表示，要"争取做一个红色的专家和战士，为祖国社会主义文化事业作出出色的贡献。"【注7】

中共"八大"胜利召开，先生立马著文歌颂，借用老子语录称颂升平时代，非常符合学者身份，谁能不信其言来自肺腑？

一部五千字的《老子》，最常见的话，只有三句，就是"生而不有，为而不恃，长而不宰"。这几句话，前后共说了三四次，这是老子政治哲学的精义，也就是中国古代最高深微妙的政治哲学。共产党是以辩证唯物主义和历史唯物主义为一切政策的出发点，所以共产主义是有最好的哲学根据的。我们固然不能拿两千多年前老子的政治哲学来附会马列主义，但是说古代政治哲学上的理想境界，今天都由共产党、毛主席实现了，怕未必是过言罢。

今天全国建设生产事业突飞孟晋（按：原文如此），取得空前的成绩，一切都是为了人民，而不是为了一党一派，更不是为一个阶级，只有创造，没有独占，这就是"生而不有"。共产党员艰苦卓杰，牺牲奋斗三十多年，建立新国家以后，刻苦努力，兢兢业业的做出今天这样的成绩，毫无骄傲自满之意，还要请备民主党派互相监督，这次开会，也邀请各民二党派以及无党无派人士参加，这岂不就是"为而不恃"么。共产党虽然居领导地位，但是一切措施，都是十分民主的，决不独断独行，这岂不是"长而不宰"么。【注8】

第十一章 云上的日子

唐人罗隐有诗云:"时来天地皆同力,运去英雄不自由",通俗阅世读本《增广贤文》亦有云:"时来风送滕王阁,运去雷轰荐福碑"。中国人特别迷信时运。其实这也并非完全"唯心主义",所谓"天地皆同力"实际上就是某一时刻,庙堂和江湖所思一致,当局政策与世道人心正好契合,于是便形成合力,一道推动时代前进,在此潮流中,每个人心情愉悦,做起事来,便顺风顺水了。中国的1956年正是这样一个时间点。

这一年刘文典的运程特别好,"八大"才出了镜,又开始备纪念鲁迅逝世20周年了。7年前应邀给云大学生做了一个关于鲁迅的报告,被骂得昆明满城风雨,这次不一样了,他已经属于主流社会高度认同的权威名人,他得把面子板回来。纪念鲁迅需要编辑特刊以为纪念,刘文典便口述,让人记录整理,最后成文发表,题为《回忆鲁迅》。这一回,调门与内容和1949年那一会大不同了,都是些和鲁迅先生交往的卿卿我我:

> 由于偶然的机缘,我们作过几次长谈,谈到我对《文选》的看法,他很赞成我的话,我十分高兴。我想:他是骂"选学妖孽"的人,反而赞成我,怎不使我高兴呢。从此后,我才常到"群言堂"(按,指北京大学教员休息室)去,专找他谈话……有一时期,我很不以他为然。我读《〈呐喊〉序》,他说中国的革命绝不会成功,又说用"曲笔"在烈士坟头上加上花圈。我看了很气闷,认为鲁迅不只是孤僻,简真是冷酷了。一直等到他后来以最英勇的战士的姿态出现在思想革命的战场上,我才知道他是热烈到白热化。我不够了解他,误认白热为冰雪,这正足以说明我和他"分隔云泥"。【注9】

除了口述发文,10月10日云南大学正式举行报告会纪念鲁迅,先生应邀到会并演讲。演讲内容不详,只知道当时有位名唤庄凯勋的初中生前去看热闹,他的回忆让我们清楚了该演讲对鲁迅充满溢美之词。庄先生道,刘文典不用讲稿,侃侃而谈,虽然小孩他听得"似懂非懂""朦朦胧胧""但印象深刻的是,刘教授对鲁迅先生充满了崇敬之情。"【注10】

权威报刊《人民日报》亦让刘文典大露其脸。刘文典著文《我和鲁迅最后的一面》，再次深情介绍二人关系之亲密，道是：

> 我和鲁迅最后的一次见面，年月日已记不清楚了，但季节、地点和见面时谈话的情形却还历历在目，回想起来好像是前几天的事。记得那一年鲁迅回北京看他的母亲，我事前听到了，心里很兴奋：阔别几年的老友，又可以见面了。有一天，北河沿一带尘头大起，北大学生们满街飞奔。我大吃一惊，不知出了什么事，一问才知道是鲁迅回来，全城学生都去听他讲演，那时候我心里真是高兴极了。【注11】

1956年真是好年辰，鲁迅逝世30周年才过去，又来了孙中山诞生90周年纪念，刘文典担任过国父英文秘书，这一回，射灯无疑又该射到他的头上来。10月31日，云南省政协与昆明市政协举行常务委员联席会议，成立纪念活动筹委会，云南省委书记于一川亲任主任，先生非常荣耀地忝列副主任。11月12日，云南省在昆明人民胜利堂举行纪念大会，先生理所当然到会并作讲话，具体内容无查，但据有关人士说了，刘文典先生在讲话中透露了如下信息："中山先生电报英文稿多是由我起草的。"同日，先生还在《云南日报》发表文章《孙中山先生回忆片段》，谈及"二次革命"后追随孙中山的难忘经历，并赞扬共产党继承并实现了国父遗愿，阙功至伟，文曰：

> （孙中山）对国内的理想——平均地权、耕者有其田、民生主义，都在共产党的领导下实现了。但是在国外，帝国主义的势力并未完全退出亚洲，英法还在疯狂地侵略埃及。中山先主的遗嘱上说过：日俄战争的时候，他经过苏伊士运河，埃及人上船来向他道贺，说亚洲国家的胜利就是整个东洋民族的胜利，亚非本是一家。今天亚非会议的各国，联合起来共同抵制英法帝国主义的侵略，支持埃及人民的正义斗争，这正是中山先生的伟大理想。【注12】

一九五六年国庆，先生再次赴京参加天安门国庆观礼，远在昆明的云大中文系则将先生正在进行的《杜甫年谱》修订作为已然完工的学术研究硕果，提前在游行队伍中向全体昆明市民展示。那是一册巨大的木制书本模型，扛在学生肩头上从大街上昂然走过。据云大中文

第十一章 云上的日子

系学生回忆:"刘文典没有看见模型他又到北京去了。回来之后,他以十分激动的心情向中文系师生讲起到北京的观感,他认为我们生活在一个好时代,勉励我们好好学习,将来报效祖国。他对共产党和祖国的热爱溢于言表。"【注13】……

事实是,从先生向毛泽东报告"我在研究杜诗",到两年后猝然离世,修订版的《杜甫年谱》并没有出版。1957春3月,先生借赴京出席全国政协二届三次会议之机,确曾去北京图书馆查阅过相关资料,亦有众多新发现,只是为著作严谨计,他还想征求他一向尊敬的大师、隐修中山大学的朋友陈寅恪的意见后再发表。可惜,在翌年全国(特别是文化教育界)"拔白旗""插红旗""破除迷信""批判权威"的大字报上,如此治学严谨之举竟成了"批判癖"们讽刺的绝佳题材,云南大学的大字报如是挖苦:"一个自称大学者的教授,搞了好几年,还拿不出一本年谱"云云。尤为不幸的是,尚未等得文稿付梓,先生当年7月撒手人寰。【注14】事后,《杜甫年谱》残稿由先生哲嗣刘平章交与云大历史系主任张德光整理,可惜不幸在"文革"浩劫中遗失,仅存《杜甫年谱·序》残稿,250余字,悲乎!【注15】

云端上的日子是愉快的,和煦春风吹拂,可以漫天里游荡,可惜先生的时间,除了开会应酬做报告,还是开会应酬作报告,资料介绍,当然还常有给张子谦等老艺人祝寿、席间诗词唱和之举;苏联元帅伏罗希洛夫访华,先生也赋诗凑热闹:"秦晋会盟欣此日,亚欧安谧系兹游。鲰生敢献成平颂,极目长空意未休。"【注16】那年头,郭沫若一类颂圣高手中国已经够多,先生完全没有必要为此挥霍自己的才情,浪费生命留给他本已显得悭吝的时光。

实在有点被宠坏了。先生明明知道自己这只"茶壶"在人们手上,捧得高高,他也知道"用马列主义……武装起来干什么?为的是斗争。要斗争就必须有敌人,假使没有敌人,斗争就无从斗起。"他竟然忘记了,在政治游戏场上,每只茶壶随时都可能从高空坠落,摔个粉身碎骨。

历史学主任张德光1956年11月25日日记载:

党对知识分子重视与照顾确乎无微不至,可是某些先生就飘飘然起来了,刘文典老先生把自己看得太高了,买戏票都叫学校开小车去,

稍不如意就发牢骚……【注17】

同月 28 日,《张德光日记》续载:

寸秘书长(按:云南大学科学研究委员会委员、中国民盟云南省主委寸树声)来看我,谈到盟支部委员调整问题……寸公又谈到有些教师开始自满来了……刘文典要求学校派汽车接他去上课,真是骇人听闻说法。

暴风雨还没有来,云端上的平衡不过是暂时的假象罢了。

50、"黄公酒垆"忆旧时

笔者也幸,作为刘文典故事的书写者,先生生活的时代离我们尚不算太远。我们的少年时代正好与风云变幻的 1950 年代重合——如前提到那一位名唤庄凯勋的初中生,甚至亲自目睹和感受过类似的社会场景和氛围。我们心中对我们可尊敬的前辈们表示我们敬意的同时,不能不为他们的命运表示悲哀。生存的渴望让他们的所有一切都变得那么真伪难辨,扑朔迷离,让后来人的研究变得十分困难。唯一能让我们相信其真实的,也许只有他们朋辈间的怀念与慰藉了。

抗倭甫胜、内火又起,继而新政鼎立,几十年战乱终得完结。离乱欲苟生,承平思故旧。当年朋友天各一方,彼此信断音稀。现在政通人和,百废俱兴,个人生活平静,朋友之情自然如云树之思,不能不油然生出。

顾颉刚,历史学家、北大教授,20 年前刘文典执教清华,同时又兼职北大,和顾颉刚算是同事了。二人常同乘一辆三轮车赴校上课。车行间,见先生手持烟卷读书,物我两忘,遂在一旁暗暗担心"手中烟屑不坠""万一坠落书上,烟熄未尽,岂不可戒"【注18】——如此善心良人,到了知识分子改造运动,罪孽感自然最重。"我一生勤俭,为了学问不肯丢弃一点时间,可是不知道走向革命道路,一罪也。在学问上贪多务得,好大喜功,不能按部就班,作出成绩以供世用,二罪也。名望太大,门下杂流骈至,成为学阀,三罪也。"这是 1966

第十一章 云上的日子

年8月文革大乱黄钟毁弃之日，顾颉刚日记中的自罪【注19】。1950年代的改造岁月，其心定然也是沉重的，而刘文典远避边山，日子相对要好的多，于是曾给顾专寄猪油、方糖等以慰老友。孤独大师的相濡以沫，由此可见。顾颉刚收到云南寄去的食品，立即手书诗词短简答复：

春老余情未忍寒，一宵梅雨润晴滩。锦缄意腻又辞甘，仲蔚蓬居人孰识。泉明浊佐酒余酣，古今风义信刘三。

款识：

叔雅先生惠寄猪油方糖，并索近作，成此敬之，此颂撰安，弟顾颉刚。

9月25日，西南军政委员会转中央教育部令，任命李广田为云南大学副校长。李广田，号洗岑，山东邹平人。1929年考入北京大学外语系，因而一直尊称先生为"老师"、"刘老"。

9月，云南大学公布组织状况，全校共五院二十个系。中文系主任为刘尧民。刘尧民，又名治雍，字伯厚，云南会泽人。1941年，到云南大学任教。1947年，在会泽楚黔中学任教。1951年后，重返云南大学任教，历任中文系教授、系主任，是云大第一批带研究生的教授。

艰难岁月的友情温暖和面对未知命运的灵犀相通，跃然纸上。【注20】

作为先生最敬重的老师和朋友、孤身岭南的陈寅恪，先生自然赋予了更多牵挂。听闻岭南大学校长陈序经在全校师生面前作了四个钟头的"自我检查"，动情处还禁不住热泪纵横，即使如此，其检讨仍未获通过，而陈寅恪偏偏在风暴中躲过一劫，不禁为之庆幸：

在思想改造前后，我所最羡慕的是中山大学的陈寅恪，听说他没有经过思想改造，又听说华罗庚跳楼自杀、吴宓跳江而死，这些毫无根据的谣言，在别人是绝不会相信的，但是，我因为政治立场不对头，就信以为实，我作了一首诗：

湖海元龙安好无？渚宫又见落秋梧，占同愁绪丝难理，犹抱坚贞玉不如。

匝地烽烟双鬓改，中天霜月一轮孤。明珠瑟瑟抛残尽，怕过黄公旧酒垆。

刘文典用典"元龙"（按：指三国湖海名士陈登）誉陈寅恪崇高的人格坚守。"黄公酒垆"，则指西晋尚书令王戎车过旧友聚饮之地，回首怆然告客曰：嵇康夭折，阮籍亡故，而今俗务缠身，我再也不能一起饮酒矣！刘文典以王戎怆然之思自况，表达对昔日友人和昔日生活深忆之痛。【注21】

1956年的刘文典已羽化登仙，于是，因一件有关陈寅恪的不便言说之事，也因为另一位好友：已落户巴蜀的吴宓，3月，先生参加完全国政协会议返滇，专程取道去了四川。资料载，成都期间，他在四川大学校长彭迪先陪同下参观了杜甫草堂，留诗一首《丙申仲春游草堂诗》同日，旋即拜会了好友吴宓。一别10余载，江山易色，好友重逢，真是道不尽的感慨唏嘘。刘文典向吴宓出示了《怀寅恪》，即前面提到那首怀念"黄公酒垆"聚会的怀旧之诗，表示自己对于朋友漫长的牵挂。

所谓一件"不便言说之事"，是指此前，郭沫若曾派专人南下广州，携亲笔信礼请陈寅恪到中国科学院历史研究所任职，遭断然婉拒。于是高层要刘文典以私人名义再作说客。刘文典当然知道陈寅恪正是关汉卿笔下"蒸不烂、煮不熟、锤不扁、炒不爆响当当的一粒铜豌豆"，如此差事注定吃力不讨好，且断难成功，故而先找与陈寅恪走得更近的吴宓一探口风。《吴宓日记》有如下记录：

晚饭后，刘文典、彭举同来；举旋去，与典久谈。典写示寄寅恪诗（二句注，"当时传闻宓坠楼自杀"）（笔者注：指前述"湖海元龙安好无？"诗是也）。旋乘汽车至典馆舍（省府第一招待所在本馆之背，由暑袜街续往，实甚近），烹茗细谈。典述（一）典近十年之情况，此次赴京之使命，留此之原因；（二）寅恪近况，政府命典作说客，典欲宓代往（宓决不效华歆之对管宁，但未明说）【注22】；（三）典在京遇稻（仍住受璧胡同九号）之详情；（四）典劝宓赴云

第十一章 云上的日子

南大学任教,以李广田(共党)为副校长,主持一切,宓必可作自由研究或编译(典举示杨宪益英译之《唐人小说》)云云。宓答以"安土重迁",不欲去此矣;(五)典杂述秦瓒、陶光、孙乐等之近情。乐之变节,诚宓所不及料者也。11:00急步归,京戏方散。【注23】

这是一段极具历史价值的人文记录。通过吴宓简短的记载可以发现,刘文典对于北京方面交代的任务是没有信心的,否则他不会前来向吴宓求助。其实他自己也知道,吴宓肯定不会去做"二手说客"。全国解放前夕,吴宓像陈寅恪一样,既不肯到台湾,也不肯北上,无处可去,他甚至一度想上峨眉山剃度出家,最后一刻才决定暂留俗界,入了当地学校继续讲学为生。刘文典应知游说无望,但礼请他作说客的当局上峰对他礼遇有加——挤压在权势和友情之间,刘文典处境十分尴尬,只是既然已来,最后还是将话出了口。

吴宓的态度果然坚决:"政府命典作说客,典欲宓代往",吴宓的回答就一句:"宓决不效华歆之对管宁,但未明说"。不明说,说明暗地里已将昔日好友视作了趋炎附势之徒。"盖叔雅解放后在滇备承优待",境况不同,心中所思自然相异,只是不想让可贵的友谊受伤,故来了"但未明说"四字,不悦之情跃然纸上矣。平心而论,刘文典真不该当这个说客的。上峰有托,虚应故事可也,但他偏偏要来,偏偏要说,刘文典把他和吴宓的友谊依旧看得这样真诚,甚至神圣。

又一件事可以证明刘文典对说客之务缺乏信心:先生来川,其子平章正好就读于成都工学院。据刘平章回忆,说父亲曾带他去拜访过当年安徽公学恩师而今在四川为官的谢无量诸人,而拜会吴宓,先生偏偏独自前往。

补充介绍:1953年9月,中共中央决定设立历史研究委员会,并决定中国科学院设立三个历史研究所,拟聘身在岭南的陈寅恪担任二所所长,遭到婉拒。陈寅恪在《对科学院的答复》中如此说明:

我认为研究学术,最主要的是要具有自由的意志和独立的精神。所以我说"古之读书治学,盖将以脱心志于俗谛之桎梏"。"俗谛"在当时即指三民主义而言。必须脱掉"俗谛之桎梏",真理才能发挥,受"俗谛之桎梏",没有自由思想,没有独立精神,即不能发扬真理,

即不能研究学术。【注24】

刘文典也许并不知道这一段公案,如果知道了,想必不会到四川自讨没趣的。世事变幻,旧友三人的命运已经相殊甚远。陈寅恪和吴宓顽固地坚守文人的高贵,与胜利者保持距离,眼见得刘文典衣朱着紫,周旋于庙堂之上,心中的不快不不屑自知矣。吴宓作为朋友,3月6日的见面"但未明说",憋屈心中,定然难受,四天后,终于决定明说了。10日,吴宓访刘文典不遇,留柬而去,明确拒绝了做代做说客之请。日记载:

晚宴(任应秋同坐,碧柳长江津中学时之学生,江津人)。宴毕,未看川戏,自访典(永兴巷第一招待所),未遇。留柬(不愿赴粤说寅恪)。【注25】

没有文档说明读到吴宓留柬时刘文典的内心感受,他当然能听出吴柬的弦外之音,也想必有些悚然自愧。由于历史和现实的原因,刘文典确实很难和两位挚友一样超然世外。毕竟人生伊始,他便以热血青年的身份与家国民族一道蒙难,一道抗争,直到年已迟暮,祖国终得浴火重生。他能不真诚地与时代、与国家一道共呼吸、同悲欢吗?如今,虽又置身风急雨骤处,少不了还会遭遇许多新的委屈、新的不快,甚至有时还不得不说违心之言以苟全性命。他毕竟已经不可逆转地经融入了人间尘世,他无法拒绝命运。离川在即,先生只能将挚友已变得极端敏感的情绪存留于心,返回已经非常熟悉的云南,继续属于他自己的日子。3月16日离渝返滇,行前,他给吴宓留下了两首诗。一为《丙申仲春游草堂》:

李杜文章百世师,今朝来拜少陵祠。松篁想象行吟处,云物依稀系梦思。

濯锦江头春宛宛,浣花溪畔日迟迟。汉唐陵阙皆零落,惟有茅斋似昔时。

另一首是谢无量写给先生的《送别刘叔雅》:

第十一章 云上的日子

芝诺先传四本论(原注,芝诺Zeno。笔者注:芝诺乃古希腊哲人),惠施亦有五车书。持君闳辩行天下,濠上归来共看鱼。(宓按,典早年在皖,曾从无量受学,故以师称之)。【注26】

第十二章 火浴

51、早春季，天象难宁贴

　　刘文典和吴宓的巴蜀重逢显然是一次失败的会见。时间的扳道工已将列车送上了不同的人生轨道，两位大师渐行渐远。他们已不能以手相握，只能用汽笛致意，而后各自走自己的路。不管心理感受好？还是不好？反正生活还得继续。整个社会和他们个人，都得按照自己的逻辑继续走下去。

　　与吴宓分别翌年，1957，巨大灾难的恢恢天网，向中国知识分子悄然逼近。按照循例，2月，刘文典又得去北京参加一年一度的全国政协大会了。先生照例小组发言，发言照例在《人民日报》刊登。发言主题及内容与《对中共第八次全国代表大会的感想》一文没有什么不一样。还是共产党如何"生而不有，为而不恃，长而不宰"。刘文典已经习惯了在公共环境下的话语方式，使之既有符老庄专家的身份，又达到颂圣的目的，说明其言意也确，情也真。用他后来检讨时的话来说，就是"总觉得我知道《淮南子》上有些什么话，《老子》上有些什么话，要摆出来给人看看。"。总之，他一再发言证明共产党的马列主义政治哲学，正是现代版的"老子政治哲学的精义"；而说到当今领袖，他用词更是满心里崇拜，即使作诗，也乃千古独步——这话是先生年初写给云南唯一的文学杂志《边疆文艺》的信，称毛泽东诗词乃"苏辛以后，一人而已。"【注1】

　　这种生活方式，让刘文典先生的日子很愉快。以至于3月24日中国最权威的官媒《人民日报》刊发了载入历史的著名文章《知识分子的早春天气》，作者费孝通文章一开篇，便以刘文典赴成都考察杜甫草堂为例，证明共产党知识分子政策大见成效："春到人间，老树也竟然茁出新枝。"——这篇文稿让许多知识分子心中快悦，刘文典心中之快，又有甚于他人。一年后刘文典做"思想检查"承认："费孝通那篇臭名远扬的文章《早春天气》，因为一开头提到了我，我看到就很高兴。"【注2】

　　老是拿《淮南子》和《老子》颂圣并不能解决全部问题。江山甫

第十二章 火浴

定的新政权面临有多少麻烦，多少问题，每个知识分子就得相应地要面对多少麻烦，多少问题。1956 年秋"老大哥"苏共召开"二十大"，赫鲁晓夫的秘密报告，及迅速引发的东欧震荡、"匈牙利事件"、"波兰事件"，让中共大感震惊。以老大哥为榜样，照葫芦画瓢的政权模式必然产生照葫芦画瓢的毛病：特权、官僚主义、主观主义以及相应的社会矛盾和群众反弹。毛泽东是清醒的，担心一有风吹草动，东欧事件会在中国重演。1956年刚刚缓过气，毛决定马上针对党内来一次运动，还用老名字：整风。主题是："反对官僚主义、宗派主义、主观主义"

这一回声势不小。毛泽东越过"先党内，后党外"的惯例，2月27日和3月1日分两次在最高国务会议上发表讲话，直接发出运动号召。这个号召讲话就是四个月后修改发表的毛泽东思想的代表作《关于正确处理人民内部矛盾问题》。这样，"正确处理人民内部矛盾"和开展整风运动，成了接下来召开的的"全国宣传工作会议"和全国政协年度例会的核心内容。3月6日，代表们在怀仁堂听毛报告录音，参加宣传工作会议的领导及党内外高教、科学、文艺、新闻出版的代表代表有幸聆听了毛泽东的现场讲话。翻译家傅雷向儿子所说言："毛主席的讲话，那种口吻，音调，特别亲切平易，极富于幽默感；而且没有教训口气，速度恰当，间以适当的pause[停顿]，笔记无法传达。他的马克思主义是到了化境的，随手拈来，都成妙谛。"就是指这一回。傅雷如此感慨："党内会议，党外人一起参加是破天荒第一次。毛主席每天分别召见各专业小组的部分代表谈话，每晚召各小组召集人向他汇报，性质重要可想而知。主要是因为'百家争鸣'不开展，教条主义顽抗……我们党外人士大都畅所欲言，毫无顾忌，倒是党内人还有些胆较小。"【注3】

已经见过世面的刘文典没有那么容易冲动。民主党派负责人除了纷纷发言拥护新方针，就连后来被彻底打倒的民盟中央副主席、中国农工民主党中央主席章伯钧，在谈"百花齐放，百家争鸣"方针的时候，也只是复述毛泽东讲话中的一些内容，没发表任何个人意见，遑论刘文典？"九三学社"区区普通社员，能有何叫座之言？

回云南情况就不一样了。云南大学，边疆高级知识分子成堆之所，刘文典又是其中翘楚，唯一的一级教授，斯人斯地，影响巨大，面对如此重大运动，不表态是咋也说不过去的。刘文典返昆正好一月，4月20日，中共中央便正式发文《关于整风运动的指示》，号召各民主党派及无党派人士"继续展开对我党缺点错误的批判，以利于我党整风，否则对于我党整风是不利的（没有社会压力，整风不易收效）"。再一月，5月25日，云南省委书记于一川亲自督阵云大，邀请七十多位教授、副教授座谈，听取意见。称："党历来是重视知识分子的。许多知识分子是从旧社会来的，采取'团结、教育、改造'的政策是正确的。但从目前实际情况看，党和知识分子的关系不够正常，有的同志谈到'墙'与'沟'的问题，这是事实。原因是多方面，比较突出的是官僚主义，脱离群众。对党外人士不信任，不敢放手让人家工作，实际上党内同志去办不一定就办得好。所以说，宗派主义是愚蠢的。"他鼓励在座的人，要本着"知无不言，言无不尽；言者无罪，闻者足戒"的精神，积极向党提意见，帮助党整风。

小心翼翼的刘文典不能不表态了："党的整风是必要及时的，而且是贤明的，我十分拥护。我作为一个民主党派的成员来说，共产党把我们当朋友，当真朋友，我们就要说忠言，就是发牢骚、发脾气也不要紧。我们如对党不忠言，就不是党的真朋友。我前几年，有牢骚也不讲。现在我就将我想到的说出来吧："先生提了些什么意见呢？请看：

意见一、"学校里面派助教完全是按照党员或是团员这样的派法，这种标准是错误的。""例如去年有毕业生，他不好好学习，也不记笔记，也不认真上课，第一次考试因为不知道他是党员，我就不给他及格，补考时知道他是党员，我就给他及格了"。（顺便补充：几个月后，先生马上检讨道："我这种做法是对不起党的，也是一种罪恶，以后我决不这样做了"）

意见二："党对知识分子照顾是不够的，信任也很差"，刘文典强调中国知识分子的优点，虽然都出身大资产阶级、小资产阶级，但都有革命的一面，是"不崇拜金钱的""也没有嫌贫爱富的想法"。解放以来，没有一个知识分子"偷越国境，或者是跑到宋美龄那里去。在美国的中国教授，也不图高的待遇，都不避吃苦，想尽办法回到祖国来。""就是台湾的知识分子也是想回到祖国的怀抱里来的。""他们的思想是进步的，是科学的，怎么能说他们不信马列主义呢？"

第十二章 火浴

在给领导提意见之时，先生没有忘记给领导上香，道："现在领导上是不错的，但是也不能说没有缺点，"然后再鸡毛蒜皮、不疼不痒说了李广田副校长"还是有点急躁，有时还发毛。但50多岁的人有点火气也是好的，因为它不是暮气。他的工作还很细心，我曾交给他几篇学生的毕业论文，他看的很快，而且把错别字都一个一个的改正。我说他这点是很好的。党员不是老爷，是人民的勤务员，我们学校的党委书记李书成同志真好，我希望大家都像他一样。"【注4】

上面就是我们能查到的在云南大学整风，刘文典给共产党提出的整改意见。接下来，在中共云南省委统战部邀请各民主党派负责人和高级知识分子的座谈会上，他提的意见也差不多，也就是"党对知识分子照顾是不够的，信任也很差"之类。《云南日报》确实也安排记者登门拜访，要这位"国宝"级教授大鸣大放，帮助共产党整风，报社记者大觉斩获，《云南日报》连续几版刊出刘文典教授帮助执政党的"整风"意见。

我们已经看到了先生的鸣放言论有多么温柔，即使如此，刘文典还是怕不小心惹祸，因此在整风表态中不断穿插点儿老办法：瞅机会都来点自我作贱以自证清白，帮助共产党整风当口，正好遇了"五四"纪念日，先生抓住机会拿自己开涮，在发表于"云大"校刊上的纪念文章《忆"五四"》中，先生明确披露他在伟大的"五四"运动中未能上街游行，真真后悔莫及："说起来很惭愧，我个人虽然做了几天北大'守夜的犬'，嗣后仍然是教我的古典文学、文选、校勘等等，对中国的革命事业总是袖手旁观。今天想起来实在对不起老友，对不起人民"【注5】，明明要你提意见，帮助人家整风，你偏偏"顾左右而言他"，拿自己开涮，真让人哭笑不得。

中共云南省委统战部邀请各民主党派负责人和高级知识分子的座谈会是5月24日召开的。实际上，毛泽东关于要对右派分子"诱敌深入，聚而歼之"的文件《事情正在起变化》，已于5月15日向党内高级干部下达。6月8日，中共中央正式发出《关于组织力量准备反击右派分子进攻的指示》，要求各省、市机关、高等学校和各级党委都要积极准备反击右派分子的进攻。云大校园顿时起而响应，狂飙天落，一场对"隐藏在人民内部的阶级敌人"穷追猛打的反右派斗争，由此开始。

中共云南省委党史办编辑的地方党史专辑《云南整风运动和反右派斗争》载：从1957年6月始，到11月5日止，准确统计，5个月时间内，"昆明四所高等院校教职工被打成右派的占参加运动人数的25%"大大超出中央下达的5%的指标，翌年3月至5月"整风补课"，进一步"深挖漏网右派分子"，一些单位再划一批右派分子，于是，反右斗争以成功反击和严重"扩大化"的无数冤假错案而宣布胜利结束【注6】。云南大学全校师生2703人，共划右派169人，超额计划5%一倍。其中教师295人，划右28人，也差不多正好10%【注7】。

8月13日，高教部发文"（57）高密干字第300号"，要求全国高校（不包括师范）将右派分子名单、数字和百分比一式三份上报。云南大学填报的《教学人员、科以上行政干部、政治工作人员中右派分子名单用表》，先生赫然在列，备注"未斗争"；附录"右派分子的思想情况"上，校当局对刘文典的评语："投机，所谓的'真英雄回首即神仙'"

云南大学教授陈红映先生《我的右派生涯》一文回忆："我省唯一的一级教授刘文典被划为右派，上报到教育部，不知道是哪一层领导保了他，最后学校宣布右派的名单中没有他。但被划为右派的事仍然保存在档案里，只是老先生到死都不知道"【注8】。如今先生作古经年，离"反右"大规模"改正"也近40年了，当初真相如何？先生为何得以"漏网"，现在已经不重要了。反正，高悬头顶的达摩克利斯之剑确实没落下，先生确实躲过一劫，得以让自己的亲属有幸未同坠陷阱；甚至，先生还得有机会为自己辩诬；甚至，还可以在左派大合唱中客串一把配角。

比方说，在批判九三学社昆明分社主任委员、先生好友秦瓒的大会上，先生确实发了言，指摘秦的检讨"没有挖思想根子，是全蝉脱壳，连皮毛都波有碰着，还在大门外头。"【注9】说秦"无视思想改造和肃反运动的成绩，思想改造是'唱戏'，肃反运动是'吹毛求疵'、'捕风捉影'"，先生按照流行多年的有罪推论原则阐释道："暗藏的反革命分子都有一层'毛'隐蔽着，或披上马列主义的外衣，不吹'毛''焉能求其疵'，不大胆怀疑、提高政治嗅觉如何能肃清他们呢！【注10】又比方说，云南省政协举行双周座谈会，继续揭批右派分子的言行。某中，有人在发言中揭发先生曾于赴京开会期间，

第十二章 火浴

3月11日，先生曾应邀前去右派分子、时任民革中央委员会副主席的龙云家中吃饭，被龙施以"毒素"，刘文典急忙澄清：说同去吃饭的，还有彭国珍：李呈祥、刘文典、王少岩、刘淑清、陈荫生、李文洱、方家治多人，足以证明，云云。【注11】

又比方，当先生预感厄运将至，为不让儿子受牵罹难，先生在刘平章面前没流露出半点忧思，反而致函要他"好好的表现"，信称："自你走后，你母十分焦心，怕你二十四日赶不到贵阳，跟不上大队。接你贵阳信后稍稍放心……工地当然很苦，然年轻人正好锻炼，我于近七旬还在工作，为国家文化建设服务，苦中有至乐。你只要想：我是在为国家、为人民服务'，自然就舒服了……家中过得很好，你在外不必悬心，好好的表现，好好的锻炼最要紧。"【注12】

甚而至于国庆节将至，先生还专门著文欢呼这一场中国知识分子在历史灾难，文章发表在校刊《云大》，心情怪异地对属于10%的倒霉同时进行诅咒。文章题名《今年国庆的感想》，几十年后，这篇让人读起来只想流泪的文章，与其说是幸灾乐祸，不如说先生是在无可奈何地庆祝卑微的犬儒哲学的胜利：

另一件大喜事，是今年出现了一大批妖魔鬼怪魑魅魍魉右派分子，疯狂底向党进攻，向人们反扑。国家社会出现了这些败类、妖孽，怎么能说是大喜事呢？要知道，自古以来，本就是君子和小人、正气和邪气、一消一长的。全是君子，绝无小恩，只有正气，毫无邪气的世界，是不会有的。唯有君子战胜小人，正气压倒邪气，那才是最好的世界。这般右派分子，都是披着学者、教授、正人君子，甚至于马列主义的外衣，窃取国家的高位，好比是分泌毒素的细菌，假装细胞，潜伏在人的脏腑里，其危险性之大，想起来真令人不寒而栗。这一次天夺其魄，一个个白昼现形，露出本来面目。我们经过这一场斗争，也大大地得到了锻炼，提高了思想，对于社会主义的道路增加了信心，对于社会主义的建设事业、文化事业，增加了勇气。这怎能不说是一件大喜事呢？毛主席说："坏事也能变成好事"，出现右派分子是坏事，反击右派分子取得胜利，是好事。中国古话所谓转祸为福，也就是这个道理。【注13】

英国哲学家托马斯•霍布斯在关于国家学说的经典名著《利维坦》中,用《圣经》中关于巨兽利维坦的传说,譬喻人类为了抵御外来暴力,自己创造了能让他们有归属感的庞然大物——政府。政府的责任是保护人民,维护"秩序",同时需要人民将部分个人自由让渡出来,以便对授权人进行管束。也就是说,它在保护人的同时,也会吃人:它具有半神半兽的品质。正因为此,人们让渡个人自由以保全群体利益的同时,往往也渴望"把利维坦关进笼子"。

诚然,中国的文人士大夫历来讲究"气节",讲究"千军可以夺帅,匹夫不可夺志也"。刘文典本人,不就曾以大学校长的身份,大义凛然地与中国最高政治军事长官蒋介石作过大无畏对垒吗?诚然,受难和死亡本身有时能够证明些什么,比如,王国维的蹈湖自沉为民国文人树立了道德标杆,梁济之死成全了儿子梁漱溟这颗"铜豌豆",陈散之之死成全了儿子陈寅恪的学术献身……但对于更多的人,面对强大的利维坦,为坚守信念而追求灾难并非最好的选择,再说,刘文典毕竟垂暮之年,年迈体衰,确实需要理性地考虑:有无必要与严峻的现实做一笔交易,以确保有尊严的生活,同时放弃做一个勇士。毕竟,他只能在属于他的领域里才能证明自己的价值,而不是在政治。我们没有必要指责1957年的刘文典。

52、反右和整风为何实现了无缝链接

为了厘清先生的命运选择,我们对"反右派"这一个让中国55万人(主要是知识分子,尤其是高级知识分子)整体蒙冤的时代耻辱,怎么起头?怎么变化?怎么发展的?有必要再作一些梳理。

按照通行说法,都指认这场灾难是毛泽东早有预谋(他自己称为"阳谋"而非"阴谋")铲除党外和知识分子中的异己力量,故意号召"整风""大鸣大放"以引蛇出洞,再"聚而歼之",这种说法当然有大量公开文件支持。1957年4月20日,中共中央发出《关于整风运动的指示》,决定进行一场以《正确处理人民内部矛盾的问题》为主题,以"反对官僚主义、宗派主义、主观主义"为内容的整风运动,并号召各民主党派及无党派人士"继续展开对我党缺点错误的批判,以利于我党整风,否则对于我党整风是不利的(没有社会压力,

第十二章 火浴

整风不易收效）"。嗣后便大会小会地动员，呼吁鸣放，恳请提意见，可是事情刚刚开始，5月15日，毛泽东便向党内高级干部发布文件，称《事情正在起变化》：

最近这个时期，在民主党派中和高等学校中，右派表现得最坚决最猖狂。他们以为中间派是他们的人，不会跟共产党走了，其实是做梦。中间派中有一些人是动摇的，是可左可右的，现在在右派猖狂进攻的声势下，不想说话，他们要等一下。现在右派的进攻还没有达到顶点，他们正在兴高采烈。党内党外的右派都不懂辩证法：物极必反。我们还要让他们猖狂一个时期，让他们走到顶点。他们越猖狂，对于我们越有利益。人们说："怕钓鱼"，或者说："诱敌深入，聚而歼之。"现在大批的鱼自己浮到水面上来了，并不要钓。这种鱼不是普通的鱼，大概鲨鱼吧，具有利牙，欢喜吃人。人们吃的鱼翅，就是这种鱼的浮游工具。我们和右派的斗争集中在争夺中间派，中间派是可以争取过来的。什么拥护人民民主专政，拥护人民政府，拥护社会主义，拥护共产党的领导，对于右派说来都是假的，切记不要相信。不论是民主党派内的右派，教育界的右派，文学艺术界的右派，新闻界的右派，科技界的右派，工商界的右派，都是如此。

接下来的就是6月8日的中共中央《关于组织力量准备反击右派分子进攻的指示》，接下来是人民日报接二连三的社论《这是为什么？》《工人说话了》《文汇报的资产阶级方向必须批判》……各省市级机关、高等学校和各级党委有计划地组织反击。支持这种看法的理由当然很多。事后毛泽东本人就说过："秦始皇只坑了四百六十个儒。我们坑了四万六千个儒。我们镇反，还不是杀掉了一些反革命的知识分子吗？我与民主人士辩论过，你骂我们是秦始皇，不对，我们超过秦始皇一百倍。骂我们是独裁者，是秦始皇，我们一概承认。"豪气干云，足以明证。

学界也有另外一种说法：以为为化解刚刚出现的、尚不尖锐的官民矛盾、社会矛盾，避免东欧事件在中国重演，毛泽东确实要对初尝权力滋味的当权者们整一整风了——毛泽东对于来自内部威胁的敏感，可以从"反右"后不过8年发动的"四清"运动，再到后来的文化大革命,将"整党内走资本主义当权派"表达得最为确凿明朗。"造反——坐江山——腐败——灭亡",从来是历史上农民造反的宿命。作为农业国家,毛泽东领导的无产阶级革命本质上是一场升级版的农民起义,成功之后因权力独占而引发的腐败,从建国伊始,就成了困扰毛泽东的噩梦。李自成、洪秀全的失败案例离他最近,而较远的成功案例朱元璋,对于反腐败反到了滥杀功臣的地步。正因为此,毛泽东对掌权后内部的贪蠹格外敏感,还在延安整风时期,共产党在全国胜利的曙光尚在地平线下沉睡,他就把《甲申三百年纪》作为了干部们的必读文件;解放后,刘青山、张子善可说反腐的第一个祭旗者——但没有解决问题。在中国这块贫瘠的土地上,贪腐之花从来最宜生长,更何况由绝对的、没有监督的权力浇灌,其花焉能不开得格外鲜艳?毛泽东是看清了这一点了,尤其波匈事件敲响的警钟,让整风不得不动手了。据新近出版的戚本禹回忆录《最后的证词》披露,整风伊始,毛泽东确感事情推动受阻,只好借助党外力量、包括民主党派来参与,只是没想到按下葫芦起了瓢,有人开始要求"轮流坐庄"要求"搞政治设计院",这就只好先把这些"右派"干掉再说——事实上,到了第二年整风继续,已经变成了一场全民的思想教育运动了,不光党内,所有人都得过关。

如果说历史的胚芽初绽时分,人们还不知道它的源头和归宿是怎么回事,那么,等到叶落果出,一切都会大分明了。从1957年整风到1964年的四清运动,再到文化大革命,一路梳理到关于"搞社会主义革命,不知道资产阶级在哪里,就在共产党内,党内走资本主义道路的当权派。走资派还在走。"的"第三个里程碑":无产阶级专政下继续革命理论,说明毛泽东的眼睛确实一直紧紧盯共产党内的腐败倾向【注14】。

不管当初毛泽东作何种打算,事实是,社会矛盾本来就是永恒存在的,老百姓和官员之间、官员和官员之间,派系与派系、百姓与百姓……从鸡毛蒜皮到生杀予夺,都需要平衡、协调、化解,已保持整个社会的和谐。如果将"与人奋斗"作为一种乐趣,企图以此作为推动社会发展的动力,事情往往就会越办越糟,因为仇恨一旦被挑动起来,冤冤相报,便没完没了。

于是我们想起前面已经说过的、刘文典和系主任刘尧民之间曾经存在的龃龉，下面这个故事可以佐证二人关系中，处于顺境的刘文典对顶头上司确实多有轻慢。回忆者叫陈红映，研究生，右派，和刘文典关系不错："在我与先生的接触中，他从不谈及思想改造中的事，但从先生很少参加中文系政治学习，似乎可窥测其内心隐密。我虽是研究生，但系里还是让参加文学史组的学习，每次学习，刘尧民等六位教授准时前来，唯独不见先生。恰逢'八大'刚刚开过，学习内容是'八大'文件。张友铭先生是系的工会小组长，负责政治学习，想要先生参加颇感踌躇，忽然张先生心生一计，对我说：'先生喜欢你，你去请先生准来。'于是我按照张先生的布置，事先买好'八大'资料，借向先生请益之机，顺便把资料送给先生，并说我们教研室要学习'八大'精神，到时我来请先生。那时的学习是在晚上，果然不出所料，当我去接先生时，真的赏光了。先生的到来，气氛顿时活跃起来。其实那时的学习，只不过是念念报纸文件，领略领略精神而已，但还是蛮严肃认真的……由于我从京师来，又操着一口半生不熟的京腔，所以读报纸、念文件的任务，理所当然曲我包揽。记得读'束缚（fu）'一词时，我不自觉地露出了我的湖北方言，读成了'束缚（b0）'。正当汤鹤逸先生纠正我时，先生笑着说：'那是唐音。'及时替我解了围。后来我想先生何尝不知道是我的错，兴许出于厚爱，才以先生博学多识，文我之陋，缓解了我的窘境？"【注15】

知识分子的怨怼都习惯深藏心中。先生与中文系主任刘尧民的矛盾，必然会在新的斗争条件下引爆。要知道，刘尧民偏偏是他的顶头上司，1927年入党的老共产党员。刘文典的厄运只是延期而已。

53、火越烧越旺

按照7月青岛会议毛泽东专著的指导性文件：《1957年夏季形势》，整风运动总的计划，大鸣大放属于第一阶段，反右只是根据新情况临时插入的第二阶段。如今，反右斗争已经取得伟大胜利，整风运动继续按计划进行。根据云南省委统一安排，从1957年10月中旬开始转入第三阶段，着重整改、阅读文件、个人反省、提高自己。翌年4月2日，中共中央《关于整风问题的指示》开始第四阶段：以揭发和批判官僚主义、主观主义、宗派主义为主要内容。而且，"无论城市和农村的所有基层单位，无论在整风运动和今后日常工作中，为了开展批评和自我批评、纠正错误，表扬先进，改进工作，都应该广泛使用鸣放辩论和写大字报的方法。""一定要把整风坚持到底，不能虎头蛇尾。"

看来危机已经过去，可以松一口气了。通读刘文典先生文集，可以看到，1957年秋冬，他给儿子的信最为频繁。除了前面提到关于要平章在贵阳工地好好改造，还有就是抱怨"我的工作几乎全是政治，今春在京一月，回昆后即开省政协，接着是人民代表大会，会毕后是整风，反击右派，教学和科研都搁下，大约今年是不得完的。"对于当前优裕的日子，他还是很满意的："赴会都有省府小车接送，所以不觉疲惫。近几月发胖了，你母也还康健，我的政治、物质待遇都是最高的，家境甚为优裕，只要你好好学习，转眼毕业回昆，我可以说没有什么不如意的了……我所谓忙也只是开会，不得在家而已，会场上也没有什么忙的（10月6日致刘平章函）"【注16】"自迁至云大新村后，住室甚舒适。到哪里都不如在家，所以很少出门。今天阴历九月十四日是你母生辰，因菜不易买，也未请客下面，仅晚间观剧而已(11月5日致刘平章函）"。【注17】12月14日，先生致函刘平章，勉励其"好好表现""你务要努力参加劳动，好好表现，争取做一个主人。小八音（按：指滇剧女演员万象贞）下乡修水库，挑砖运土，一天要挑十五转。她是女演员尚且如此进步，何况你们精强力壮的男子；老昆爸爸现在敲石子，每天八小时，他是自作，又当别论。【注18】

对于侥幸逃脱的反右噩梦，先生只字未提。

事情远远没有结束。反右斗争极大地鼓动起了全国性的政治狂热。正值第一个五年计划胜利完成，国家计委编制《第二个五年计划要点》，非常豪迈地提出了要五年超过英国，十年赶上美国（即所谓"超英赶美"）。1958年，注定成为了中国现代历史上一个狂躁的年代，还留下了一个让人不堪回首的名字"大跃进"。全体国人把科学精神和经济规律统统扔进了太平洋，不顾一切地开始"鼓足干劲；力争上游，多快好省地建成社会主义！"于是，便有了一连串荒唐口号和故事："粮食卫星上天""钢铁元帅升帐"、全民炼钢，小高炉处处冒烟、粮食放卫星，亩产几十万斤。"共产主义是天堂，人民公社架桥梁"。"跑步进入共产主义！""天上没有玉皇，地上没有龙王，我就是玉皇，我就是龙王。喝令三山五岳开道，我来了！"

在经济大跃进的背景下继续进行的整风，必然演变成为了实现经济梦想的全民思想改造和思想大解放的运动。1958年5月8日，毛泽东在八大二次会议上的讲话，开宗明义就是破除迷信。要大家什么都不要怕，资产阶级教授不要怕，无产阶级教授、甚至马克思的权威也不要怕，要的就是继续"广泛使用鸣放辩论和写大字报的方法。""拔白旗，插红旗。""破除迷信""厚今薄古"，来一次思想领域的轰轰烈烈群众运动。

如果说有刚刚过去的反右派斗争，刘文典有惊无险，加上还有"一级教授""委员""权威"这几顶帽子护驾，侥幸通过了，那么现在，这些桂冠便全无用处了。文化教育界长长的右派名单里，比刘文典名气得多的名人多着呢：社会学家费孝通、马寅初、潘光旦、现代化学奠基人曾昭抡、中国现代力学奠基人钱伟长，新闻界元老徐铸成，大翻译家傅雷、哲学家张申府、法学家钱端升、叶笃义、文学家黄药眠、艾青、萧乾、吴文藻……即便是从延安走出来的共产党自己人丁玲、江丰、冯雪峰、陈企霞……照样劫运难逃，和他们相比、刘文典实在算不得什么。原来心里怕他、开会请他还得想方设法编造说词，深怕不赏光——而现在，谁还怕谁？恰恰相反，这些正好成了破除迷信，收拾权威的最佳题材，再说，反右以后，共产党干部一个个气势如虹呢。

刘文典已经无路可遁了。

54、延期的厄运

1958年3月，校党委领导的整风继续进行。云南大学党委书记李书成明确点名，中文系的堡垒是刘文典（还有历史系的堡垒是方国瑜)，必须突破。《张德光日记》载，刘文典在中文组"负隅聊抗，大言不惭'我是权威，这是你们捧出的……'"【注19】

先生显然不希望"权威"这项无用的虚名桂冠给他招致麻烦。他固执地抗辩："这是你们捧出的"——可惜事到如今，这顶帽子已如孙悟空头上那顶紧箍，不是你想脱就能脱得掉的。民主党派系统的整风接踵而至，领导小组依旧是共产党书记李书成，动员报告依旧明确要求，主题是："集中批判刘文典先生的权威思想"。理由很明确：他厚古薄今、他不学马列主义、他教学立场成问题……指令一出，大学老师们马上一拥而上，中文系教师王某某称"中文系有封建气"接着便是刘文典"喜欢封建气，喜欢别人恭维，别人写帖子拜在门下。中文系封建气难令人容忍！"其他人也揭发开了，说刘文典运动一过，总是"原封不动"，原因何在？先生"好汉不吃眼前亏"！还有，他"不学苏联，这些年教学大纲什么都不弄"，还有，刘文典只知道"如旧社会一样的在玩戏子"……【注20】

接着学生一齐上阵。批判"他的渊博只是对古书读得多，而对于现代的东西，特别是马列主义文艺理论，就学得很少，在教学中就没有应用的理论，而是旧的一套占绝对优势"；批判他"读的现在的东西少，联系实际，运用马列主义分析东西少，以古释古。"；批判他"文章好坏的标准，只拿《文心雕龙》来说明，而不用马列主义文艺理论来讲解""写在学报上的文章，不但工农兵看不懂，就是我们也不知道他说什么"【注21】……

反右派那样的大风大浪都能对付过去，刘文典相信这一回也能扛得住。《云大各民主党派整风联合小组情况简报》第9号载，刘文典对别人提的意见"无所谓"，甚至自信满满地反唇相讥，道："你们烧我还不到摄氏50度。请继续烧！"。在中文系的教改动员会上，他亦不无调侃地主动向众人宣布："不要把我当成朽木，你们燃烧我！"他发誓："我在这个运动中本是个逃兵，借口是不能走路，有肺病；但经检查并不是肺病。逃兵为什么又归队，又上火线？因为我也是个人，不是木偶人，全国大跃进，我不跃进，说不过去。我要跃进，自己的思想首先要跃进。我们这样的人，要外力推动，要群众像抽马前进似地用大字报推我前进。我来，希望同学们把我烧一烧，要烧才会红，像铁一样……我要做红色专家，希望大家烧！以前，烧我，我怪你们；现在不要以为我是朽木不能烧，这对不起我！今天我看到大字报……说到我的暮气、官气，很对。我恳求诸位，不要把我当成朽木，你们烧我，我要感谢你们，你们的心意是恨铁不成钢，亲兄弟不过如此啊！【注22】接下来，先生又开始自我揭丑，甚至把抽大烟的丑事又端出来，4月4日，云大召开民主党派整风会议，先生宣布："我是绝端个人主义，初烧我时，我以为自己是大财主，仓库里的财宝很

第十二章 火浴

多,再烧,感到仓库烧光了,空虚……我受叔本华影响最深,也算半个佛教徒,我悲观厌世但不自杀,我变一种方法来自杀:吹烟,慢慢自杀,想磨灭自己。"【注23】

读书人最好面子,要让平日备受尊重的教授在自己的学生、同事面前,用龌龊不堪的语言作践自己,交代私人丑闻,肯定是备觉难堪的。刘文典却不。他绝非那种弱不禁风的无用文人,他不怕自我矮化,他懂得如何让自己既可应付外力挤压,也让自己的内心不至于过分难堪。兵法有云:置之死地而后生。用舌头代表武器出阵的言辩之中,其理亦然。刘文典知道自己最为人诟病的,不就是抽大烟吗?干脆主动抖搂出来,瞧对方还能有何招数?

蕴藏于人心深处之"恶"一旦被狂热触发,人也就大为变态了。刘文典的自我矮化根本没有能感动任何人。4月10日,云大召开系主任会议,中文系反映的依旧是:"先生态度强硬。对大字报相应不理"。4月19日,云大校刊头版头条发表社论文章,再次号召将批判刘文典的运动进一步推向深入:"在这样一个真有重大意义的思想改造运动中,绝大多数教师的态度是好的;他们对运动有相当的自觉性,并且这种自觉性不断在提高;他们能下决心引火烧身,同时,也勇于烧别人,他们既认真检查自己,又诚恳的帮助别人。但也有少数教师还不够自觉,对自己的缺点、错误检查得很不够,对别人的缺点和错误也不提出批评,这样就使自己的改造陷于被动。更不好的是还有个别教师直到现在还不认识自己问题的严重性,因而只空谈改造而不下决心实行;这种人既不自觉的检查自己,又不虚心听取别人的批评,甚至对别人的批评进行打击报复,如中文系刘文典先生就是一例"。

文章称:"刘先生不久前曾在庄严的讲台上对学生和教师表示要进入熔炉锻炼,并希望不要把他当成朽木……但是很遗憾,刘先生在讲台上的这种表示和刘先生在运动中的实际表现却是两回事:一方面刘先生在口头上说得很好听,以至引起了热烈的掌声。另一方面,刘先生对于系上师生提出的许多意见和批评却置之脑后,在小组会中有时躺在沙发上睡大觉,有时则指手画脚地质问别人一番,这种表里不一、言行不一的态度是很恶劣的。这样不但妨碍了刘先生的改造和进步,同时对整个运动来说也起了不良的影响。因此我们希望刘先生及早端正态度,放下架子,虚下心来,认真改造自己。【注24】

"堡垒"迟迟拿不下来，必须由重量级人物亲自出马了。刘尧民，中文系主任，云南会泽人，诗经研究、楚词研究、先秦两汉文学史、明代民间文学、古代词曲、鲁迅研究等诸方面的专家，而且自学而成，更重要的，是老共产党员——仅仅一端，就足以让人肃然起敬。又因早年入党，故最能自觉运用马列主义观点剖析问题，深受业界赞许。和刘文典一样，他也绝非从书斋里走出来，而一直在社会斗争中摸爬滚打，顽强奋起。1928年，他即创办了云南地下党理论刊物《红色战线》和《小世界》、担任过《云南民众日报》副刊编辑、1941年受聘担任云南大学中文系教授，其后又兼任《正义报》副刊编辑——于是让人想起当年刘文典信口开河说鲁迅，惨遭社会围观，报纸围剿，其中《正义报》正是"批刘"主将。刘尧民同志对刘文典先生的心存芥蒂，很可能早有端倪。后来二人同处一校一系，这种芥蒂稍有不慎，必然发酵膨胀，只是碍于先生头上的道道光环，刘尧民同志只能暂时隐忍罢了。历史学教授张德光1954年10月的日记里，就有"刘文典、刘尧民不团结问题不应成为中心工作"的记录，坊间甚至传说，为了将刘尧民赶下台，刘文典一度支持从西南联大毕业的傅懋勣担任系主任，以至于在中文系"闹"出两派，这自然会更引起刘尧民的大不快——可见二人龃龉绝非一日之痛。

系主任一旦出马，果然身手不凡，他拿《刘文典先生的诗》说事，可谓一剑封喉。诗共两首，一为：

司马琴台迹已陈，文君眉黛样能新。而今不卖长门赋，且向昆明写洛神。

另一首为：

天禄传经愿已乖，舞衣歌扇褙情怀。剧怜头白韩熙载，乞食江南事亦佳。

这两首诗写于1953年前后，时值知识分子思想改造运动结束，全面学习苏联教学模式运动勃兴，而刘文典的教学方法被彻底否定，内心苦闷，无以排解，遂借曹植写《洛神》之典抒发惆怅哀怨，以南

第十二章 火浴

唐旧僚韩熙载玩世不恭、佯装乞丐向歌伎求食之典聊泄内心无奈，一个在旧时代生活了大半辈子的老知识分子，对于新秩序的适应需要一定过程，情绪上有点牢骚，这有何值得大惊小怪呢？只是事情一旦上升到政治立场层面来比附判析，问题就严重了。我们绝无指责刘尧民主任的意思，那年月，为了表示自己的革命立场，不管谁人、不管在什么领域，不是动辄上纲上线？越极端越革命？时代使然，社风使然，刘尧民不过在这个环境里依习行事罢了。

文章正是如此剑指要命处："刘文典先生的诗，确乎不能光从字面及用典来看，结合刘先生的意思及表现，那就更明确了。在旧社会里，刘先生给蒋介石作五十寿序，给余靖侯的女人作墓志，非'卖赋'而何？那个时代一去不复返了，刘先生是怀念的，'且向'二字表现得是十分不得已。生活在新社会，他却只好去写'洛神'去了。党和政府十分重视刘先生，请他教青年教师，带研究生，而他偏说'天禄传经愿已乖'。他是不愿为人民服务的。党对他生活也照顾得无微不至，而他竟说'乞食江南'。刘先生是怎么对待党和政府的？刘先生是以什么立场对待今天的事物的？"【注25】

一刀见血，尚未封喉，4月26日，云大校刊头版再发刘尧民《刘文典先生的"国变"》，对先生抗美援朝一诗解读，"编者的话"再捣命穴：

"刘尧民先生的《刘文典先生的诗》一文，揭露了刘文典先生对我们党和政府的态度，对待今天新事物的立场。今天继续刊出刘先生的《国变》一诗，诗中清楚地道出了刘先生对新中国诞生的看法……思想改造后，（先生）对思想改造极为抵触，对现状不满的诗。"

校刊继续穷追猛打。4月30日头版头条再发文《刘文典先生如是说》，对先生揭批称："刘文典先生说共产党对知识分子是'相期如周孔，相待如奴仆'。我们要问刘文典先生，共产党对知识分子的待遇，真是无微不至，特别是高级知识分子、大学教授，待遇更是在一般干部之上，特别是对你这位'国宝'，待遇更在一般高级知识分子之上。用飞机把你接到北京，请进怀仁堂去开会，毛主席和你寒暄握手，这是'相待如奴仆'吗？是的，共产党对知识分子的待遇高，而对知识分子的要求也高，是要'相期如周孔'的。然而共产党所需要的是红色的'周孔'不是黑色的'周孔'"【注26】。

如果说刘诗歌的批判更多附会揣测之词,那么教授之间面对面的批判就实质多,尤其是另一个"顽固堡垒"方国瑜教授,也在民主党派整风会议上对这一个"顽固堡垒"刘文典开炮,把解放前的就是挖出来,绝对属于干货,很要命了【注27】。方国瑜发言如下:

刘先生是我的老师,我对刘先生有意见,但为尊长讳的封建思想浓厚,故一直不愿揭发。刘老师的个人主义思想是丑恶的,解放前姜亮夫当文法学院院长,请刘先生校补《慈恩法师传》,预支稿费五万完,相当教授一年工资。刘先生贪得务多,又向熊庆来敲诈稿费,熊找我四次,叫把西南文化研究室印书用纸四十令卖了,给刘文典:我不同意,熊说:"刘文典逼账如逼命,你救救我的命罢!"不得已,我同意借一部分纸给学校卖钱救熊的命,刘先生收到钱后交稿了。我大吃一惊,原来是个骗局,刘先生只在刻本书上加了几条眉批,就算是著作,简直是贪污,太恶劣了,思想改造时,刘先生还污蔑我贪污了40令报纸,真无耻!【注28】

刘文典只能大踏步撤退了,检讨认罪,依旧老战法:自我矮化,自我贬损,用词越恶毒越好,以期置之死地而后生。5月2日,先生向云大文史两系教师及中文系学生代表作长篇自我检查:

这次教学整改,别人都是思想问题,惟有我的问题是十分严重的政治立场问题。这一次,承诸位同志同学热心地帮助我,使我认识到我是一个最丑恶最臭的人。我现在如梦初觉,仇恨自己的过去,决心要革自己的命,争取做个又红又专的教授。向党交心,我倒早有过这个意思,不过我现在认识到:要不把黑的、灰的、黄的一切丑恶的东西交出来,那就等于说投降而不肯缴械,只是一句空话而已。

……解放将近十年,我和旧社会还是万缕千丝联系着的。我在旧社会里,过的是腐化堕落的生活,到了新社会里来,对于从前那种不是人的生活,总还是留恋不舍,例如:每到雨季,四肢有些酸痛或者吐了几口血,总是想着吹几个洋烟,包管就好。试问:要在什么样的政府之下,才能如此?这不是怀念蒋光头所代表的制度是什么?解放以来,我所最抵触的是三件事:第一件是开会太多;第二件事是填表;

第十二章 火浴

第三件是学生当众对教员提意见。近些年，会议早已精减了，保证有六分之五的时间，按道理说我本可以备课，搞科研了，但是我把时间都浪费了，没有完成党给我的光荣任务。近几年来，我几乎没有填过一张表，但我听了右派分子高觉敷的谰言，也跟着说："填表太多。"这也就足以说明我的立场观点是和他一样的。学生对教员提意见，本是对教员最有帮助的事，我从前认为要把一个大学办好，只有从外面聘名教授来。党领导的学校，既不去人，也很少请人，就在原有的基础上，发掘潜力，提高政治觉悟，就能把大学办好。我常常想：共产党最可佩服的地方，就在能把坏人改造成好人，又能把学问不太好的人改造成很有学问的人。可见得我不是不懂这个道理，但是一提到我自己的意见，我就炸了。我不但恨提意见的人，并且恨到这个制度，全不想想党的教育政策是如何的正确；并且明知道这是促进教学最好的方法，可是一接触到本身，资产阶级知识分子的所谓面子问题就出来了。请问这是什么思想，这是什么立场？【注29】

又是"十分严重的政治立场问题"、又是"最丑恶最臭的人"、又是"怀念蒋光头"什么的，够恶狠狠了吧？还不够，批判者还要不依不饶，痛打落水狗。第二天继续批，系主任宣布："大家对刘文典先生检查很不满意，只给自己骂一台，企图滑过去，并无思想活动。"另一黄姓老师马上接茬，说刘之检讨"实际上是唱戏，运动开始哗众取宠，要大家把你当铁来烧红，昨天骂自己一通，自以为是烧不红的狗屎，可见立场未改变，六亿人把关，想滑过去是办不到的，我们认为能烧红而且必须烧红"【注30】

此后，似乎再没有刘文典的表态资料了。上面的交锋已经很明白，如此一边倒的语境之下，失败者一方任何抗辩、甚至认罪，都只能成为继续上纲挨批的素材，胜利者于是流水下滩，爱怎么发挥就怎么发挥了。5月13日校刊，还是头版头条：《撕破脸面，翻出底层，向党交心》，文称：

"中文系的老先生多，包括我在内，是需要大力改造的，特别是刘文典先生，我们大家更要特别帮助他。由这次全面的揭发和批判中，可以看出他在各方面所起的危害。他这一套资产阶级乃至封建阶级的息想，解放八年来，原封未动，在教学中散布黄色毒素、灰色毒素，在系内制造宗派主义的"血统",在民主党派中与右派分子一鼻孔出气,糜烂腐朽的生活作风毒及校内校外。然而他还以"权威"自居,凌驾在一切人之上,捧他的人,假借他的"权威"来镇压一切,旁的人或怕他的"权威"而不敢言,或为他的"权威"所蒙蔽,而盲目崇拜,党对他是特出【注殊】的待遇,而他却不满于党,不满于社会主义,以全校范围来说,也是一个特殊的人物。然而我们决不放弃他,还要争取他,认为他改造过来,成为又红又专的教授,对于社会主义是有利的。

"起初我对刘先生的帮助是有许多顾虑的,因为刘先生是一贯的恨我,现在我对他提意见,使他和别人认为我是否打击报复?又因为刘先生年纪大了,对他提出尖锐的意见,他是否会吃得消?虽然开始时同志们对他提出的一些意见说是只有四十度至五十度的温度,还不够味。但是,我解除了一切顾虑,假如我还顾虑私人的恩怨,姑息自己,姑息别人,那就对不住党对不住人民,为了帮助刘先生赶快上马跃进,为了帮助别人和教育自己,我决心对刘先生知无不言,言无不尽。"【注31】

事后,中文系举行"向党交心誓师大会",刘尧民在会上向先生等人公开挑战,比赛向党交心,实则对已被逼到墙角的刘文典将军:

"我们知识分子……不决心改造自己,搞臭资产阶级个人主义的思想,更要落后于劳动人民,成为社会主义的绊脚石。我决心在当前的整风运动中改造自己,向党交心。把我的最肮脏的最臭的、最丑恶的、最对不住党对不住人民的形形色色的资产阶级个人主义的东西,连根挖掉,站在党的光天化日之下,成为一个又红又专的工人阶级的知识分子,为党的一切事业贡献出自己的智慧和力量和生命。

"我要向党交心三百条,向全校五十岁以上的老先生,特别要向曲仲湘先生、刘文典先生、翟明宙先生、萧承宪先生四位先生挑战。也准备欢迎任何一位老先生、年轻先生和任何一位职工同志的挑战!"【注32】

行了,此方胜局已成,彼方败局铁定。6月15日"向党交心"汇报会上,党委书记李书成宣布:

"对国宝专权孤立了,承认了反动立场思想,威风打垮了,刘文典、方国瑜两个堡垒垮了。……对刘文典、方国瑜等顽固派,反动立

第十二章 火浴

场坚决,大烧一下,将来和他们长期斗争,推着他们走。"【注33】

55、陨落在子夜

只是,先生已经走不动了。

他确实已不再年轻,67岁,鸦片曾经的摧残,让他比实际年龄大了许多,1956年,正是他心情最为快乐的岁月,一位叫庄凯勋的学生在"掌声雷鸣"的演讲会上初次见到先生,感觉这位"带着眼镜、留着胡须的瘦小老人,约莫70(岁)上下"当时他才65岁哩。如今,没日没夜的被批被辱,还能指望他挺得住多久?党委书记宣布"国宝专权孤立"之后正好一个月,7月15日夜,先生突发严重的脑溢血。

时任云南大学卫生科值班医生李云鳌回忆:

1958年7月的一天夜晚,正值我在云南大学卫生科(现为校医院)值班,刘文典教授的保姆来到卫生科,谓刘教授突然患病,请值班医生出诊。我当即随保姆赶到刘教授家,经过检查:患者血压高达240mmHg,已昏迷,家属代诉:患者突感头痛。根据患者的症候,初步印象是"脑出血",病情严重。当时我是刚毕业两年多的年轻医生,考虑到刘教授非等闲之辈,是全国知名人士,对他的病情不能有稍许马虎,应该及时向校领导汇报。正好杨黎原副校长就住在刘教授附近,我就让刘教授的家属去请他。心想有校领导在场,我就有了主心骨,不然我负不起这个责任。紧跟着刘教授的得意弟子吴进仁老师也闻讯赶来帮忙。

根据学校卫生科的设备,没有治疗脑出血病人的条件,经与杨副校长商讨,决定请昆明医学院附属医院的秦作梁主任医师会诊。他既是刘教授的好友,又是我的老师,当时他就住在云南大学旁边,离刘教授家不远。杨副校长遂派了一张车,由吴进仁老师乘车去请秦主任。

秦主任来到后,同意我"脑出血"的诊断。只因他见刘教授发病迅猛,已病入膏肓,且当时医院的医疗条件,对如此严重的病人已回天无术,因此转院已无实际意义,只好在家中给予些可行的措施,例如实施静脉放血,以降低血压、上额冷敷,以制止脑出血之加剧等,观察患者有否转机。

经过一段时间的观察，患者病情每况愈下。他的家属说："以我们的经验看，病人已处于临终状态，不必再予施治，由我们来守候病人，秦主任和李医生可以回去了"。秦主任认为他说的有道理，于是我们就告辞了。

翌日下午刘教授病逝家中。"【注34】

中国人有一句老话："死者为大"。说的是一个人，不管生前做了些什么，而一旦死去，都应该受到尊重，或为他举行典礼奠祭，或著文怀念，或悲苦地洒泪，为之送行……因为这是一段历史对人间的告别。大千世界，所有生命出现时，都同样渺小而卑微，然后走进漫长的、让人敬畏的历史，各自去扮演属于自己的角色，或精彩或黯然，或风光或平淡，或磊落或委琐……这些都不要紧，重要的是，他接受了命运交给的苦难和责任，坚韧地完成了自己的使命，人都是大喊大叫来到这个世界的，最后却成熟地、庄严无声地离了去……这难道不值得尊敬吗？刘文典更特殊一点，他的生命追求、光荣和梦想，苦难和成就比一般人要多得多（虽然这样那样的瑕疵也要多些），他的离去就更值得尊重，值得人们献上更多的鲜花和眼泪。

可惜，在那个特殊的岁月，如何对待面前的遗体偏偏成了一道难题：因为这个人是一个需要打倒的"权威"、一座攻克的"堡垒"——这座"堡垒"刚刚攻下来，他就彻底溃亡了——干脆撞向地狱之门，倒下去了。正是被人从后面猛推了一把，而推他的，正是热火朝天的政治狂热，和积极参与这场狂热的同事和朋友。死讯传来，中文系主任刘尧民、历史系主任张德光奉校当局杨黎原副校长之命前去处理后事——这实在是一个很尴尬、很棘手的难题：因为他们不是演艺明星，要他们在最短的时间内变幻表情，实在很难；再说，这件事涉及他们自己的政治表态啊！在一个泛政治化的年代，任何事都需要放去政治评价的天平上反复称量，而刘文典，实在是一具评估难度极大的政治遗体。

刘尧民和张德光肯定是犯难了。

只是，时过境迁，我们再来考证他们当时如何为难，已经毫无意义。我们知道的仅仅是，夫人张秋华坚持遗体不火化，要装棺运回安徽老家入土为安，他们同意了。

第十二章 火浴

然后过了8天，7月23日，云大校刊终于在三版右下角刊载先生逝世的消息。消息称："学校与省政协、九三学社昆明分社筹委会正联合准备开追悼会以资追悼。"【注35】因为此前两天，7月21日，政协全国委员会已经给张秋华发来唁电："惊闻刘文典委员逝世，不胜悼念，特发致唁，并希节哀。"公家举办追悼会不会犯错误了。于是，由上述消息所称三家单位联合举办了追悼会。追悼之日，可容纳数千人的礼堂仅到会100余人，气氛寥落冷清。党委书记和校长均未出席，中文系主任未出席亦未送花圈。追悼会由省政协副主席白小松致简短悼词后草草收场。【注36】

聊作尾声

追悼会终于结束。接下来我们还知道的是：8月10日，全国政协委员邵力子以私人名义给张秋华发来了悼念函：

接展本月一日惠书，惊悉叔雅先生以积劳猝病逝世，曷胜伤悼！去春叔雅先生来京开会，久别重逢，正以彼此健存，互致欣慰，益冀一年一度的会期，此后握手谈心之机缘较多，讵料已成永别，此则为我国学术界悼失典型之外，回念旧交，更欲掩泣。

死者已矣，生者责任更重，惟希贤嫂节哀顺变，与令郎共完遗志。匆匆奉唁，不能尽意。【注1】

我们还知道的是，8月22日，星期五 重庆天阴，雨，远在嘉陵江边北碚的吴宓获知先生逝世消息，在日记里感慨"我辈殊恨死得太迟"，日记称：

盖叔雅解放后在滇备承优待，乃自1957(年)整风运动及教学改革中痛遭打击，心情极为郁愤。某日忽以脑充血遽死。当局初疑其自杀，侦察启知其非是，方为治丧，登《云南日报》，并在云南大学由中文系开会追悼。该系学生嫌恶叔雅，不肯莅会，经当局严命，始勉强到会去。呜呼，今益服王静安先生1927(年)之自沉，不仅为大仁大勇，且亦明智之极，生荣死哀，不屈不辱。我辈殊恨死得太迟，并无陈寅恪兄高抗之气节与深默之智术以自全，其苦其辱乃不知其所极。若澄若典以及光午(其他之友生宓尚未知)，今闻其死，宓岂特兔死狐悲而已哉！【注2】

我们还知道的是：9月17日，年龄仅比先生大7岁的革命先行者、在安徽公学教过少年刘文典的老师谢无量，听闻弟子少于己却先己而去，无任悲哀，也私人致悼函张秋华：

聊作尾声

惊悉叔雅之丧，曷旌震悼，前年开会在京，尚得把晤，何意婴疾，遽行仙化，甚恸！承示有荩著数种：已经定约出版，当往访郑振铎先生，直【注值】其外出，次日专函与之，尚未得复。恐其系至京外参观，不过旬日即归，当再往询也。鄙意叔雅平日好古，著书颇沾溉士林，今既有遗文，自当使之早日传播，可否致函原订约方面，使向云大索取原稿付印，此自贤者之责，量区区亦以先观为快也。叔雅共有子女几人？从前未尝询及，闻将护丧归里，里中亦可安居否？都在念中，幸略告一二。量衰朽日增，感时叹逝，无可为意，远荷手翰，率先奉答，并望节哀慎卫，不宣。【注3】

又过了几十年，被刘文典一句"那是唐音"悄然"解围"的学生陈红映用文字诉说了当初听到先生去世时的惊异：

就在我到农村改造整整二十一个春秋的第一个秋天，有人悄悄地告诉我先生去世的噩耗说："听说周总理原来要送花圈的：只是听到反映后就取消了。"我默默良久。后来也是先生弟子的杨秉礼证实，确实没有总理的花圈。他回忆说："不仅如此，追悼会省里没有来人，就连学校的党委书记、校长都没有出席，只是派了个副校长来。"他还补充说："我的感觉是追悼会变成了批判会。云南大学，不，他是云南省唯一的一位一级教授、全国政协委员的追悼会如此惨景，非但无情，简直非礼。"【注4】

其实，在那样的年代，我们知道得更多的是，身处非常泛政治化的社会环境，为了生存，确实是无什么"无礼""非礼"可说的。所有的大脑表情都必须按照"利维坦"的意志进行调整，所有手足都必须按照"利维坦"的节拍起舞，就像安徒生童话里那个穿上了红舞鞋的农村女孩卡伦，不管你想与不想，愿与不愿，那双舞鞋都得让你不停地跳，跳，跳……起初可能你很愉快很兴奋，后来慢慢感觉跳得无法忍受，这才发现神奇的红舞鞋根本无法脱掉，于是，你只得将自己的双脚一起砍掉。

关于刘文典的故事，只能这样煞尾了。

注释

第一章 少年叛逆者

【注1】邹容《革命军》参见内蒙古人民出版社《近代名家名人文库》《章太炎、邹容》169页【注2】刘文典《我的思想变迁史》（黄山书社《刘文典诗文存稿》2008年版）【注3】孙中山《黄花岗烈士事略序》【注4】参看徐铸成《从"苏报案"看清末的报界》上海人民出版社《报海旧闻》1981年版【注5】刘文典《我的思想变迁史》【注6】参看章玉政《刘文典年谱》第7-8页，安徽大学出版社2011年版)【注7】《云南文史》2009年第二期，第46页【注8】【注9】参看刘文典《我的思想变迁史》

第二章 正是热血青春时

【注1】【注2】【注3】【注4】【注5】刘文典《我的思想变迁史》（黄山书社《刘文典诗文存稿》2008年版）【注6】赫尔岑《往事与随想》第三册234页，人民文学出版社版【注7】姜义华《章太炎评传》第138页。百花洲文艺出版社1995年12月版）【注8】【注9】刘文典《回忆章太炎先生》黄山书社《刘文典诗文存稿》2008年版【注10】刘文典《我的思想变迁史》【注11】刘文典《回忆章太炎先生》【注12】《民立报》1912年1月1日，转引自张湘炳、蒋元卿、张子仪《辛亥革命安徽资料汇编》，第370页【注13】安徽省政协文史资料研究委员会等：《淮上起义军专辑》，王子宜著《辛亥淮上军起义》第49页，1987年1月第1版 【注14】《民立报》1912年2月14日，转引自张湘炳、蒋元卿、张子仪《辛亥革命安徽资料汇编》【注15】《民立报》1912年1月17日）【注16】刘文典：《范烈士鸿仙先生行状》，载安徽省立图书馆馆刊《学风》第五卷第十期，1935年12月1日)【注17】史全生：《陆军上将范鸿仙烈士略记》，见南京市政协文史资料研究委员会《南京文史集萃·范鸿仙专辑》第206-207页，江苏古籍出版社，1990年12月第1版）【注18】章玉政《刘文典年谱》第32页 【注19】刘文典《孙中山先生回忆片段》黄山书社《刘文典诗文存稿》2008

年版)【注20】刘文典译《近世思想中之科学精神》,《刘文典全集》卷三,第863~864页)【注21】刘文典:《叔本华自我意志说》,《刘文典全集》卷三,第714~715页) 【注22】刘文典《英法革改本末》载上海《新中华》杂志第一卷第三号,1915年12月 【注23】北鹜:《〈青年杂志〉的六位封面人物》,红袖添香网站,2007年12月8日【注24】刘文典《欧洲战争与青年之觉悟》《刘文典全集》731-732页【注25】刘文典:《军国主义》,见《刘文典全集》卷三,743-744页

第三章 北大春秋

【注1】陈万雄:《五四新文化的源流》第57页,参看章玉政《刘文典年谱》第49页【2】刘文典《我的思想变迁史》【注3】傅国涌:《蔡元培"三顾茅庐"请陈独秀》2006年05月19日《南方都市报》【注4】参看章玉政《狂人刘文典》第86页,广西师大出版社2007年版【注5】(美)艾恺《最后的儒家》第71页(外语教学与研究出版社2013年版【注6】张君劢《人生观》,见《科学与人生观(上)》上海亚东图书馆1923年版【注7】参看雷颐著《孤寂百年》:"胡适与'整理国故'"广西师大出版社2015年版【注8】刘文典《忆"五四"》,载云南大学校刊《云大》1957年5月1日【注9】喜石博客石眼看民国》之三:仗着理性的光明,不怕它四围的黑暗——狂生刘文典(之一)2012年10月10日【注10】参看雷颐著《孤寂百年》:"胡适与'整理国故'"

第四章 短暂的华章

【注1】【注1】参看《风雨飘摇中之皖省教育经费问题》,载《安徽教育行政厨刊》第一卷第一期,第11页,1928年4月2日)【注2】刘文典致胡适函,见耿云志主编《胡适遗稿及秘藏书信》卷三九,第716页)【注3】《安徽大学筹备委员会第五次会议纪》,载《安徽教育行政周刊》第一卷第二期,第28页【注4】《安徽大学筹备委员常务委员第九次会议纪》,载《安徽教育行政周刊》第一卷第一期,第29页【注5】《再志皖省教育经费问题》,载《安徽教育行政周刊》第一卷第四期-第14页【注6】《安徽大学筹委会常务委员第十五次

会议纪》，载《安徽教育行政周刊》第一卷第七期，第15页【注7】钱新嘉：《回忆俞仲则（昌淮）烈士》，载《安庆文史资料》第二辑，第103页【注8】参看岳南《南渡北归》第二部288-289页【注9】何进《忆刘文典》见《刘文典全集》卷四，959页【注10】参看郭良夫《完美的人格：朱自清的治学和为人》230页，生活·读书·新知三联书店1987年版【注11】《朱自清全集》卷九 248页【注12】何晋：《忆刘文典》，《刘来典全集》卷四，第959页【注13】《独立评论》第五号：傅斯年《中国现在要有政府》十五号：翁文灏《我的意见不过如此》【注14】《独立评论》第五十一号，1933年5月【注15】莫娟娟、傅嘉明《赤子真情刘文典》，见《教育》2009年4期44-45页

第五章 外患内忧意何如

【注1】刘文典《致胡适信》见《刘文典全集》卷三，820页【注2】刘文典致胡适函。见耿云志主编《胡适遗稿及秘藏书信》卷三，第722页【注3】参看章玉政《狂人刘文典》196页【注4】齐家莹：《清华人文学科年谱》，第81页【注5】演讲词刊于5月6日《国立清华大学校刊》，未被收入《刘文典全集》和《刘文典全集补编》。参看章玉政《刘文典年谱》170-173页【注6】《国立清华大学校刊》第401号，转引自黄延复《二三十年代清华校园文化》，第172-175页【注7】陈寅恪《〈与刘叔雅论国文试题书〉附记》，见《陈寅恪集。金明馆丛稿二编》256-257页。生活·读书·新知三联书店2001年版【注8】同上书 256-257页 【注9】王震邦：《孙行者/胡适之——陈寅恪的"对对子"争议》，台湾中正大学历史研究所博士论文【注10】陈寅恪：《〈与刘叔雅论国文试题书〉附记》见《陈寅恪集·金明馆丛稿二编》，第255-256页 【注11】吴宓：《空轩诗话》，转引自蒋天枢《陈寅恪先生编年事辑》，第83~84页，上海古籍出版社，1997年6月第1版【注12】《刘文典全集》卷二【注13】郑朝宗：《旧书读似客中归》，载《读书》1988年3月第5期 【注14】(刘文典：《中国的精神文明》，载《云南日报》1942年10月4日第2版【注15】刘文典：《荒木贞夫告全日本国民书》，载《大公报·文学副刊》第275期）【注16】刘文典：《宇内混同秘策》载《大公报·文学副刊》第277期 【注17】刘

文典：《日本陆军大臣荒木告全日本国民书·译者自序》《刘文典诗文存稿》黄山书社2008年版 【注18】刘文典致胡适函，见耿云志主编《胡适遗稿及秘藏书信》卷三九，741-744页209、213、214）【注19】刘文典致胡适函，见耿云志主编《胡适遗稿及秘藏书信》卷三九，第744~746页 【注20】同上注 【注21】王云五致刘文典函，未刊稿，见章玉政《刘文典年谱 213页【注22】曹天忠：《档案中所见的部聘教授》，《学术研究》2007年第1期 【注23】参看岳南《南渡北归》卷一，第20页（湖南文艺出版社）【注24】刘文典致梅贻琦函，《闻一多研究动态》第四十二期，2008年6月

第六章 孤旅天涯

【注1】刘文典致胡适函，见耿云志主编《胡适遗稿及秘藏书信》卷三九，第760页 【注2】郑天挺：《滇行记》见《国立西南联合大学史料·总览卷》，第81页，云南教育出版社，1998年10月第1版 【注3】《浦薛凤回忆录》中卷，黄山书社，2009年版【注4】《鲁迅书简》《给肖军·肖红的信》【注5】《坟·我之节烈观》 【注6】《且介亭杂文二》《在现代中国的孔夫子》【注7】 同上注【注8】（《坟·我们现在怎样做父亲》）【注9】雷著？南渡？（扫描P268、269））【注10】（美）艾恺《最后的儒家》第145页，外语教学与研究出版社2013年版【注11】参看雷颐著《孤寂百年》《价值重建与道德困境》（广西师大出版社2015年版）【注12】参看上注《孤寂百年》之《现代知识分子闻一多的历史命运》【注13】参看刘平章《刘文典藏书落难记》（未刊稿）2005年8月【注14】先生侄儿刘明章先生已著《我的伯父刘文典和他的藏书》（待刊），对此事有详尽记述。

第七章 铁血战火下的文化坚守

【注1】《吴宓日记》卷六，第357~358页【注2】刘文典致胡适函，见耿云志主编《胡适遗稿及秘藏书信》卷三九，第760页 【注3】 参看章玉政《狂人刘文典》235页（广西师大出版社2008年版）【注4】郑千山《独立苍茫看落晖——抗战中的刘文典》见刘平章《刘文典传闻轶事》【注5】参看（美）金安平著《合肥四姊妹》生活·读书·

新知三联书店 2015 年版【注 6】转引自《吴宓与陈寅恪》吴学昭编著，清华大学出版社 1992 年版【注 6】转引自章玉政著《狂人刘文典》"炮火中最轰动的演讲"【注 7】《刘文典笔下的日本》：《美日太平洋大战和小说》合肥工业大学出版社【注 8】同上书《日本人最阴毒的地方》【注 9】【注 10】同上书《日本败后我们该怎样对他》

第八章 无奈的谢幕

　　【注 1】钱穆《八十忆双亲·师友杂记》北京三联书店 1998 年版【注 2】刘文典致梅贻琦函，载《闻一多研究动态》第四十二期，2003 年 6 月【注 3】同上注【注 4】《吴宓日记》卷九 【注 5】章玉政《刘文典年谱》274 页。安徽大学出版社 2011 年版【注 6】刘文典致梅贻琦函，载《闻一多研究动态》第四十二期，2003 年 6 月 【注 7】 梅贻琦复刘文典函，清华大学档案室存稿，载《闻一多研究动态》第四十二期，2003 年 6 月）【注 8】闻黎明访问王瑶记录载《闻一多研究动态》第四十二期，2003 年 6 月 【注 9】云南省档案馆档案目录，全宗号 16，目录号 2，案卷号 1【注 10】刘平章先生面述【注 11】萧荻：《关手刘叔雅先生磨黑之行》，载《春城晚报 1989 年 8 月 31 日【注 12】吴棠：《刘文典先生授课记》，载《民族文化报》1996 年第 2 期。【注 13】曹天忠《档案中所见的部聘教授》《学术研究》2007 年第一期 【注 14】傅斯年致朱家骅、翁文灏、胡适、萨本栋、李济函。《傅斯年全集》卷七，湖南教育出版社 2003 年版【注 15】黄伟：《刘文典文献学术研究》（安徽大学博士论文，未刊稿）【注 16】罗丰：《夏鼐与中央研究院第一届院士选举》，光明网，2004 年 9 月 8 日【注 17】 林超民《刘文典与'庄子补正'》，载《云南政协报》2013 年 10 月 28 日

第九章 天亮前后

【注 1】参看岳南著《南渡北归》第二部 534 页"学人抢救计划"【注 2】章玉政：《狂人刘文典：远去的国学大师及其时代》，第 133 页【注 4】刘文典：《1953 年思想总结》，未刊稿）【注 5】《刘文典先生的第二次检查》整理稿，载《云南文史》2009 年第 2 期，第 42 页 【注 6】

陈漱渝：《鲁迅论争集》卷下，第1719~1720页，中国社会科学出版社，1998年9月第1版 【注7】陈漱渝：《鲁迅论争集》卷下，第1724页【注8】白听：《听刘文典讲〈关于鲁迅〉》，载《正义报》1949年7月14日【注9】方凝：《鲁迅与刘叔雅》1949年7月25日《正义报》【注10】筱柏文载昆明《平民日报》【注11】《观察报》1949年7月20日【注12】7月16日，7月22日昆明《观察报》【注13】(蒙树宏：《关于鲁迅和刘文典二题》，载《鲁迅史实研究》，第71页，云南教育出版社，1989年8月第1版）【注14】《正义报》1949年7月28日）【注15】罗素《西方哲学史》347页 北京大学出版社1986年版【注16】胡适1958年4月10日在台湾"中央研究院"院长就职典礼上的讲话，吕实强《如歌的行板——回顾平生八十年》第213页，转引自潘光哲《何妨是书生——一个现代学术社群的故事》广西师大出版社2010年版。【注17】李亦园《本院耆老忆当年》转引自潘光哲《何妨是书生——一个现代学术社群的故事》广西师大出版社2010年版。【注18】庄凯勋《听刘文典教授讲鲁迅》。庄凯勋博客2007年1月10日

第十章 春之变奏

【注1】唐德刚《胡适杂忆》广西师大出版社，2005年版【注2】《傅雷家书》（1956年3月1日）【注3】《傅雷家书》（1957年3月18日）【注4】章玉政《狂人刘文典》341-342页【注5】刘文典：《在云南省政协第一届第三次会议上的发言》，见《刘文典全集》卷三，775-776页【注6】张友铭：《刘文典教授见到了毛主席》载《云大》（校刊）1956年5月12日【注7】笔者注：云南农业大学林学教授秦仁昌也同是被评为一级教授，但其不久后便离开云南【注8】张传：《我所认识的刘文典先生》，载《云南文史》2009年第2期，第49页【注9】刘文典致刘平章函，见《刘文典全集》卷三，846页【注10】摘自列宁《怎么办？》【注11】周昂《胡适:未完成的回归》《中国周刊》（2012年8月14日）【注12】刘文典致胡适函，见耿云志主编《胡适遗稿及秘藏书信》卷三九，第705-705页【注13】胡适致刘文典，台湾"中央研究院"近代史所胡适纪念馆"胡适档案"，馆藏号 HS－JDSHsC－0574－－002)【注14】【注15】【注16】刘文典《我对这次批判胡适、俞平伯研究〈红楼梦〉的资产阶级唯心论思想

的体会》《云大》校刊第 14 期，1954 年 12 月 29 日【注 17】刘文典：《我的初步检查》，载《云南文史》2009 年第 2 期，第 40 页）【注 18】刘文典：《思想总结》，未刊稿，1953 年【注 19】《刘文典先生的第二次检查》整理稿，载《云南文史》2009 年第 2 期，第 42 页【注 20】肖冀：《刘文典先生的旧诗注释》，载《云大》第 112 期，1958 年 4 月 30 日。【注 21】《刘文典《先生的第二次检查》整理稿，载《云南文史》2009 年第 2 期第 44 页【注 22】《张德光日记》，未刊稿，复印件由张有京先生提供。1954 年 1 月 24 日，先生路遇云大历史系教授张德光，向其埋怨自己在中文系不受尊重【注 23】《刘文典先生的第二次检查》整理稿，载《云南文史》2009 年第 2 期，第 44~45 页）【注 24】（《工会举办座谈会交流学习教学环节的体会，刘文典先生发言》，载《云大》第 17 期，1855 年 3 月 31 日)【注 25】《刘文典先生的第二次检查》整理稿，载《云南文史》2009 年第 2 期，先生所提叶德均，江苏淮安人，1948 年入云南大学中文系任教。1954 年因遭人诬告，一度离开讲台。1956 年，因不堪忍受组织再次令其交代有关 "托派" 的问题，叶冤死于昆明盘龙江【注 26】张文勋：《刘文典传闻轶事·前言》，见刘平章《刘文典传闻轶事》，第 2~3 页【注 27】傅来苏：《遗诗墨宝》，见刘平章《刘文典传闻轶事》，第 150~151 页)【注 28】《云南大学志·大事记》，第 192 页

第十一章 云上的日子

【注 1】云南大学毕业生李必雨回忆。参看章玉政《刘文典年谱》366 页。1980 年代，李曾任昆明作家协会主席 【注 2】刘文典致张秋华函，见《刘文典全集》卷三，第 843 页 【注 3】(刘文典致张秋华函，见《刘文典全集》卷三）【注 4】刘文典致刘平章函，见《刘文典全集》卷三，第 844 页 【注 5】(张友铭：《刘文典教授见到了毛主席》，载《云大》1956 年 0 月 12 日）【注 6】（刘文典：《在云南省政协第一届第三次会议上的发言》，见《刘文典全集》卷三 【注 7】(刘文典:《我国学术界的大喜事》，载《云南日报》1956 年 8 月 11 日第 3 版 【注 8】(刘文典：《对中共第八次全国代表大会的感想》，载《云大》1956 年 9 月 29 日头版 【注 9】(刘文典《回忆鲁迅》，载《鲁迅逝世廿月年纪念特刊》`第 8 页) 【注 10】庄凯勋：《听刘文典教授

讲鲁迅》,见庄凯勋博客,2007年1月10日【注11】刘文典:《我和鲁迅最后的一面》,载《人民日报》1956年10月16日第8版【注12】刘文典:《孙中山先生回忆片段》见黄山书社《刘文典诗文存稿》【注13】雷国维:《五十年代末的刘文典》,载香港《大公报》2006年3月27日)【注14】(刘兴育:《刘文典与〈杜甫年谱〉》,载《春城晚报》2001年3月15日【注15】所幸《杜》稿正本尽失,然副本残本几经辗转,最后由先生弟子吴进仁教授精心保存,2012年残本始得整理,由云南人民出版社出版。【注16】刘文典:《伏老降临敬赋一律》,见《刘文典全集补编》,第130页【注17】《张德光日记》,未刊稿【注18】钱穆《八十忆双亲。师友杂忆》,北京三联出版社1998年版【注19】顾颉刚日记1966年8月23日。参见萧象:《表态、赎罪、反特权》【注20】参看章玉政《刘文典年谱》350页【注21】《刘文典先生的第二次检查》整理稿,载《云南文史》2009年第2期,第42页【注22】笔者按,此处用典有误,吴宓当以管宁自况为确。《世说新语·德行》篇载,华歆与管宁曾经是莫逆之交,两人一起读书,门外有官员的轿舆经过,管宁读书如故,华歆却放下书本跑到门外去看热闹。管宁遂与华歆"割席"绝交。意喻在传统士大夫眼里,名节高于一切的【注23】《吴宓日记·续编》卷二,第394页,生活·读书·新知三联书店,2006年3月北京第1版【注24】陆键东:《陈寅恪的最后二十年》,第111页,生活·读书·新知三联书店,1995年12月第1版【注25】【注26】《吴宓日记·续编》卷二

第十二章 火浴

【注1】《致边疆文艺编辑部》,见《刘文典全集补编》,第89页)【注2】刘文典《我的初步检查》见《云南文史》2009年第二期【注3】《傅雷家书》1957年3月17日【注4】《省委统战部继续邀请民主党派负责人座谈,针对党与知识分子关系问题坦率开展批评和提出建议》,载《云南日报》1957年5月25日第1版【注5】刘文典:忆"五四"》载《云大》校刊1957年5月1日)【注6】中共云南省委党史办主编专题文集《云南整风运动和反右派斗争》42页【注7】同上174页【注8】同上174页【注9】戴世萌、杨美琴:《在九三学社昆明分社筹委扩大会议上,秦瓒检讨似是而非,批评未能充分展开》,

载《云南日报》1957年6月21日 【注10】(《刘文典教授痛斥右派分子的谬论》,载《云南日报》1957年6月22日)【注11】(《政协座谈会上继续揭发大量材料,龙云的政治野心进一步暴露》,载《云南日报》1957年7月9日第2版)【注12】(刘文典致刘平章函,见《刘文典全集》卷三,第849页)【注13】(刘文典:《今年国庆的感想》,载《云大》1957年9月30日)【注14】转引自1976年7月26日《人民日报》秦怀文《伦党内走资派》【注15】(陈红映:《我所认识的刘文典先生》,载《云南文史丛刊》,2001年第314期合刊,第73页)【注16】(见《刘文典全集》卷三,第846页)【注17】《刘文典全集》卷三,第847页)【注18】(刘文典致刘平章函,见《刘文典全集》卷三,第848页)【注19】(《张德光日记》,未刊稿)【注20】《云大备民主党派整风联合小组情况简报》第9号,1958年4月7日)【注21】(聂恩彦:《给刘文典先生进一言》,《云大》1958年4月1日第3版)……【注22】(文亮:《不要把我当成朽木,你们烧烧我》,载《云大》1958年3月30日第3版)【注23】(《张德光日记》,未刊稿)【注24】《把一切资产阶级思想搞臭、烧透》,载《云大》第109期,1958年4月19日)【注25】(云大109期)【注26】(刘尧民:《刘文典先生如向是说》,载《云大》第112期,1958年4月30日)【注27】(4月20日,云大召开,中文系、历史系联合揭发先生错误 【注28】《张德光日记》未刊稿【注29】刘文典:《我的初步检查》,载《云南文史》2009年第2期,39~40页 【注30】张德光日记,未刊稿 【注31】 刘尧民:《撕破脸面,翻出底层,向党交心》,载《云大》第114期,1958年5月12日【注32】 刘尧民:《向50岁以上的教师挑战》,载《云大》1958年6月2日 【注33】《张德光日记》未刊稿【注34】李云鳌:《国学大师刘文典教授弥留之际》,老顽童网站,2006年7月20日 【注35】《中文系刘文典教授病逝》,载《云大》1958年7月23日【注36】张有京《国学大师刘文典之死》载《炎黄春秋》2013年9期

聊作尾声

【注1】邵力子致张秋华函,见《刘文典全集》卷四,第927页 【注2】《吴宓日记·续编》卷三,第464页 【注3】 谢无量致张秋华函,见

《刘文典全集》卷四,第929页 【注4】陈红映《我所认识的刘文典先生》,载《云南文史丛刊》2001年第3、4期合刊,第72页

www.ingramcontent.com/pod-product-compliance
Lightning Source LLC
Chambersburg PA
CBHW060555080526
44585CB00013B/573